中國近代出版轉型研究

刘海 著

中国商务出版社
CCTP
CHINA COMMERCE AND TRADE PRESS

图书在版编目(CIP)数据

中国近代出版转型研究/刘海著. —北京:中国商务出版社,2020.6
ISBN 978-7-5103-3465-8

Ⅰ.①中… Ⅱ.①刘… Ⅲ.①出版事业-文化史-研究-中国-近代 Ⅳ.①G239.295

中国版本图书馆CIP数据核字(2020)第144228号

中国近代出版转型研究
ZHONGGUO JINDAI CHUBAN ZHUANXING YANJIU
刘 海 著

出　　版: 中国商务出版社
地　　址: 北京市东城区安定门外大街东后巷28号　　邮　　编: 100710
责任部门: 数字出版部
责任编辑: 汪　沁
总 发 行: 中国商务出版社发行部(010-64266193　64515163)
网　　址: http://www.cctpress.com
邮　　箱: cctp@cctpress.com
印　　刷: 苏州工业园区美柯乐制版印务有限责任公司
开　　本: 700毫米×1000毫米　1/16
印　　张: 15　　字　　数: 232千字
版　　次: 2020年6月第1版　　印　　次: 2020年6月第1次印刷
书　　号: ISBN 978-7-5103-3465-8
定　　价: 68.00元

·自序·

出版，是一种使命

1971年，联合国教科文组织在修订《世界版权公约》时将“出版”一词定义为“可供阅读或者通过视觉可以感知的作品，以有形的形式加以复制，并把复制品向公众传播的行为”。《中国大百科全书》则将“出版”定义为“通过一定的物质载体，将著作物制成各种形式的出版物，以传播科学文化、信息和进行思想交流的一种社会活动”。这两种定义大同小异，都道出了“出版”活动的使命——复制和传播人类文明之光。

我国出版产生的确切时间无考，晚清时期中国社会急剧转型，出版业也开始由传统出版向现代出版转型。中国近代出版转型经历了来华传教士启动、清政府洋务派积极推动、中国先进知识分子创办和壮大新出版这样三个阶段。我国新出版的发生发展恰恰与西学东渐、洋务运动、维新变法、晚清新政、辛亥革命、新文化运动等重大历史事件同频共振，近代出版人以现代性图书内容的生产开启民智，传播现代文明，推动中国社会的现代化进程。在推动中国近代出版转型的诸多力量中，救亡图存、革新自强的使命感是最核心的动力。这种使命感一直持续到20世纪中后期我国改革开放之后仍在发挥作用，当代出版人接过张元济、陆费逵、邹韬奋等出版先贤传播文明的火炬，为中华民族的复兴提供精神动力和知识支持。在新学新知的加持下，国人更积极、更主动地融入世界，中国越来越富强，中华民族的复兴之路也越走越宽广。而这，正是中国近代出版向新出版转型的意义所在，也是当下出版工作的意义所在。就这一点而言，出版不只是情怀，而是一种使命。

本书由三个部分组成：第一部分为“近代出版转型与中国现代化”，揭示近代出版转型与中国现代化的关系，说明图书的内容生产必须与时代共振，才能赢得市场；第二部分为“来华传教士与中国近代出版转型”，分析来华传教士在中国近代出版转型过程中所起的作用；第三部分为“从通商口岸城市到上海租界：中国近代出版转型的孵化器”，以通商口岸城市、上海租界与中国近代出版转型的关系为研究对象，展示新出版在通商口岸城市萌芽生长，继而向上海租界集聚的动态过程，并分析其原因。本书的研究目的是，找出中国近代出版转型的最本质原因和主客观动力所在，为当下的出版工作提供方法论的借鉴和参考。

编辑工作本是为人作嫁，编书之余做出版研究，有发现的惊喜、爬梳的艰辛，也有盲人摸象的惶恐，希望这本小书的出版是有价值的。

刘　海

2020年5月6日

目录

第一篇 近代出版转型与中国现代化

第二篇 来华传教士与中国近代出版转型

3 第三篇 从通商口岸城市到上海租界：中国近代出版转型的孵化器

1

第一篇 近代出版转型与中国现代化

中国近代出版在向新出版转型的同时，还在开启民智、传播新学新知等方面承载着为中国的现代化提供思想动力和知识支持的历史使命，而近代中国在向现代转型过程中所收获的思想和技术成果又推动了近代出版转型。

近代出版转型与中国现代化

在世界编辑出版史的历史长河中，中国编辑出版史是独特的“这一个”，东汉蔡伦(61—121)造纸术的发明、北宋毕昇(972—1051)活字印刷术的发明不仅为人类文明史做出了巨大贡献，对世界编辑出版史也做出了革命性的贡献。有了造纸术，出版载体发生了质的飞跃。在中国，随着造纸工艺的不断改进，到西晋时期，纸张已经完全取代竹简，成为最理想的书写材料，它的简便易得及便于书写、印刷、运输和保存，使得出版业向前迈出了一大步，从西晋起，优秀的出版物大量涌现。

自毕昇以后，历朝历代都有探索活字印刷术者，从活字的材质到活字的制作方法都进行了诸多的尝试。到15世纪，德国工匠古登堡(Johannes Gensfleisch zur Laden zum Gutenberg，又译作古腾堡)吸收毕昇活字印刷术的技术要领，发明了能够用于机器印刷的合金活字印刷术。这一技术为西方国家带来了印刷与出版革命，之后欧洲的出版生产力大为提升，极大地推进了欧洲科技文教的繁荣和整个社会的进步。16世纪，欧洲文艺复兴给世界文明史带来了新面貌。18、19世纪，随着英国工业革命的狂飙突进，欧洲乃至美洲的编辑出版也搭乘工业革命的快车，进入了工业时代，机器生产成为这一时期欧美出版业的主要特征。然而与此同时，中国这座有着五千年文明史的东方古国，她的编辑出版发展速度却落在了欧美的后面，截至19世纪中叶，手工生产、作坊式经营等是中国出版业的主要特征。直到1807

年，中国出版的发展进程才开始酝酿质变，启动向新出版的转型，到19世纪末终于爆发，涌现出众多具有早期现代化意义的出版机构。

中国近代出版转型既是近代中国向现代转型的一个重要单元，其所生产的内容又在开启民智、传播新学新知、重塑民族精神等方面承载着为中国的现代化提供思想和知识动力的历史使命，引领着近代中国的转型，而后者又是其能够发生转型的重要原因。

一、几个概念的阐释

（一）“近代化”与“现代化”

1.“现代”与“现代性”

“现代化”（modernization）的词根是“现代”（modern）。所谓“现代”，意味着“时兴的、最新的、同时代的”，“意味着时间之流中一个前所未有的事件、一个最初的开端、某种前所未有的东西、世界中的一种新颖的存在方式，最终甚至不是一种存在的形式（a form of being），而是一种生成的形式（a form of becoming）”，它“不仅意味着通过时间来规定人的存在，而且意味着通过人的存在来规定时间，把时间理解成自由的人与自然界相互作用的产物”。[①] 从时间的维度来看，在最早启动现代化进程的欧洲，“现代”对应于中世纪或者15世纪以后到20世纪中后期这个时间段，亦即古登堡发明金属活字印刷术之后至20世纪中后期，其间欧洲发生了第一次工业革命和第二次工业革命。

与“现代”有关联的词汇主要有“现代性”（modernity）、“现代化”（modernization）。“现代性”一词最早出现在文艺复兴时期，它是与“古代性”（antiquity）相对的一个概念。与传统秩序相比较而言，“现代性”指的是“社会世界中进化式的经济与管理的理性化与分化过程”[②]，它包括“从世界观、经济制度到政治制度的一套架构”[③]。站在世界观的角度，它始于以笛卡儿、洛克等为代表的欧洲理性主义（启蒙理性）。笛卡儿认为，人类首先本能地掌握一些基本原则，如几何法则等，随后可以依据这些推

① ［美］迈克尔·艾伦·吉莱斯皮著，张卜天译.现代性的神学起源［M］.长沙：湖南科学技术出版社，2019：7.

② ［英］迈克·费瑟斯通著，刘精明译.消费文化与后现代主义［M］.南京：译林出版社，2000：3-4.

③ ［英］安东尼·吉登斯著，赵旭东等译.现代性与自我认同：晚期现代中的自我与社会［M］.北京：生活·读书·新知三联书店，1998：1-3.

理出其余知识。笛卡儿不仅指认世界本身应遵循理性法则，更重要的是，他确立了人类认识世界的理性方法和程序理性。他所开启的“程序理性”观念和法则是西方“现代性”的灵魂。

法国哲学家米歇尔·福柯(Michel Foucault,1926—1984)认为“现代性”是一种态度，“所谓态度，我指的是与当代现实相联系的模式；一种由特定人民所做的志愿的选择；最后，一种思想和感觉的方式，也是一种行为和举止的方式，在一个和相同的时刻，这种方式标志着一种归属的关系并把它表述为一种任务。无疑，它有点像希腊人所称的社会的精神气质(ethos)”①。

法国著名后现代思想家让·弗朗索瓦·利奥塔(Jean Francois Lyotard)认为，现代性指的是“依靠元叙事、宏大叙事建立起来的观念、思想和知识，也可具体化为启蒙运动以来关于理性、启蒙、解放和进步等知识体系，例如‘伟大的英雄、伟大的冒险、伟大的航程以及伟大的目标’。这些元话语与宏大叙事‘共谋’形成合法、权威、体制化的知识”②。

“现代性”与“现代化”这对概念并不是等同关系，而是在内涵方面有部分重合，“现代性的内涵要大于现代化的内涵，且现代性比现代化概念具有更高的概括性或整体性”，“现代化只是现代性问题的一个方面，或者一个层次”，“现代性越充分的现代化，可能给人类带来的福祉越多”。③我们不能认为完成了现代化就有了现代性，只有当现代化与现代性的方向相契合时，现代化才能顺利进行。

2. “近代化”与“现代化”

中文“近代”与“现代”的英文对应词相同，都是“modern times”。它们既是表示时间的概念，还有着哲学的意义。西方哲学家是这样定义“近代”的：所谓近代，“是这样一个时代，在这个时代里，科技文明从普遍数学模式的精神中诞生，并且开始统治世界”，其主流表现为“科技文明

① [法]米歇尔·福柯.什么是启蒙[C]//汪晖、陈燕谷.文化与公共性.北京：生活·读书·新知三联书店，2005：430.

② 倪琳.现代中国舆论思想的兴起与演变[M].上海：上海交通大学出版社，2017：27-28.

③ 杜艳华、贺永泰.马克思恩格斯现代性思想体系及其影响研究[M].上海：上海人民出版社，2017：28.

的形成”①。

中文的“现代化”一词是从日语中舶来，而日语“现代化”一词则译自英文“modernization”。由于日本将明治维新至第二次世界大战后投降这个时间段界定为该国的近代阶段，之后的历史则被划入现代，而用西方的现代化理论探讨的日本历史正好都属于日本近代史范围，因此，日本史学界往往是“近代化”与“现代化”混用，表达的是同一意义。②可能就是受此影响，在我国史学界，“现代化”和“近代化”的概念界限往往较为模糊。

针对“现代化”和“近代化”混用这一情况，著名历史学家、中国现代化理论研究的开创者罗荣渠教授认为，如果“单纯地按时间先后来区分‘近代化’和‘现代化’”，将现代化理论运用于不同国家的历史，“会立即造成概念上的混乱：有些国家有‘近代化’而无‘现代化’，有些国家有‘现代化’而无‘近代化’，有些国家既有‘近代化’又有‘现代化’，如此等等”，“这种概念上的混乱当然是不能允许的”。③ 罗教授认为，广义的“现代化”是指“人类社会从工业革命以来所经历的一场急剧变革，这一变革以工业化为推动力，导致传统的农业社会向现代工业社会的全球性的大转变过程，它使工业主义渗透到经济、政治、文化、思想各个领域，引起深刻的相应变化”；狭义的“现代化”则是指“落后国家采取高效率的途径（其中包括可利用的传统因素），通过有计划的经济技术改造和学习世界先进，带动广泛的社会改革，以迅速赶上先进工业国和适应现代世界环境的发展过程”④。

与罗荣渠教授的观点相异，中山大学近代中国研究中心的林家有教授认为：“近代化和现代化的概念应该是有所不同的，我们不能以英文动态名词 modernization 的涵义来界定近代化即现代化，更不能说世界上只有现代化而没有近代化。我们既然承认，近代化和现代化是人类社会发展进程中所经历的过程，它是社会变革的历史范畴，是根据世界变革的新认识而形成的一种新的发展趋势，这种发展变化在不同的阶段就应有其

① ［德］沃尔夫冈·韦尔施著，洪天富译［M］.北京：商务印书馆，2004：105-112.

② 罗荣渠.现代化新论：世界与中国的现代化进程（增订本）［M］.北京：商务印书馆，2009：6-7.

③ 罗荣渠.现代化新论：世界与中国的现代化进程（增订本）［M］.北京：商务印书馆，2009：7.

④ 同上。

不同的内涵和特征，把这样一个发展时期按习惯划分为上古、中古、近代、现代，并无不可。”①

西方学者对于“现代化”这一概念也有多种释义。美国学者吉尔伯特·罗兹曼将“现代化”定义为：“各社会在科学技术革命的冲击下，业已经历或正在进行的转变过程。”罗兹曼认为，“那些通常与现代化有关的社会变革因素”还“经常被视为现代化过程的本质特征甚或界定性因素”。他特别强调指出，“现代化”既不同于“工业化”，也不同于“西化”，前者“意指制造业（包括重轻两种制造业）的发展”，但它只是“诸多发展过程中的一个过程而已”，只有“通过更进一步的广泛研究，通过反复考察同一社会各种不同要素之间的长期相互作用，各社会的现代转变才能得到更充分的理解”；而“‘西化’一词是与先行者国家的现代化模式相联系在一起的。然而，这些模式决不是非西方国家莫属，况且也不是所有西方国家都已实现了高度的现代化”。②

1960 年，在日本箱根举行的“现代日本”国际研讨会上，美国学者约翰·霍尔（J .Hall）首先提出了“近代化”这一概念，他指出：“现代科学研究者的研究大多受到了各自狭小的专业领域的限制，几乎没有关注到要去创造出一个近代化的统一概念。因此，近代社会也就被限定在了西欧化、民主化、工业化一类的概念或者社会科学各个领域的术语之中。‘近代化’这一概念正是基于这一事实，才作为囊括了现代世界深受影响的各个社会变动之整体的一个概念而得以出现。”③为了衡量各国近代化的发展程度，霍尔还确立了衡量“近代化”的指标体系，从人口、商业服务、环境、教育、管理等多个社会领域来探讨“近代化”。在霍尔的这一指标体系中，“一个不断扩展并充满渗透性的大众传播系统”位列第六条，作为大众传播系统重要组成部分的出版也就成为社会学者进行近代化研究的一个重要内容。

日本著名教育社会学家新堀通也认为，从历史学的角度看，近代社会与古代的奴隶制、中世纪的封建专制相对；从社会学和历史哲学的角度来

① 林家有.孙中山与中国近代化道路研究[M].广州：广东教育出版社，1999：4-5.

② [美]吉尔伯特·罗兹曼主编，国家社会科学基金“比较现代化”课题组译、沈宗美校.中国的现代化[M].南京：江苏人民出版社，1988：4-7.

③ 转引自吴光辉.转型与建构：日本高等教育近代化研究[M].北京：世界知识出版社，2007：6.

看，“近代社会与建立在传统、身分和土地等基础之上的前近代社会相对，在近代社会，人们从以上这些束缚之中解放出来，并以自由、成就、人格、才能和效率为原则。个人主义、自由主义、平等主义、合理主义、民主主义、产业主义等都是近代社会的特征”①。

中国社会科学院近代史研究所学者虞和平这样定义“中国近代化”：“所谓中国近代化是中国近代史上的资本主义现代化。从现代化的一般含义来讲，资本主义工业化和民主化是他的核心内容。但由于中国的近代化是在半殖民地的社会状况下展开的，因此，它的核心含义还应增加一个民族化——反对帝国主义侵略，争取民族独立。”②根据虞和平对中国近代化的定义，纵观中国近代出版史，在诸多转型之中始终贯穿着出版生产方式、出版内容、出版机构、出版管理等的民族化红线，以开启民智、挽救民族危亡为己任的近代出版人不仅肩负着推动中国近代出版向新出版转型的使命，还肩负着建设中国特色的民族出版的使命。

（二）关于中国近代出版转型

1.“传统出版”“新出版”释义

对于“传统出版”这一概念，学界大致形成了共识，即采用传统的出版技术以手工作坊方式进行的出版活动。而对与传统出版相区别的新的出版形态，学界用词颇多分歧，有用“现代出版”名之者，也有用“新出版”名之者。比如沈雁冰在1956年9月为张元济祝寿的贺帖中用的就是“近代出版”一词；时隔25年之后的1981年，他在提及张元济时又改用“新出版”一词，③这样的变化反映了沈雁冰对中国近代出版的认知过程。

常规意义上，近代出版和现代出版分界线与中国近代史、现代史的分界线一致，即以1911年辛亥革命为界，1840年至1911年为近代出版阶段，此后则进入现代出版阶段。但是，不少从事出版史研究的学者并不认同这一点。如著名出版史学者汪家熔特撰文对“现代出版”和“近代出版”进行了辨证。沈雁冰在晚年回忆录中说“张元济是新出版的辟草莱者”，汪家熔对“辟草莱者”一词的解读是“开创的群体”，他认为必须是具

---

① 转引自黄福涛.欧洲高等教育近代化——法、英、德近代高等教育制度的形成[M].厦门：厦门大学出版社，1998：162.

② 虞和平.试论中国近代化的概念涵义[J].社会学研究，1991(2)：111-117.

③ 汪家熔.中国现代出版起源散议(二)[J].出版发行研究，2000(5)：71-73.

有开创性的出版才是"新出版",并且判断中国的"新出版"是自王韬始。[①] 之所以不用"现代出版"和"近代出版",汪家熔的理由是,"近代、现代是历史阶段概念",作为传播工具的出版本身是中性的,"由使用它的人赋予它在社会进步中的地位。由进步者掌握,它就为进步服务;由相反的人掌握,则成为相反的工具"。汪家熔认为,人不仅分左、中、右,更有阶级及阶级利益的不同,所以从意识形态角度讲,不存在能体现现实政治和纯粹文化共生的"现代出版"和"近代出版"。他还认为,我们只能书写"近代出版史"和"现代出版史","描述资产阶级和它的对立面各自如何利用出版工具为各自利益和目的奋斗;无产阶级如何和其同盟军与它们的对立面各自如何利用出版工具为各自利益和目的奋斗;这就是'近代出版史'或'现代出版史'而非'近代出版'或'现代出版'"。"以历史范畴的近代、现代为断代标准,社会并不存在统一的近代出版或现代出版。如果用工具范畴的现代出版,又如何描述近代出版。"基于上述认识,汪家熔认为"现代出版"是"无产阶级的出版,而没有工具概念"。在这里,汪家熔抛开了出版活动的社会性,而将其纳入"工具范畴",因为在他看来,在"工具"这个范畴内,近代和现代的界线是很难找寻的。[②]

王余光则在《中国新图书出版业初探》一书中以第一次鸦片战争为界,提出了"传统出版业"和"新出版业"这对概念。王余光认为,中国出版事业的发展历史可以划分为两个阶段。第一次鸦片战争之前是我国的"传统出版业"阶段,"这时期,无论是用简策缣帛,还是用纸,这些材料都是手工制作的;无论是手抄复制,还是用雕版印刷或活字印刷,其各种程序也是手工的;无论是简策的编联,还是纸本书的各种装帧,同样也是手工操作的。手工操作是传统出版业的特征之一"。"从鸦片战争到1949年的一百余年间,是我国新出版业的形成和发展时期"。这一时期的中国出版业,"新式印刷术、造纸术、装订术开始输入中国,并逐步取代传统的手工操作而得到确立和普及,随之而来的是新式书籍制度的产生;出版立法和出版行业的组织从无到有;作为新出版的主体,民营出版家开始形成、发展和壮大。这一完整的发展历史,表明了我国新出版业从形成到确

① 汪家熔.中国现代出版起源散议(一)[J].出版发行研究,2000(4):72-74.
② 汪家熔.中国现代出版起源散议(二)[J].出版发行研究,2000(5):71-73.

立的全过程”。①

鉴于中国近代出版已经具备了现代化的诸多特征，拥有了诸多“新”的内涵，因此，本书因循汪家熔和王余光的用法，分别以“传统出版”和“新出版”来称谓转型前和转型后的出版业。

需要强调的是，本书的关注点既非传统出版，也非现代出版，而是传统出版向新出版的转型这一动态过程；并且，本书不仅仅关注出版技术的转型，而是借鉴霍尔判断“近代化”的多项指标，做出这样的判断：本书研究对象——中国近代出版向新出版之转型，只是近代出版人做出的早期探索，其只是具备了早期现代化的特征，我国出版业的现代化还在路上，恰如中山先生所言：“革命尚未成功，同志仍须努力。”

2. “转型”释义

“转型”(transform)原本是一个生物学概念，指“微生物细胞之间以‘裸露’的脱氧核糖核酸的形式转移遗传物质的过程”②。后来西方社会学家借用这一概念来描述社会结构具有进化(或演化)意义的转换与质变，通常指传统的原型社会的规范结构向“发展逻辑”的更高层次的演化。在《当代中国社会转型论》一书中，“社会转型”被定义为“是社会的整体性变动及结构性变迁，它不只是社会各个领域的变化，而且主要的是社会结构方式的变化”③。当下“转型”一词多用于指传统社会向现代社会的转换，而且“无论是西方国家的社会转型还是发展中国家的社会转型，都不会表现为法国大革命式的阶级斗争的推动，它是一场以科技力量、科学精神带动社会体制和结构的自我转型”④。

以北京大学新闻与传播学院肖东发教授为代表的学者认为，近代化是晚清社会发展的基调和主线之一，在剧烈的社会文化变革中，中国的出版业在各个方面都发生了根本性的变化，进入了变革和转型时期。⑤

近代出版史学者王建辉认为：“从鸦片战争后，中国近代出版开始了它的转型期。所谓转型是指易代鼎革与社会形态转换所发生的各种变化

---

① 王余光.中国新图书出版业初探[M].武汉：武汉大学出版社，1998：2-4.

② 简明大不列颠百科全书[M].北京：中国大百科全书出版社，1986：513.

③ 陈晏清.当代中国社会转型论[M].太原：山西教育出版社，1998：5.

④ 张雷、程林胜等.转型与稳定[M].北京：学林出版社，1999：8.

⑤ 肖东发、杨虎、刘宝生.论晚清出版史的近代化变革与转型[J].北京联合大学学报(人文社会科学版)，2008(2)：123-128.

乃至巨变。中国出版在整个近代时期完成了它的转型和古今之变。"①

正如匈牙利经济史学家、哲学家波拉尼(Karl Polanyi)在《大转型:我们时代的政治与经济起源》(*The Great Transformation*:*The Political and Economic Origins of Our Time*)一书中所认为的,"大转型"在本质上并不是"指资本主义及其新型生产模式,而是指意识形态对自由市场的虚构,以及对围绕这种虚构所展开的社会生活的再组织"②,本书中的"转型"指近代中国由传统出版向新出版的转型,即自晚清开始的以资本主义性质的生产方式为主导地位的出版社会经济形态的变迁及发展过程。但它又并不仅仅限于指中国近代出版由手工作坊时代向大工业生产时代的转型。中国出版在从传统出版向新出版转型的过程中,主要是学习和借鉴欧美的印刷技术、内容生产和出版管理,由于转型的艰难性和长期性,她不会一蹴而就地立即转型为现代出版,而是从具备现代性开始,渐进式地进入早期现代化阶段。因此,中国近代出版的转型还包括在当时的境况下,出版理念、出版内容、出版管理、编辑(作者)群体、读者群体、出版法律法规等的转型。在转型的过程中,中国近代出版既被中国由传统社会向现代社会、由农业社会向工业社会、由封闭性社会向开放性社会转型的大趋势所裹挟,同时又为中国社会的转型提供精神动力和智力支持,引领中国社会的转型。

3. 中国近代出版转型的起点及时间

中国近代出版转型是一个相对动态的过程,并且经历了一个较长的时期,对于中国近代出版转型的起点时间,学界有多种观点。

北京师范大学新闻传播学院万安伦教授认为,中国近代出版的转型"从19世纪后期开启,一直到民国前期基本完成"③。在《中国出版业现代化研究:1800—1849》一书中,邓吟秋认为中国出版业现代化进程的开端可以追溯到19世纪初。理由是,"1840年鸦片战争只是加速了中国出版现代化的变革,但中国现代出版业却肇始于1840年以前","鸦片战争这样的重大历史事件只是起到了一定的推动作用","用1840年作为中

① 王建辉.中国出版的近代化[J].华中师范大学学报(人文社会科学版),2002(5):82-87.

② [美]詹姆斯·弗农著,张祝馨译.远方的陌生人:英国是如何成为现代国家的[M].北京:商务印书馆,2017:15.

③ 万安伦.中外出版史[M].北京:高等教育出版社,2017:243.

国出版史分期的一个大分割点,并不合适”。鉴于“任何新技术、新方法、新理念的传入,离它的普及都还需要一段时间,以它的首先进入作为一个时期的开端,有助于把握中国出版业现代化的全局,有助于我们研究新的变化是怎样在中国出版业中一步步产生、发展、被接受和被阻挡的”。邓吟秋独具新意地将中国出版业现代化的起点时间前移到 1800 年,即为中国出版带来现代化因素的传教士马礼逊(Robert Morrison,1782—1834)来华(1807)之前。①

本书与邓吟秋的观点接近,而将其对近代出版现代化的起点时间稍做修正,以 1807 年传教士马礼逊来到广州这一标志性事件作为中国近代出版转型的起点。从马礼逊登陆广州开始,中国近代出版进入转型的轨道,迈向一个新的时代。

4. 中国近代出版转型进程的分期

对中国近代出版的阶段划分,出版史学界有多种观点。在《近代出版发展脉络之比较研究》一文中,张曼玲、肖东发将中国近代出版按照时间大致划分为 1840 年前后(第一次鸦片战争)、1860 年后(第二次鸦片战争)、1894 年后(甲午战争)这样三个时期,这三个阶段分别以当时占主流的出版活动来命名,即教会出版时期、政府出版时期和民间出版时期。②在教会出版时期,传教士是出版主体,出版内容多为宗教类,也有少部分历史、地理、政治、自然科学知识。在政府出版时期,清朝中央政府和地方政府为出版主体,出版内容多为工艺制造和自然科学知识,社会科学方面的内容也有不少。到了民间出版时期,民营出版机构成为主流,出版内容比之前更为丰富,社会科学类图书的出版比重明显增加。这种根据出版主体来对中国近代出版进行分期的方法,在一定程度上反映了中国近代出版在不同发展阶段的主导人群。

在《中国出版业现代化研究:1800—1949》一书中,邓吟秋对中国出版业现代化的进程做了如下阶段性划分:“19 世纪初到 1840 年是第一阶段,即中国出版业现代化的萌芽阶段,在这一阶段,西方传教士在中国的活动包括出版活动受到很大的限制,只能在广州、澳门和境外的马六甲等

① 邓吟秋.中国出版业现代化研究:1800—1949[M].北京:国家图书馆出版社,2016:33-34.

② 张曼玲、肖东发.近代出版史发展脉络之比较研究[J].北京印刷学院学报,2006(1):43-46.

地从事出版活动,影响较小,为中国出版业所能带来的现代化因素并不多”;“1840 年到 20 世纪初是第二个阶段,这是中国出版业现代化初步发展阶段”;“20 世纪初到 1949 年,是第三个阶段,即中国出版业现代化的全面发展阶段”。①

中国近代出版在向新出版转型的过程中经历了不同的发展阶段,本书以具有标志性意义的历史事件为时间节点,将之划分为以下几个阶段。

(1) 萌芽期(1807—1842)

以 1807 年英国传教士马礼逊到达中国广州作为中国近代出版转型的始发点,到 1842 年第一次鸦片战争结束,为中国近代出版转型的萌芽期,历时 35 年。

(2) 蓄力期(1842—1895)

自 1842 年第一次鸦片战争结束后《南京条约》签订始,至 1895 年甲午战争结束后《马关条约》签订止,为中国近代出版转型的蓄力期,为时长达 53 年。

(3) 爆发和繁荣期(1895—1937)

自 1895 年《马关条约》签订始,至 1937 年抗日战争全面爆发,为中国近代出版转型的爆发和繁荣期,为时长达 42 年。这段时期,中国的科技与教育以前所未有的速度快速发展,社会科学类图书和科技教育类图书成为中国出版业的蓝海,中国近代出版进入爆发和繁荣时期。

(4) 受挫期(1937—1949)

1937 年抗战全面爆发,日寇的侵略对中国出版向现代转型造成了不可估量的破坏,中国出版转型进入受挫期。

5. 本书的研究对象和研究目的

(1) 研究对象

中国近代出版涵盖报刊出版和图书出版这两个方面,本书以 1807—1937 年中国传统图书出版向新出版的转型为研究对象,具体包括印刷技术的转型、图书内容的转型、出版人才的转型、出版经营理念的转型等。

(2) 研究目的

鉴于“近代化”是“现代化”的一个部分,而且无论是“现代化”还是

① 邓吟秋.中国出版业现代化研究:1800—1949[M].北京:国家图书馆出版社,2016:34-35.

"近代化",都是对过程的描述,而不是对结果的定性,考虑到近代中国社会发展进程的特殊性,本书没有将中国近代出版发展的进程定性为"现代化"或者"近代化",而是从"中国近代出版转型"的角度来展现中国近代图书出版的状态、发展进程和历史意义,并择取 1807 年至 1937 年间的关键节点事件或者人物(人群)进行分析研究,找出转型的根本动力,为当下的出版工作提供方法论的借鉴和参考。

二、近代出版转型期的中国

近代出版转型发生在 1807 年之后的中国,这个时候的中国正在由闭关锁国慢慢地滑向被列强瓜分的深渊,其"在 19 世纪的经历成了一出完全的悲剧,成了一次确是巨大的、史无前例的崩溃和衰落过程","灾难接踵而至,一次比一次厉害,直到中国对外国人的妄自尊大、北京皇帝的中央集权、占统治地位的儒家正统观念,以及由士大夫所组成的统治上层等事物,一个接一个被破坏或被摧毁为止"。① 在经济方面,西方列强将中国视为"肥肉",竞相吞食,中国政府陷入贫困的境地。在文化方面,西方列强通过出版、教育等活动,向已成为信息孤岛的华夏大地输入西方文明。而国人尤其是一部分已经觉醒的知识分子以顽强的姿态,在瓜分豆剖的逆境中救亡图存,在思想、科技、文化、教育等领域努力向现代文明迈进,通过出版活动向国人贡献了相当数量极具现代意义的精神财富,从而唤醒国人,为中国的早期现代化做了思想和文化的准备,近代出版也就在此过程中向新出版转型。

(一)统治者权力衰颓:近代出版转型时期的政治环境

正如著名学者戴逸所言,"政权的力量主要在于它的军事力量、财政力量和司法权力"②,当清王朝的最高权力之棒交接到嘉庆皇帝手里时,清廷的权力和权威已经不复康乾时期的强势,官场里从上至下的贪腐、民间不断爆发的起义、西方列强无餍的入侵和掠夺,不仅大量消耗了清王朝的军事实力和财力,更消解着清廷的权力和权威。辛亥革命后,中国陷入军阀混战,混乱的政治局面为现代思想和文化的自由传播提供了缝隙。

---

① [美]费正清、刘广京编,中国社会科学院历史研究所编译室译.剑桥中国晚清史(1800—1911 年)(上卷)[M].北京:中国社会科学出版社,1985:3-4.

② 戴逸.步入近代的历程[M].沈阳:辽宁大学出版社,1992:81.

1. 腐败

在现代社会，腐败是指政府公职人员滥用权力来谋取私利的行为，它是一种隐蔽、神秘而又不道德的现象，“很多针对腐败的学术研究都或明或暗地将腐败视为社会不稳定和衰败的标志”。[①] 和珅贪腐事件则被史学家视作清王朝陷入权力危机的标志。和珅(1750—1799)，满洲正红旗人。乾隆三十八年(1773)，23 岁的和珅由于在乾隆皇帝面前展示自己的才学，成为乾隆皇帝仪仗队的侍从。之后的和珅“像一颗新星一样在一年内由五品官升为大学士，自此以后他把持着掌管财政和官员任命的重要职位”[②]，加之其长子丰绅殷德娶乾隆帝第十女固伦和孝公主，成为皇家的姻亲，和珅因此深得乾隆皇帝的宠信。到乾隆五十三年(1788)时，其党羽已遍布全国。1796 年嘉庆皇帝继位后，和珅依仗太上皇乾隆皇帝的威严，继续把持朝政，嘉庆皇帝被架空，时人耻笑其为“二皇帝”。权倾朝野的和珅利用手中的威权大肆进行权力寻租，疯狂敛财。直到嘉庆四年(1799)正月初三日高宗皇帝驾崩，和珅才被御史广兴、给事中王念孙等人弹劾。当天和珅即被夺职下狱，被赐自尽。查抄和珅家产后方才发现，其所聚敛的财富值 8 亿两至 11 亿两白银，所拥有的黄金和白银加上其他古玩、珍宝，总价值超过清政府 15 年财政收入的总和，乾隆五十五年至六十年(1790—1795)的税收被和珅贪掉了一半。后人估算，甲午、庚子两次战争赔款的总额，仅和珅一人的家产就足以偿还，可见其贪之甚。

和珅建立了一个由他遍布全国的亲信组成的集团，这些人和他一样贪污腐败，康熙、雍正、乾隆三朝积累的财富和权威被和珅及其党羽蛀蚀殆尽。到嘉庆皇帝正式理政时，清王朝的财力只及乾隆鼎盛时的一半。

和珅一案只是清王朝官场腐败的一个缩影，到 19 世纪时，官场腐败日甚一日。卖官鬻爵，社会奢华成风，贪官污吏横行。尤其是 1840 年以后，随着民族矛盾和阶级矛盾的激化，清朝统治者和西方殖民者勾结，社会更加黑暗，政治更加败坏，几乎到了无官不贪的地步。清道光二年

---

① [美]迪特尔·哈勒，[新西兰]克里斯·肖尔.腐败[M].北京：中国友谊出版公司，2019：13-14.

② [美]费正清、赖肖尔.中国：传统与变革[M].南京：江苏人民出版社，1996：239-240.

(1822)，前任直隶总督颜检奏报直隶藩库本应有余银 51.5 万两，而实存只有 3.9 万两，历任布政使"因公借支"未还银数多达 47.6 万余两。① 到清朝末年时，为了勾结清王室核心成员、首席军机大臣、总理衙门大臣奕劻，使其成为自己在最高统治集团的代理人，袁世凯曾指使山东巡抚杨士骧出面贿赂奕劻 10 万两白银。后又给奕劻 300 万两白银，请其劝宣统皇帝退位。奕劻受贿的总额多达上亿两白银，而当时清政府一年的财政收入不过八九千万两白银。②

由上而下遍布各级权力机构的贪腐一直延续到民国之后。中华民国成立以后，1912 年 4 月，晚清旧官僚出身的袁世凯担任大总统，首都从南京迁至北京，中国进入北洋军阀统治时期。虽然民国是以三权分立的原则构成，但是体制并不完善，而且对于到底该如何将中国这个多难之邦建设成为现代中国，并无先例可以参照，一切都在摸索中。很快总统袁世凯的权力即凌驾于国会和司法之上，旧时代的很多制度也有所恢复，这为贪腐提供了温床，社会很快陷入全面腐败，官员竞相贪腐。"民国既立，而袁氏之心理自若，彼以为天下之人，殆无有不能以官或钱收买者。故其最得意之策，在宠人以勋位，以上将、中将、少将种种，其他或以顾问，或以赠与，或以其他可以得钱者种种……"③虽然国民政府出台了《官吏犯赃治罪条例》，但是并没有能够有效治理贪腐。单是在北洋政府前期，就查办了 400 多个省级官员贪腐案。最有名的要数都肃政史夏寿康查办京兆尹（相当于北京市市长）王治馨贪渎案。当时京兆府共辖 24 县，王治馨竟收取了辖下 23 个县官的贿金，赃款达 5 万元以上。1914 年，王治馨成为民国时期第一个被处极刑的省部级官员。官场腐败也蔓延到了军队中。蒋介石在 1917 年《纪事》中有如下记录："其总司令为居正，及居去而以许崇智代之。其干部陈中孚与朱霁青为二人，勾结日本浪人，把持搜刮至矣！余约居一口（谈），毫无结果，乃即辞职赴北京观察现状。"④

北洋军阀统治中国长达 16 年，其间各派军阀势力相互倾轧，混战不断。这是动荡混乱的 16 年，全国范围的贪腐和混乱极大地消耗量了中央

---

① 邱涛.中国反贪制度史（中卷）[M].太原：山西人民出版社，2019：25.

② 邱涛.中国反贪制度史（中卷）[M].太原：山西人民出版社，2019：26.

③ 黄远庸.远生遗著·游民政治（卷一）[M].北京：商务印书馆，1984 年增补影印：23.

④ 袁伟时.袁世凯与国民党：两极合力摧毁民初宪政[J].江淮文史，2011（3）：4-30.

政府的财力，也消解了其权威。这16年也是思想钳制力相对薄弱的一段时期，这种混乱为中国出版的转型提供了相对宽松的环境，中国出版得以进入转型加速期，新式出版机构大量涌现，中国的出版业发生了深刻的变化。

2. 战乱

自嘉庆（1796）及之后，内战和列强发动的侵华战争消耗了清政府大量的财力和军力，积贫积弱的清廷陷入了深深的权力危机。

（1）内战

① 白莲教起义

清嘉庆元年（1796）至九年（1804），湖北、四川、陕西三省爆发了以白莲教为组织形式的农民反抗封建压迫的起义。白莲教起义军与清政府军对抗长达9年有余，占据或攻破的州县有204个之多，抗击了清政府从16个省征调来的数十万军队，歼灭了大量的清军，击毙副将以下将弁400余名，提镇等一、二品大员20余名。这次内战对清廷统治造成了力度较大的破坏，"给了清王朝一个破坏性的打击"，它不仅"使人们看出清朝军事力量已不可逆转地下降了"，也是清廷王权走向衰落的重要标志。之后的八卦教、义和拳等反清武装活动"在整个华北和华中遍地开花"，"他们无休止的叛乱和政府决不心慈手软的镇压"，不仅"成了19世纪上半叶地方史中的主题"，①也耗费了相当多的中央和地方财政力量。

② 太平天国运动

咸丰元年（1851），洪秀全、杨秀清等在广西金田村发起了太平天国运动，这场内战历时14年，直到1864年天京（南京）陷落才告结束。太平天国运动是19世纪中叶中国规模最大的一场反清运动，其运动范围由广西扩展到全国17个省，南方经济因此遭到极大破坏，大量人口在战争中死亡。这场大规模的农民起义从根本上动摇了清王朝的权力和权威，加速了清王朝的崩溃。

③ 义和团运动

1899年秋至1900年9月7日，中国发生了一场以"扶清灭洋"为口

① ［美］费正清、刘广京编，中国社会科学院历史研究所编译室译. 剑桥中国晚清史（1800—1911年）（上卷）［M］. 北京：中国社会科学出版社，1985：136.

号的义和团运动。这场运动对清王朝权力和权威的重要影响是，清王朝体制内的守旧顽固派被清除，各地督抚开始出现不受中央控制的情况，统一的中央集权开始解体，地方政治实力显著上升。

④ 辛亥革命及之后的军阀混战

1911 年 10 月 10 日晚，新军工程第八营的革命党人熊秉坤打响了武昌起义的第一枪。汉阳、汉口的革命党人分别于 10 月 11 日夜、10 月 12 日攻占汉阳和汉口。起义军掌控武汉三镇后，湖北军政府宣告成立，黎元洪被推举为都督，改国号为中华民国。武昌起义胜利后短短两个月内，湖南、广东等 15 个省纷纷宣布脱离清政府独立。1912 年 2 月 12 日，清朝发布退位诏书。

辛亥革命敲响了清王朝覆灭的丧钟，终结了统治中国两千余年的君主专制制度，建立了共和政体，极大地解放了民众的思想，以巨大的震撼力和影响力推动了中国社会变革。但是，辛亥革命建立起来的中华民国，其中央权力仍然处于弱势，袁世凯病死后，中国进入政局混乱、军阀混战时期。几乎与此同时，第一次世界大战爆发，一时间国内外强权均无暇顾及对新闻出版的有效管控，这给了中国近代出版向现代转型的良好机遇。而庚子赔款资助留学的留学生纷纷归国投入建设中国的热潮，兼通中西的他们在中国近代出版转型中留下了浓墨重彩的一笔。中国出版由此迎来了大发展，新式出版机构既像雨后蘑菇，不断萌发；又如春潮，奔涌而出。

（2）列强发动侵华战争

马克思曾经指出："满族王朝的声威一遇到英国的枪炮就扫地以尽，天朝帝国万世长存的迷信破了产，野蛮的、闭关自守的、与文明世界隔绝的状态被打破，开始同外界发生联系"；"与外界完全隔绝曾是保存旧中国的首要条件，而当这种隔绝状态通过英国为暴力所打破的时候，接踵而来的必然是解体的过程，正如小心保存在密闭棺材里的木乃伊一接触新鲜空气便必然要解体一样"。[①] 道光二十年（1840）6 月，英军舰船 47 艘、陆军 4000 人在海军少将懿律、驻华商务监督义律的率领下，陆续抵达广东珠江口外，封锁海口，第一次鸦片战争开始。从这一年起，之后的 70 余

---

① 马克思恩格斯选集（第一卷）[M].北京：人民出版社，1995：691-692.

年间，清王朝经历了第一次鸦片战争（1840—1842）、第二次鸦片战争（1856—1860）、中法战争（1883—1885）、中日甲午战争（1894—1895）、八国联军侵华战争（1900—1901）等多次与西方列强的战争。这几次战争中，除了在中法战争中中国取得镇南关大捷之外，其他几次战争均以中国战败告终。

第一次鸦片战争开始后的60年间，中国被迫与列强签订了一系列丧权辱国的条约——《中英南京条约》（1842年8月），《五口通商附粘善后条款》（又称《虎门条约》，1843年10月），《中美望厦条约》（又称《中美五口通商章程》，1844年7月），《黄埔条约》（又称《中法五口贸易章程：海关税则》，1844年10月），《中俄伊犁塔尔巴哈台通商章程》（1851年8月），《瑷珲条约》（1858年5月），并分别与英国、法国、俄国签订了《北京条约》（1860年10月），与日本签订了《马关条约》（1895年4月），与英国、美国、日本、沙俄、法国、德国、意大利、奥匈帝国、比利时、西班牙和荷兰签订了《辛丑条约》（1901年7月）。甚至在中法战争中，中国虽然取得了镇南关大捷，但是清廷还是向法国求和，并订立了屈辱的《中法新约》（1885年6月）。随着《辛丑条约》的签订，中国彻底沦为半殖民地半封建社会，主权大部丧失，内政受制于列强。

（3）内外交困导致积贫积弱

长达百余年的内乱和外战，极大地消耗了清王朝的财力，也拖垮了其军事力量，中央政府的权威丧失殆尽。

在镇压白莲教起义军的9年多时间里，“斗争的破费对帝国的国库是毁灭性的。乾隆后期的盈余约7800万两因叛乱而消耗殆尽，镇压叛乱耗资达1.2亿两”①。为了镇压太平军，清政府投入了大量的人力、物力、财力，仅咸丰元年（1851）军费开支就高达1000万两白银。到咸丰三年（1853）六月十二日，可供户部支配的银两只有227000余两，已经不足以发放下个月的兵饷。

第一次鸦片战争期间，英国人疯狂掠夺东南沿海地区，清政府仅是被掠走的官府库银就有700万两之巨。英军还以占领的城池为要挟，向清

① ［美］费正清、刘广京编，中国社会科学院历史研究所编译室译.剑桥中国晚清史（1800—1911年）（上卷）［M］.北京：中国社会科学出版社，1985：136.

政府勒索赎金。与列强签订的一系列丧权辱国条约成为列强瓜分中国的“合法”依据,中国陷入无止境的巨额战争赔偿黑洞。根据中英《南京条约》(*Treaty of Nanking*),第一次鸦片战争赔款总计 2100 万银圆,约合 1470 万两白银。实际上,据清廷大臣伊里布估算,清政府共计向英国支付赔款和赎金超过 2800 万两白银,是《南京条约》规定赔款的差不多两倍。如果算上战争期间被掠走的其他财产,总额恐怕要超过 3500 万两白银。到道光二十八年(1848),户部仅存库银 123900 余两;道光二十九年(1849),户部库银有 55 万两;道光三十年(1850)太平天国运动爆发前夕,清廷户部库银“入款有减无增,出款有增无减”,王朝财政处于崩溃的边缘。第二次鸦片战争赔款总计 1650 万两。甲午战争后清政府向日本支付赎金和战争赔偿款达 2.41 亿两白银,加上支付日本在威海卫的驻军费用,中国总计要支付的费用数额高达 2.46 亿两白银,相当于清政府 3 年的财政收入。《辛丑条约》签订后,中国须向列强支付本息合计 98223.82 万两白银,相当于清政府 10 年的财政收入。如果按照前述一系列条约的规定和一些具体情况,中国应付赔款本息数额高达 17.9 亿两库平银。① 清廷根本无力支付,不得不出卖国家主权,从铁路路权到酒、茶等税收,几乎都被抵押出去,深陷在腐败、战乱和巨额赔款中的清廷已经毫无权威可言。

内乱和外战不仅在财力方面消减了清廷的权力和权威,更在军事方面暴露了清政府的无能,汉族地主武装在战乱中崛起,中央权力不断向在战乱中兴起的汉族高层官僚转移。

白莲教起义期间,为了镇压起义军,对汉族官员和军事力量素有戒心的嘉庆皇帝派出的是亲信部队——绿营兵和八旗军,腐败的八旗军和绿营兵战斗力薄弱,在亲信部队接连遭遇惨败之后,嘉庆皇帝不得不在裁撤满族带兵大员的同时重用汉族地主武装,推行团练和坚壁清野战术,依靠地方团练镇压起义。太平天国运动期间,镇压太平军的还是掌握在地方势力手中的练勇。这些练勇都是汉族地主临时雇募组织起来的武装,由于绿营兵、八旗军完全腐朽,练勇就成了清政府的正规军和主力部队。汉族地主军事力量的强大带来了其权力的大幅度增长,满族和汉族官员在清政府中

① 齐海鹏、孙文学.中国财政史(第 4 版)[M].沈阳:东北财经大学出版社,2018:243-245.

的权重随之发生了明显的变化。据统计，嘉庆年间，旗人巡抚占比为42.1%，汉族巡抚占比为57.9%；旗人总督占比为59.6%，汉族总督占比为40.4%。到光绪皇帝时，旗人巡抚占比已经下降为27%，汉族巡抚占比上升为73%；旗人总督占比下降为28.6%，汉族总督占比上升为71.4%。①

梁启超这样描述太平天国运动平息后清政府高层权力在满汉之间的消长变化：

> 自咸丰以前，将相要职，汉人从无居之者。将帅间有一二，则汉军旗人也。及洪、杨之发难也，赛尚阿、琦善皆以大学士为钦差大臣，率八旗精兵以远征，迁延失机，令敌坐大，至是始知旗兵之不可用，而委任汉人之机，乃发于是矣，故金田一役，实满汉权力消长之最初关头也。②

八国联军侵华战争期间，东南互保使清王朝皇权的没落和无能暴露无遗。在清政府尚未向各国宣战时，为避免列强有借口入侵，两江总督刘坤一、湖广总督张之洞、两广总督李鸿章、铁路大臣盛宣怀、山东巡抚袁世凯、闽浙总督许应骙等即商议如何保持东南各省的稳定；同时密议如果北京失守而两宫（指东宫慈安太后与西宫慈禧太后）不测，则由李鸿章做总统支撑局面。清政府向11国宣战后，刘坤一、张之洞、李鸿章和闽浙总督许应、四川总督奎俊、山东巡抚袁世凯即与外国达成地方上的协议。他们称皇室诏令是义和团胁持下的“矫诏、乱命”，在东南各省违抗清廷发布的支持义和团的命令。

积贫积弱的中央政府有令而令不能行，其对文化的钳制已经无力阻挡传统出版向新出版转型的脚步，只需遇到一点点助力，中国近代出版就会迸发出勃勃生机。

（二）近代出版转型时期的文化环境

1. 文字狱、书籍查禁与版权保护

（1）文字狱

17世纪中叶，清朝建立之后，一方面，“出于文化自卑心理，清朝统治

---

① 参见贾小叶.晚清大变局中督抚的历史角色——以中东部若干督抚为中心的研究［M］.上海：上海书店出版社，2008：26.

② 梁启超.李鸿章［M］.上海：上海人民出版社，2016：8.

者着力于树立自己的文化形象和权威，以取得广大汉族民众，尤其是士人阶层的认同和支持”，比如统治者苦心钻研中国传统文化，主持编纂大型图书《古今图书集成》《四库全书》等；另一方面，“对于文化异端及一切不利于自身统治的文化思想则采取高压政策——‘文字狱’，文人学士往往因一字触忌便会招致杀身之祸”。[①]康熙、雍正、乾隆时期大兴文字狱，清廷对国人思想和文化的钳制达到空前程度。据统计，仅乾隆一朝，数得上来的文字狱就有130多起。乾隆皇帝多次下令要求各省督抚大员和各级官吏搜查禁书，由于对“禁书”的界定缺乏客观标准，于是一时之间，挟嫌诬告盛行，文化冤狱频发。梁启超在《清代学术概论》中描述这段历史道：“文字狱频兴，学者渐惴惴不自保，凡学术之触时讳者，不敢相讲习。”[②]鲁迅也说：“为了文字狱，使士子不敢治史，尤不敢言近代事。”[③]这时的中国在清廷的威权治理下成了一座缺乏活力和生机的“铁屋子”[④]。在“万马齐喑”的大环境下，“然英拔之士，其聪明才力，终不能无所用也”，中国大多数知识分子只能埋头故纸堆中以考据为寄托，“诠释故训，究索名物，真所谓‘于世无患、与人无争’，学者可以自藏焉”。[⑤]

随着清政府权力的不断衰颓，到道光以后，清廷所酿文字狱的数量呈现出大幅下降趋势，而且基本集中在光绪一朝，涉及大臣、御史、太监等多个群体。在中央权力日渐衰颓的时代背景下，文字狱尤其是谏祸（因言获罪）仍时有发生的主要原因是慈禧太后大权独揽，权力膨胀。彼时一共发生了10起文字狱，其中谏祸有7起（其中1起是死谏），涉事者或被革职或被降职。

光绪时期影响较大的文字狱有《苏报》案、沈荩案。《苏报》案是近代最重大的一起文字狱。1896年6月26日，《苏报》创办于上海公共租界。戊戌变法之后，该报的政治倾向由温和的改良转向激进的革命。1903年6月9日，邹容在《苏报》上发表《革命军》一文，抨击清政府误国卖国，号召以革命推翻清政府的黑暗统治。同时，章太炎发表《驳康有为论革命

① 许纪霖、陈达凯.中国现代化史（第一卷 1800～1949）［M］.上海：上海三联书店，1995：53-54.

② 梁启超.清代学术概论［M］.成都：四川人民出版社，2018：39.

③ 《鲁迅文集全编》编委会.鲁迅文集全编［M］.北京：国际文化出版公司，1995：1073.

④ 李新宇、周海婴.鲁迅大全集［M］.武汉：长江文艺出版社，2011：269.

⑤ 梁启超.清代学术概论［M］.成都：四川人民出版社，2018：39.

书》一文，不仅嘲讽光绪皇帝，还嘲讽"载湉小丑，不辨菽麦"，并大力鼓动革命推翻清政府。《苏报》甫一出版即获得了强烈的社会反响，也激发了清廷的嫉恨，慈禧太后意欲将二人处以极刑，由于英国的干预，章太炎被捕入狱判三年监禁，邹容投案自首后被判两年监禁，刑满释放后二人都将被驱逐出境。最终章太炎出狱后东渡日本，邹容病死在狱中。同年发生的沈荩案缘于《中俄密约》。沈荩是任职于日本《天津日日新闻》的中国记者。1903 年 7 月 31 日，沈荩由于将中俄密约提前在报纸上曝光，揭露了清政府将东三省及内蒙古的路政税权与其他主权"送予俄国"的丑行，致使中俄密约流产而被慈禧太后下令杖杀，行刑之状惨不忍睹："立逼三人行大杖，挞之数百，肤肉横裂，白骨巉巉，霏如雪花。"①

正如近代出版史学者吴永贵所言，"任何时期的出版活动，都是在政府力量的主导和干预下进行的，只是政府施加的力量由强弱之分，施与的影响由正负之别，效果不同罢了"②。清末时中央权力已是强弩之末，文字狱也大不如康乾时期严酷。而列强出于自身利益而与清廷的角力，又在客观上减弱了文字狱的惨烈程度，这是清末出版内容得以百花齐放的一个不可忽视的因素。

（2）书刊查禁

晚清时期，书刊查禁是当政者比较重视的一项工作。在专门的出版法律出台之前（1906 年 7 月），从中央到地方，各级政府主要依据《大清律》中的相关条款，以颁布上谕或地方政府公文的形式，通过书刊检查来对出版业实施管理。清顺治四年（1647）所颁《大清律》"造妖书妖言"条规定："凡造谶纬妖书妖言，及传用惑众者，皆斩。……若（他人造传）私有妖书隐藏不送官者，杖一百，徒三年。"对于一本书是否为"妖书妖言"，并无一个统一而客观的标准，主要是看其内容和倾向是否合乎礼仪教化或者"政治正确"，如果符合清朝统治者的利益，顺利上市销售；反之，则会被列为"禁书"而被销毁，涉事者甚至有性命之虞。

戊戌政变之后，清政府加强了对新闻出版的查控力度，并于 1901 年颁布《大清律例》。其中关于新闻出版的内容有：

---

① 阿英.阿英全集(5)[M].合肥：安徽教育出版社，2003:504.

② 吴永贵.民国出版史[M].福州：福建人民出版社，2011:40.

造妖书妖言　凡造谶纬妖书妖言，及传用惑众者，皆斩（监候，被惑人不坐。不及众者，流三千里，合依量情分坐）。若（他人造传）私有妖书隐藏不送官者，杖一百，徒三年。

条律　一、凡妄布邪言书写张贴，煽惑人心，为首者，斩，立决。为从者，斩，监候。若造识纬妖书妖言，传用惑人，不及众者，改发回城，给大小伯克及力能管束之回子为奴。至狂妄之徒，因事造言，捏成歌曲，沿街唱和，及以鄙俚亵嫚之词，刊刻传播者，内外各地方官，即时察拿，审非妖言惑众者，坐以不应重罪。

一、凡坊肆市卖一应淫词小说，在内交与八旗都统、督察院、顺天府，在外交督抚等，转行所属官升严禁，务搜板书，尽行销毁。有仍行造作刻印者，系官革职，军官杖一百，流三千里，市卖者杖一百，徒三年，买看者杖一百，该管官升不行查出者，交与该部，按次数分别议处。仍不准借端出首讹诈。

二、各省抄房，在京探听事件，捏造言语，录报各处者，系官革职，军民杖一百，流三千里。该管官不行查出者，交与该部，按次数分别议处。其在贵近大臣家人子弟，倘有滥交匪类，前项事发者，将家人子弟并不行约束之家主，并照例议处议罪。①

光绪三十二年六月（1906 年 7 月），清政府商部、巡警部、学部会定《大清印刷物专律》，规定："凡一切文书图画，或系书写，或系印刷，或用汉文，或用其他各文字，而发行或销售于皇朝一统版图者，在律即有治理之权。"相关书刊检查条款有："凡印刷人须将所印刷之物件，不论文书记载图画等，均须详细纪册，以备巡警衙门或未设巡警之地方官或委员随时检查。凡违犯本条者，所科罚锾不得过一百元，监禁期不得过三个月，或罚锾监禁两科之。如该衙门官员临时检查此等纪册时，如以所载不甚明白，则按本条所科之罚锾监禁或罚锾监禁两科之法减一半科之。""凡印刷人印刷各种印刷物件，即按件备两份呈送印刷所在之巡警衙门，该巡警衙门即以一份存巡警衙门，一份申送京师印刷注册总局。凡违犯本条者，

① 宋原放主编，汪家熔辑注.中国出版史料·近代部分·补卷（上册）[M].武汉：湖北教育出版社，2011：3-4.

所科罚锾不得过银五十元,监禁期不得过一个月,或罚锾监禁两科之。”①

民国三年(1914)12月5日,中华民国《出版法》颁布。《出版法》除了沿用清政府《大清印刷物专律》中的书刊报送制度之外,对禁止出版的内容也做了明确的规定:

> 文书图画由下列各款情事之一者,不得出版:一、淆乱政体者;二、妨害治安者;三、败坏风俗者;四、煽动曲庇犯罪人、刑事被告人或陷害刑事被告人者;五、轻罪重罪之预审案件未经公判者;六、诉讼或会议事件之禁止旁听者;七、揭载军事外交及其他官署机密之文书图画者,但得该官署许可时,不在此限;八、攻讦他人隐私,损害其名誉者。②

《出版法》还明确规定,在外国发行的文书图画,如果违犯了上述条款的规定,也不得在中国境内出售或散布。

由于中国的出版法制建设起步较晚,因此,虽然相关法律条文很清楚,但实际上很笼统,在社会急剧转型的清末民初时期,对于各类出版物性质的界定就变得复杂起来。比如对于淫秽书籍,历朝历代都将之列为禁书,对之实施查禁没有任何争议。但是到了晚清,淫秽书籍的界定标准发生了变化。据近代史学者张运君教授研究,大约在光绪二十六年(1900)以后,《红楼梦》《西厢记》《牡丹亭》等小说已被移出淫秽书籍目录。张运君认为原因是“时人已逐渐认识到《红楼梦》诸书实不能等同于淫书”,喜欢读这类书的人大多是文人雅士,而且只是为了茶余酒后消遣光阴,“必能发乎情止乎礼义”,而这正“反映了时势变化下时人对淫秽书籍的界定有了新的看法”。③ 再如,将“内容不实、激化社会矛盾或歪曲事实类书籍”④列为查禁对象,如果是在社会稳定、社会矛盾相对缓和时期也并不会有太多争议。但是在清末民初,社会急剧转型,价值标准纷繁复杂,这类书籍内容的定性就变得相对复杂。如当时引介西方现代思想、政

---

① 宋原放主编,汪家熔辑注.中国出版史料·近代部分·补卷(上册)[M].武汉:湖北教育出版社,2011:5-10.

② 宋原放主编,汪家熔辑注.中国出版史料·近代部分·补卷(上册)[M].武汉:湖北教育出版社,2011:21.

③ 张运君.晚清书报检查制度研究[M].北京:社会科学文献出版社,2011:27.

④ 张运君.晚清书报检查制度研究[M].北京:社会科学文献出版社,2011:24.

治和文化的书籍，在今天的我们看来，它们合乎时代潮流，对近代中国了解和借鉴西方文明做出了重要贡献，而在当时的政治环境下，它们当中很可能有相当部分被定性为危及政权统治的书籍，遭遇被查禁的命运。而且对于“危及政权统治”，不同立场的人又有不同的定义和判断标准。一个典型的案例就是，戊戌变法时期，资产阶级维新派代表人物康有为和梁启超成立强学会，出版了大量鼓吹维新变法的书刊，对变法维新起到了很重要的推动作用，受到清朝统治者光绪皇帝等的肯定和欢迎。而戊戌政变之后，清廷核心统治者慈禧太后认为康有为、梁启超等的维新变法活动已经威胁到了她所属政治集团的利益，在诛杀六君子之后不久即开始了对维新变法人士的第二轮清算，这其中就包括下令查禁维新变法书刊。1898 年 10 月 9 日，清廷下旨查禁维新变法出版物：

> 莠言乱政最为生民之害。前经降旨将官报、时务报一律停止。近闻天津、上海、汉口各处，仍复报馆林立，肆口逞说，惑世诬民，罔知顾忌。亟应设法禁止。著各该督抚认真查禁。其馆中主笔之人，皆斯文败类，不顾廉耻，即由地方官严行访拿，从重惩治，以息邪说而靖人心。①

清廷要求将载有康、梁所有文章的报刊如《中外纪闻》《强学报》《时务报》和书籍如《新学伪经考》《仁学》等尽数查封和销毁，并通缉康、梁等维新派人士。这是乾隆以来最大的一次书刊查禁，同时它也体现了查禁标准的复杂性：虽然慈禧集团认为康梁文字大逆不道，必须严厉查禁，但是在包括光绪皇帝在内的维新派那里，这类书籍对于宣传变法维新起到了积极作用，是真正有利于清廷统治、广受变法维新人士欢迎的畅销书。再比如光绪二十五年（1899）五月，吴桥知县劳乃宣所著《义和拳教门源流考》因为将义和团指为白莲教余党，并建议朝廷派兵清剿，而被认为是激发了社会矛盾，后由于直隶裕禄、东抚袁世凯等大员也赞同此书的观点，在他们的支持下，劳乃宣没有被撤职，书版也未被销毁。

在晚清至民初这一社会急剧转型时期，书籍性质界定的复杂性以及最高统治集团内部思想的不统一，使得书刊查禁制度的执行有了较多的

① 茅海建.戊戌变法史事考初集［M］.北京：生活·读书·新知三联书店，2012：521.

灵活空间，这也为中国近代出版的内容生产向现代转型提供了机会。

(3) 版权保护

我国古代并无“版权”概念，更谈不上版权保护。和“现代化”一词来源于日本一样，“版权”一词也来自日本。晚清时期，新思想和新学新知书籍很受欢迎，嗅觉灵敏的书商为了逐利，违禁翻印屡见不鲜，出版商的利益受到较大的侵害。光绪二十二年(1896)，美国总领事应广学会之请，要求上海道保护广学会编著的《中东战纪本末》《文学兴国策》之版权，上海道台刘麒祥遂发布严禁翻刻书籍的告示，要求书贾坊铺人等不得翻印传教士所著前述二书，违者“致干究罚”。这是晚清时期较早的版权保护案例。光绪二十三年(1897)，《时务报》司事上书上海道台，列举诸多翻刻之丑状，如“雠校不讲，伪讹滋多”“将书中语改头换面，更易新名，大失原意，误人不浅”，要求政府出面保护其版权。对于查禁侵害版权的请求，如果确有实据，清政府多会给予支持。如光绪三十三年(1908)，英商别发洋行致函上海道台，请求禁止普兴书局翻印其出售的《英文法程初集》，上海道台即发布公文要求“勿将别发洋行出售各书翻印，致干究罚”。①

1899 年春发表在日本《东洋经济新报》上的《论布版权制度于支那》一文，明确提出了版权保护的重要性和必要性。针对当时中国大批译介日文书籍的情况，该文指出：

> 一切文物之改良，制度之革新，及其他可以增国家进步之速率者，皆以人民经世实用之智识为之基。民若无此种知识，则改善之策，无山而施，而进步之计，亦无可错尽。故谋支那②之改善，一面行种种之方法，一面当专力以西洋之新知识供给之。其法云何，则为之译出良教科书，为我辈之一大要务矣。而供给良教科书，必自布版权制度始。供给智识之原动力所藉以保护者也。③

---

① 张运君.晚清书报检查制度研究[M].北京:社会科学文献出版社,2011:24-30.

② “支那”是当时日本人对中国人的侮辱性称谓。

③ 黄明涛.从中日译书纷争看晚清中国的版权保护[J].陕西理工大学学报(社会科学版),2017(3):80-84.

此论得到了强烈的社会回应，国人的版权意识开始觉醒。著名翻译家严复道："是故国无版权之法者，其出书必希，往往而绝，希且绝之害于教育……争翻刻以毁版权，版权则固毁矣，然恐不出旬月必至无书之可翻也。"清政府也日益认识到版权保护的重要性，并于1903年启动了版权法的草拟工作。同年，商务印书馆即在本版图书上粘贴著作权标志，以保护版权。

当时清廷商部对版权保护的管理相对比较温和。如1904年，文明书局创办人、户部郎中廉泉致电直隶总督袁世凯、商部尚书载振、管学大臣张百熙，要求查办北洋官书局抽印文明书局版《中国历史新知识读本》等书一事，北洋官书局张孝谦反诬文明书局版《李鸿章》《中国历史》等书有政治问题，要求撤销文明书局的版权保护，并对其进行处罚。袁世凯竟然允准了张孝谦的诉求。商部派人调查后，确认文明书局所出图书"并无违碍字样"，除了要求文明书局对书稿加强审读，随时禀呈学务大臣审定之外，并没有对文明书局做出处罚，更没有撤销其版权保护。

1905年，商部参照西方和日本的版权法，拟出了版权法初稿。

1908年11月下旬，中国发生了一起版权纠纷。日本正则英文学校校长斋藤秀三郎先是在上海《时报》发表声明，诉中国留学生但焘侵犯自己的著作权，说但焘在没有征得其版权许可的情况下，翻译出版了其所著《正则英文教科书》，并在上海志诚书局销售。由于志诚书局没有停止销售，斋藤遂通过日本驻沪领事永泷向公共租界会审公廨提起诉讼。当时中国尚未加入《伯尔尼公约》，由于1903年中美正式签订的《中美续议通商行船条约》第十一款有"无论何国，若以所给本国人民版权之利益，一律施诸美国人民者，美国政府亦允将美国版权律例之利益给与该国之人民。中国政府今欲中国人民在美国境内得获版权之利益，是以允许凡专备为中国人民所用之书籍、地图、印件、镌件者，或译成华文之书籍，系经美国人民所著作，或为美国人民之物业者，由中国政府援照所允许保护商标之办法及章程，极力保护十年"①的约定，而《中日续议通商行船条约》也有类似约定，上海书业商会公所聘请的英国大律师高易遂以此为法律依据，为上海书业商会和志诚书局打赢了这场官司。这场版权诉讼的意

① 奉天交涉署.约章汇要[M].沈阳：奉天关东印书馆，1927：209.

义在于,“保护了翻译出版事业的新芽”[1],从版权保护的角度为近代出版的发展争取了利益和时机。

在多方权力和利益的角力下,直到 1910 年 1 月 1 日,我国第一部版权法《大清著作权律》才正式颁布。该律例首先对著作权予以定义:“凡称著作物而专有重制之利益者,曰著作权。称著作物者,文艺、图画、帖本、照片、雕刻、模型等是。”并规定:凡经呈报注册取得版权的作品,其他人不得翻印复制,及用各种假冒方法进行剽窃;接受作者的作品出版或复制,不得割裂、窜改原作,不得变匿作者姓名或更改作品名称发行该作品;对于版权保护期满的作品,亦不得加以割裂、窜改,或变匿作者姓名或更改作品名称发行;不得使用他人姓名出版发行自己的作品;不得擅自编写他人编著教材的习题解答;未发表的作品,未经版权所有者同意,他人不得强行取来抵偿债务。该律例还对著作权的继承等做出了具体的规定。该律例的颁行,不仅使得中国的版权保护与世界其他国家接轨,更为传统出版向新出版转型提供了重要的法律保障,从那以后,对于盗版、盗印等侵犯版权行为有了惩究的法律依据。

2. 闭目塞听的信息孤岛

到了晚清时期,从嘉庆到道光乃至咸丰、同治,虽然这几任皇帝很想在思想钳制和文化管控方面继承康乾时期留下的政治遗产,但是,传教士的登陆中国揭开了信息孤岛的铁幕之一角,强权不再,贫弱的清廷沦为对内高压、对外无能的矛盾综合体。

晚清之前,中国与境外的文化交流主要借助贸易进行,为数不多的来华传教士在客观上也承担了文化使者的角色。实际上早在明朝时,以意大利传教士利玛窦为代表的外国传教士就已在中国从事传教和出版活动。到康熙时期,西方传教士不仅向中国派遣教使,还发布禁条,这无疑引起了康熙皇帝的极大反感,康熙皇帝认为“教王条约与中国道理大相悖戾”,遂于康熙五十九年(1720)下令:除了“会技艺之人留用”之外,其余传教者必须全部由教王带离中国国境,以后不得再在中国传教,免得多事。[2] 到了乾隆年间,朝廷对洋人在中国内地的活动查禁更严,甚至有来

① 柳和城.橄榄集:商务印书馆研究及其他[M].北京:商务印书馆,2020:182.

② 郭廷以.近代中国的变局[M].北京:九州出版社,2012:5.

华传教士被处死者。1793年，乾隆皇帝不仅拒绝了英国特使马戛尼的觐见，而且还敕谕英国国王："至于尔国所奉之天主教，原系西洋各国向奉之教。天朝自开辟以来圣帝明王，垂教创法，四方亿兆，率由有素，不敢惑于异说。即在京当差之西洋人等居住在堂，亦不准与中国人民交结，妄行传教。华夷之辨甚严。今尔国使臣之意欲任听夷人传教，尤属不可。"①到了嘉庆道光时期，在清廷任职的洋人数量明显减少，连钦天监这样负责观察天象、推算节气、制定历法的专业技术部门也没有他们的位置了。

除了严禁西人在华传教之外，清王朝还禁止西方传教士在华从事出版活动。嘉庆十年（1805），御史蔡维钰奏请严禁西洋人刊书传教，广东人士陈若望代西洋人德天赐递送书信地图到山西，被人发觉，下刑部严讯。结果德天赐被监禁在热河营房，陈若望和在教会任职的其他汉族人士均被发往伊犁戍边，教会所刻汉文经卷31种则悉被销毁。5月16日，嘉庆皇帝发布圣谕，规定"凡西洋人等，情愿来京学艺者"，只能局限在为其专设的西洋堂居住和活动。圣谕不仅重申了禁教旧例，而且要求管理西洋堂务大臣留心稽查，如果发现有西洋人私刊书籍，即行查出销毁。此外，圣谕还要求提督衙门、五城、顺天府将坊肆私刻书籍一体查销。从此以后，查禁西人传教更为认真而严厉。

在嘉庆皇帝发布严禁西洋人刊书传教禁令的第三年，即1807年，对中国近代出版转型做出重要贡献的英国传教士马礼逊在11月4日写给伦敦会司库哈德卡斯特先生的信中这样描述自己抵达广州时的体验：

> 我的行李顺利地通过了检查，原来我很担心它会引起怀疑，事先采取了预防措施，把所有中文书籍和有汉字的纸都拿了出来，而没有被中国官员发现。②

这段记述表明马礼逊比较了解当时清廷的文化管理制度，也知道自己要想进入中国国境就必须接受中国官方严格的文化检查。嘉庆十五年（1810），清廷发布圣谕，明文禁止外国人在中国境内从事传教及出版活动：

> 如有洋人秘密印刷书籍，或设立传教机关，希图惑众，及有

① 萧公权.中国政治思想史[M].北京：商务印书馆，2017：664.

② [英]艾莉莎·马礼逊编，杨慧玲等译.马礼逊回忆录（上）[M].郑州：大象出版社，2019：110.

满汉人等受洋人委派传扬其教，及改称名字，扰乱治安者，应严为防范，为首者立斩。①

传教士的身份是传播宗教的专业人士，虽然他们来华传教的目的是对中国实施文化和思想的殖民，但是客观上他们还是东西方思想文化交流及传播的使者。外国传教士在中国的被查禁，在客观上切断了中国与西方思想和文化交流的通道，"中国的科学原本贫乏，明清之际的研究生机，几被雍正乾隆父子所根绝"②，清廷成为闭目塞听的信息"孤岛"，统治者以自大、封闭的"天朝心态"治国，而对西方国家方兴未艾的以工业革命为主要表征的现代化运动茫然无知。"禁教以后的一个世纪，是人类的大时代，是西方世界变化最大，进步极速的时代，支配近代思想的启明运动，民主自由思想，放任经济学说，改变近代生活的工业革命，交通革命，影响近代政治的美国独立，法国革命，英国改革，尽皆出现于此百年之间。而我们全无所知，毫无所感。"③

（三）外面的世界：西方完成工业革命迈入现代社会

清兵入关后，明朝时在经济相对发达地区产生的资本主义萌芽及不多的工业文明火种丧失殆尽，中国成为一个封闭的农耕社会，以自给自足的小农经济和手工作坊式生产为主。而同一时期的不少西方国家正如火如荼地进行着以工业革命为主要表征的现代化。

18 世纪，当乾隆皇帝在频繁制造文字狱时，西方先贤正在思想探索的道路上高速前行。乾隆十三年（1748），法国启蒙思想家、西方国家学说及法学理论的奠基人孟德斯鸠（Montesquieu，1689—1755）完成了其代表作《法意》。乾隆二十七年（1762），法国启蒙思想家卢梭（Jean-Jacques Rousseau，1712—1778）的《民约论》完成。乾隆四十一年（1776）。古典经济学之父亚当·斯密（Adam Smith，1723—1790）完成了其代表作《原富》。

与此同时，西方的科技发明也正如火如荼，并取得了具有划时代意义的重要成果。乾隆三十二年（1767），英国的哈格里夫斯（James

① 方汉奇.中国新闻事业编年史（上）[M].福州：福建人民出版社，2000：19.
② 郭廷以.近代中国的变局[M].北京：九州出版社，2012：7.
③ 郭廷以.近代中国的变局[M].北京：九州出版社，2012：23.

Hargreaves,1720—1778)发明的珍妮纺织机进入市场销售,珍妮纺织机的发明标志着英国工业革命的开始;同年,阿克莱特(Richard Arkwright,1732—1792)发明了用水力带动的水力纺织机。时隔两年后,瓦特(James Watt,1736—1819)改进了蒸汽机。基于蒸汽机给工业文明带来的巨大影响,后人将蒸汽机的发明视为西方第一次工业革命的标志。乾隆三十九年(1774),英国冶铁业之父格尔特(Henry Colt,1740—1800)开始用煤铸铁炼钢。道光五年(1825),英国建成第一条铁路;同年 9 月,英国工程师斯蒂芬森(George Stephenson,1881—1848)发明的"旅行者号"蒸汽机车拖着 30 多节小车厢正式试车,车厢载着 450 名乘客和 90 吨货物,以每小时 24 千米的速度跑完了 40 千米的路程。以上一系列技术革命引起了西方工业从手工劳动向动力机器生产转变的重大飞跃。

工业革命是一场从传统农业社会转向现代工业社会的重要变革,它创造了巨大的生产力,先发国家的社会面貌因此发生了翻天覆地的变化。随着工业革命的不断推进,到 19 世纪 20 年代,英国的动力织布已经基本取代手工织布。到 1861 年,英国的煤产量已经达到 5700 万吨,铁产量达到 380 万吨,这样的煤铁产能足以支持英国以廉价而又充足的能源和原料进行工业生产。1838 年,英国拥有 500 英里铁路,1850 年增加到 6600 英里,12 年的时间增加了 13.2 倍。1840 年,英国人塞缪尔·肯纳德开通了横跨大西洋的定期航线。1837 年,电报发明。1866 年 7 月 13 日,连接东半球和美洲电报系统的跨海电缆铺设成功;27 日,电缆正式开通。从此,新闻业飞速发展。英国是世界上工业革命起步最早的国家,由于占风气之先,到 19 世纪中叶,英国已经发展成为世界一流强国。随后,工业革命传播到英格兰,继而拓展到整个欧洲大陆。到 19 世纪中叶,法国、德国也先后完成工业革命进入现代文明社会。北美地区于 19 世纪启动工业革命,之后工业革命的浪潮又传播到其他国家和地区。

率先完成工业革命的西方资本主义国家逐步确立起对世界的统治,世界形成了西方先进、东方落后的局面。为了支持本国工业的发展,率先完成工业革命的国家如英国、法国等,利用军事和航海技术优势不断向海外扩张,以支配更多的原料和市场,由此引发了先发国家侵略落后国家、落后国家反抗侵略的战争。

西方不少国家不仅通过工业革命在生产力和生产关系方面走在现代

化的前列，其在政治方面也向现代化迈进了一大步。1688 年，英国爆发光荣革命，随后即确立了君主立宪制。到 19 世纪，西方不少国家已通过立宪建立起了君主立宪制度，即在保留君主制的前提下，树立人民主权、限制君主权力，君主“统而不治”，并且其权力和义务或多或少受到宪法的明确限制。到 20 世纪初，欧洲所有的君主都是立宪的君主。而此时，清王朝的君主专制制度在“固若金汤”的表象下，正潜藏着崩溃的危机，而正是这样的危机才使中国近代出版转型成为可能。设若是在清王朝权力最为强悍的康乾时期，文字狱已经使广大知识分子如在牢笼，出版转型更是绝无可能。

三、近代出版转型与中国现代化

19 世纪，西方的现代化已呈现出由英、法等国向全球辐射蔓延的趋势，清廷一意孤行的闭目塞听和思想钳制并不能有效阻挡西方文明通过民间渠道向中国的渗透。西方国家的现代化经验和成果为国人做出了良好的示范，成为国人借鉴西方成功经验和推进中国现代化进程的绝好教材。与此同时，腐败、战乱等内忧外患，极大地消减了清政府的权力和权威，囿于客观现实条件，色厉内荏的清朝统治者对国人思想和文化的钳制日益显得心有余而力不足，这给中国近代出版转型提供了机会和可能。

纵观中国近代史，在引介西方现代化的经验和成果、推动近代中国向现代化转型方面，近代出版功不可没。中国近代出版既是中国现代化的一个组成部分，又在文化和意识形态领域引领着中国的现代化，而中国现代化进程中取得的成果又给中国近代出版转型提供了市场、物质和技术的条件及基础，也使其转型成为可能。

（一）中国的现代化与近代出版转型

中国近代出版转型是中国现代化进程中的一个单元，它“不是孤立的，而是与社会政治、经济、文化的现代化密切相连的，没有整个社会的现代化，如交通运输、邮政等的现代化”①，也就谈不上中国近代出版的转型。可以说，中国的早期现代化成果为中国近代出版转型提供了广阔的市场和物质、技术基础。

推进近代出版转型的力量有很多，这里从“思想解放的时代大潮”

① 魏玉山.关于中国现代出版业诞生的几个问题[J].出版发行研究，1999(5)：11-14.

"教育制度变革""交通运输及邮政的现代化"等三个方面分析中国社会的现代化与近代出版转型的关系。

1. 思想解放的时代大潮为近代出版注入了现代性内容

中国近代出版之所以能够向现代转型,其中最重要的一个因素是,救亡图存求变的思想解放大潮为近代出版提供了丰富的图书消费市场,并为近代出版注入了极具现代性的内容。回顾近代中国的思想解放历程,再回顾近代出版人的出版活动,尤其是图书内容的生产,我们可以得出这样一个结论:近代出版为近代中国向现代转型提供了精神动力和知识支持。近代中国的思想解放有三个阶段性主题——师夷长技以制夷、维新变法、革命,以这三个阶段性主题为导向的图书内容生产成为中国近代出版的蓝海。

(1) 师夷长技以制夷

中国近代出版转型自 1807 年开启,其时清王朝的权力经受白莲教起义等的打击,开始走向衰败,鸦片战争更是给清廷权威以沉重打击,清廷权力的衰颓恰好给了新出版萌芽和蓄力的机会——当清王朝的专制走到终点时,中国出版的转型从蓄力期转入爆发和繁荣期。

在 19 世纪中叶以前,中国人认为自己的国家是世界文明的中心,其他国家都是蛮夷之地,而地主阶级精英们甚至认为闭关自守有利于维护中华文明,在此认知基础上形成的闭关锁国政策导致近代中国在经济发展和科学进步方面明显落后于西方,最终中国为此付出了高昂的代价。以林则徐、魏源为代表的一批知识分子在经世致用思想的影响下,开始把目光投向中国以外的世界,魏源在其所编撰的《海国图志》中直接提出了"师夷长技以制夷"的主张。在清廷身居要职的曾国藩、李鸿章、左宗棠等人认为中国之所以在战争中严重受挫,一个重要原因就是技术落后。他们在支持清廷坚守和约的同时,选择了通过办理洋务以图自强,并采取了一系列的行动。同治元年(1862)五月七日,曾国藩在日记中如是表达:"欲求自强之道,总以修政事、求贤才为急务;以学作炸炮,学造轮舟等具为下手工夫。但使彼之所长,我皆有之,顺则报德有其具,逆则抱怨亦有其具。"①冯桂芬更是在其所著《校邠庐抗议》中提出:

① 朱东安选注.曾国藩文粹[M].沈阳:辽宁人民出版社,2019:177.

不自强而有事，危道也；不自强而无事，幸也，而不能久幸也。矧可猜嫌疑忌，以速之使有事也。自强而有事，则我有以待之，矧一自强而即可弭之使无事也；自强而无事，则我不为祸始，即中外生灵之福，又何所用其猜嫌疑忌为哉。①

高层官僚和士绅的自强主张激起了广大有识之士的积极回应，反映到出版业，则是围绕“师夷长技以制夷”这一目的性主题而进行的出版活动。

在“师夷长技以制夷”的自强思想主导下，翻译出版西学论著成为当时本土出版的重要使命和责任。除了众所周知的林则徐《四洲志》、魏源《海国图志》等以外，还有一大批引介西学的书籍问世，洋务出版成为19世纪中期民族出版的主流。

1862年8月，洋务派正式开办京师同文馆。在京师同文馆存续期间，其师生共翻译西学书籍35种，主要包括：社会科学类，如《万国公法》（*Elements of International Law*，丁韪良译）、《法国律例》（*Code Napoleon*，毕利干口译、时雨化笔述）、《公法便览》（*Woolsey's International Law*，汪凤藻等译）、《公法会通》（*Le Droit International Codifie*，丁韪良、联芳、庆常译）、《各国史略》（*Universal History*，杨枢等译）等11种；科学知识类，如《格物入门》（*Natural Philosophy*，丁韪良著译）、《化学阐原》（*Advanced Chemistry*，毕利干、承霖、王钟祥译）、《富国策》（*Manual of Political Economy*，汪凤藻译）等15种；语言类，如《汉法字汇》（*Franco-Chinese Dictionary*，毕利干著）、《英文举隅》（*English Grammar*，汪凤藻译）、《同文津梁》（丁韪良著）等5种；史地类，如《中亚洲俄属游记》（Russian Central，杨枢等译）、《柬埔寨以北探路记》等4种。② 为了出版这些图书（包括处理总理衙门事务的文件），京师同文馆专门成立了印书处。这些书籍出版后多被作为同文馆学生的教材使用。

1865年9月，曾国藩筹划、李鸿章创办的江南制造局成立，其所属翻译馆成为译介西学的重要机构。在其存续期间，共译介西学180种，其中：社会科学类，如《佐治刍言》（*Political Economy*，傅兰雅译）、《四裔编年

---

① 冯桂芬.校邠庐抗议[M].上海：上海书店出版社，2002：53-54.

② 苏精.清季同文馆及其师生[M].福州：福建教育出版社，2018：140-143.

表》(*The book of Dates*,林乐知译、严良勋述)、《各国交涉公法论》(*Commentaries upon International Law*,傅兰雅译、俞世爵述,汪振声、钱国祥校)等21种;自然科学类,如《格致启蒙》(*Science Primer Series*,林乐知译、郑昌棪述)、《化学鉴原》(*Principles and Applications of Chemistry*,傅兰雅译、徐寿述)等37种;医学和农学类,如《西药大成》(*Materia Medica and Therapeutics*,傅兰雅译、赵元益述、孙鸣凤校对)、《农务化学简法》(*Agricultural Chemistry*,傅兰雅译、王树善述、蔡澄校对)等23种;工艺制造类,如《汽机发轫》(*Manual of the Steam Engine*,伟烈亚力译、徐寿述)、《造铁全法》(*Iron Manufacture*,傅兰雅译、徐寿述)等28种;军事科学类,如《克虏伯炮说》(*Krupp's Guns Description*,金楷理译、李凤苞述)等41种;船政、工程、矿学类,如《船坞论略》(*Naval Regulation*,傅兰雅译、钟天纬述、程瞻洛校对)、《行军铁路工程》(*Military Railways*,傅兰雅译、汪振声述)、《冶金录》(*The Moulder's and Founder's Pocket Guide*,傅兰雅译、赵元益述)等30种。① 从以上所列书目及其类别可以看出,在江南制造局翻译馆出版的西学书籍中,科学类和军事类书籍占较大比重,如军事类书籍有40种,在其所有180种译著中的占比达到22.2%。

江南制造局翻译所出版的译著在救亡图存的知识分子中很有影响力,梁启超曾经如是评述:"惟制造局中尚译有科学书二三十种,李善兰、华蘅芳、赵仲涵等任笔受;其人皆学有根柢,对于所译之书,责任心与兴味皆极浓重,故其成绩略可比明之徐、李;……光绪间所为'新学家'者,欲求知识于域外,则以此为枕中鸿秘。盖'学问饥饿',至是而极矣。"②

天津机器局译书处也是洋务派创办的新式出版机构。1867年5月,在洋务派领袖、恭亲王奕䜣的积极推动下,以制造新式军火为主要功能的天津机器局在天津城东贾家沽道正式开局。其附属机构译书处于1878年出版了《克鹿卜小炮简易操作法》《德国炮队与操法》等书。1884年出版了《船阵图说》铅印本。1885年,该局用自有的印刷设备活版印制出版了《机锅用法》一书。梁启超编撰的《西学书目表》三卷、附一卷也在该局出版。

① 熊月之.西学东渐与晚清社会(修订版)[M].北京:中国人民大学出版社,2011:423-432.
② 梁启超.中国历史研究法[M].石家庄:河北教育出版社,2000:468.

洋务派以“师夷长技以制夷”为主题的出版活动远不止上述这些，但是以一斑窥全豹，相关书目和数据表明，洋务派主持的一系列图书内容的生产对于近代国人了解西方科技文明、“师夷长技以制夷”做出了重要贡献。

（2）变法维新

“洋务运动是在以英国为首的资本主义列强控制和支持下进行的近代化运动，是清朝封建地主统治阶级为了挽救自己的垂危命运而进行的近代化运动”，洋务派试图“在不触动腐朽的封建制度的前提下，利用西方资本主义的某些长处来维护封建专制，这种手段和基础的矛盾，严重限制了洋务运动的发展”，加上清廷内部顽固派的阻挠和破坏①，洋务运动无法阻遏中国向半殖民地沦落的趋势，不可避免地走向了失败。

虽然洋务运动以失败告终，但是洋务派中一部分比较开明的官僚、地主、商人（包括买办和高利贷者）转变成为资产阶级改良派，并在19世纪末发动了变法维新运动，而报刊和图书则是改良派宣传维新变法主张的主要载体，这次思潮直接催生了近代出版的繁荣。不仅改良派通过出版活动推动改良，来华传教士在鼓吹变法维新方面也起了积极作用，并对改良派的变法维新宣传活动产生了较大的影响。以下分述之。

① 来华传教士的维新变法出版活动

在来华传教士中，有一群主张中国必须进行改革的人士，他们不仅与中国的变法维新人士来往密切（比如李佳白声称自己认识250多名中国官员，还与200多人有交往；李提摩太曾经拜访过李鸿章和张之洞，梁启超曾经担任过他的私人秘书），而且新教徒们在出版物上介绍的西方政治、史地、科技等方面的知识，渐渐地使得中国“养成了一种有利于改革的气氛”，“在政治、方法和社会态度上为中国改革派提供了可以模仿的活生生的、现成的榜样”。② 在主张中国改革的传教士中最著名的是德国基督教礼贤会传教士花之安（Ernst Faber，1839—1899）、英国浸信会传教士李提摩太（Timothy Richard，1845—1918）、基督教美国监理会传教士林乐知（Young John Allen，1836—1907）和美国北长老会传教士李佳白（Gil-

---

① 赵炎秋、谢志远.风起青萍：1895～1921[M].郑州：河南人民出版社，2018：83-84.

② [美]费正清、刘广京编，中国社会科学院历史研究所编译室译.剑桥中国晚清史（1800—1911年）（上卷）[M].北京：中国社会科学出版社，1985：566.

bert Reid，1857—1927）等人，他们是改革中国的热情宣传者。

1884年，香港中华印务总局出版花之安所撰《自西徂东》单行本，该书书名出自《诗经·大雅·桑柔》中的"自西徂东，靡所定处"一句。花之安认为中国弊政太多，"盖有弊当除，是国家之要务，欲人察出其弊之源头，能有以治之也"。在该书的第二卷，花之安论述了西方国家的政权治理模式：

> 西国律例虽为君王所定，然议政国会臣工，首先辩论允协，方能定夺。又分上堂、下堂公议，上堂则皇朝所立，朝臣恒膺其职；下堂则庶民公举，数年轮转更换。下堂既议，多有允协，再归上堂议之，协者既多，则进上君主酌夺，俞允则行。上堂非有大事，则执成法而不更变，下堂则时可更张。然下堂议有不合于上堂，君主则罢下堂之议，民间可另公举别人再议。倘下堂再执前议，上堂亦不敢过于违拗，恐下堂不允，则律例难行也。若上下堂俱允，而君主不允，亦不得定为成例。然如此者甚鲜。夫君主出令者也，臣者行君之令而致之民者也，君所欲行之政事，先着阁部臣工与之商酌，将行，又有枢密院大臣佥名，若枢密院不佥名，其事仍不能行。慎重如此，故鲜有失。①

花之安并以美国为例论述西国政体的好处，"至美国之皇则为众民公举，数年则退位，而国政亦美，此可见国君之不揽权也"，"是知道之所在，即权之所归，不假权之名而彰权之用"。②

《自西徂东》问世以后，以此为开端，来华传教士们中的改革派加快了宣传变法的步伐，并调整了图书的内容生产，即在引介西方科学技术之外增加了引介西方政治体制的内容，这种改变取得了良好的社会反响。

英国传教士李提摩太执掌的广学会是一个积极出版维新变法相关书籍的机构，它出版的《中东战争本末》（林乐知编著，1896）、《十九世纪史》（罗伯特·麦肯齐著、李提摩太译，1895）等书籍对中国维新派宣传变法改良的政治主张有着直接的重要影响。

除了通过广学会的机关报《万国公报》宣传变法维新外，李提摩太还

① ［德］花之安.自西徂东［M］.上海：上海书店出版社，2002：87.
② 同上.

组织传教士编译这方面的书籍，向中国的上层官僚和知识分子推介革新理念。他甚至在北京、上海、苏州、南京、汉口、成都等城市开设了35个图书分销处，以便于销售广学会的各类书籍。又在北京、广州、苏州等地举办征文活动，以扩大西学的社会影响力。李提摩太翻译的《十九世纪史》在中国的销量达到100万册，并且屡遭盗印，仅1898年在四川省就被盗印19次。

李提摩太自己撰写的著作中有4种对中国的维新变法运动影响甚巨。第一种是《七国新学备要》，该书于1889年首印，在维新变法之年（1898）印数为1万册。第二种是《列国变通兴盛记》（1894），该书的内容主要写俄国彼得大帝的改革和日本明治维新。第三种是《泰西新史揽要》（1889），"这本书以通俗的文笔向中国的公众报道了100多年来西方各国如何从无法再加夸张的野蛮、无知和暴虐的状态进到科学、启蒙和民主的时代，告诉人们，只要勇于进取，革除弊政，就能有弱变强，由专制变民主"①。因为这本书的内容力主变法，深得人心，发行量多达几十万册。第四种是《新政策》（1895）。1895年10月23日，李提摩太以此书向清廷上书，建议清政府实施教民、养民、安民、新民四法，即实施新政。

广学会编辑出版的社会科学类书籍给中国维新派议论变法、改革政治以重要的依据，它自身也在这样的出版活动中获得了可观的经济收入。1896年，傅兰雅兴高采烈地报告："书籍生意正在全国迅猛开展，这里的印刷商不能满足书籍生意的需要。中国终于觉醒起来了。"② 1898年，广学会销售出版物所得多达1.8万美元（当时1美元的价值相当于1.5克黄金），比1893年增加了1.72万美元。到1903年，广学会总计出版图书250种，利润达到了25万元。

② 国人的维新变法出版活动

维新变法运动时期也是中国近代出版转型的关键时期，其间大量新的出版机构应运而生。国人中维新变法出版活动的主要代表是康有为、梁启超等人。据梁启超在《清代学术概论》中记述，在维新变法时期，维新派除了大量创办报刊如《时务报》《湘报》《湘学报》等，并以此为平台

---

① 沈福伟.中国与欧洲文明[M].太原：山西教育出版社，2018：358.

② [美]费正清、刘广京编，中国社会科学院历史研究所编译室译.剑桥中国晚清史（1800—1911年）（上卷）[M].北京：中国社会科学出版社，1985：571.

发表各类宣传变法的政论性文章之外,还“窃印《明夷待访录》《扬州十日记》等书,加以案语,秘密分布,传播革命思想,信奉者日众”,并出版自己撰写的论著。

康有为宣传维新变法的代表作有《新学伪经考》《孔子改制考》。《新学伪经考》又名“伪经考”,十四卷,初刊于光绪十七年(1891),是康有为打着“公羊派”的旗号,宣扬托古改制思想的经书论证著作。该书在广州出版后,各省纷纷翻印,在社会上引起很大的震动。光绪二十年(1894)七月,御史安维峻弹劾康有为“惑世诬民,非圣无法,同少正卯,圣世不容,请焚《新学伪经考》而禁粤士从学”①,两广总督李瀚章责令康有为将此书自行焚毁。1898年,康有为写于1892年的《孔子改制考》正式刊行。在该书中,康有为认为,由于孔子以前的历史无据可考,孔子遂假托尧、舜等古圣先贤的言论行事而作“六经”,其目的是托古改制。康有为虚构出一个首创“改制”的孔子,实际上是用近代西方社会政治思想,把孔子打扮成托古改制的“素王”,为变法造势,以减少维新变法的阻力。在书中,康有为以历史进化论附会公羊学说,宣称人类社会是按照“据乱世”“升平世”和“太平世”的顺序演变的,相对应的是君主专制时代、君主立宪时代和民主共和时代,他这样论述的目的是说明变法维新的必然性。

康有为门生梁启超倡导维新变法的代表作是《变法通议》。《变法通议》是梁启超担任上海《时务报》主笔时发表的早期政论文章的结集。全书共有14篇,其中:《自序》《论不变法之害》《论变法不知本原之害》《学校总论》《论科举》《论学会》《论师范》《论女学》《论幼学》《学校余论》《论译书》《论金银涨落》等12篇,刊于1896年至1898年的《时务报》;《论变法必自平满汉之界始》《论变法后安置守旧大臣之法》等两篇,刊于1898年底至1899年初的《清议报》。梁启超在《清代学术概论》中回忆自己这段经历道:“其后启超等之运动,益带政治的色彩。启超创一旬刊杂志于上海,曰《时务报》。自著《变法通议》,批评秕政,而救敝之法,归于废科举、兴学校,亦时发‘民权论’,但微引其绪,未敢昌言。”②

光绪二十三年(1897)秋冬间,梁启超等集股在上海创办新式出版机

① 张启祯、周小辉.万木草堂集[M].青岛:青岛出版社,2017:443.

② 梁启超.清代学术概论[M].长春:吉林出版集团有限责任公司,2016:179.

构大同译书局，由康有为的弟弟康广仁任经理。在《大同译书局叙例》中，梁启超阐述创办大同译书局的目的是“联合同志”，并申明了大同译书局的译书宗旨：“以东文为主，而辅以西文；以政学为先，而次以艺学。”“首译各国变法之事，及将变未变之际一切情形之书，以备今日取法。”实际上，大同译书局只翻译出版了两本史政类书籍——《意大利侠士传》《俄土战记》，其他多为宣扬变法维新之作，如《大彼得变政考》《经世文新编》《日本书目志》《孔子改制考》《春秋董氏学》等。同年，梁启超所辑译书集《西政丛书》由上海慎记书庄以石印技术印行，其中收录了汪凤藻在同文馆所译《富国策》等 32 种图书的内容。梁启超编辑《西政丛书》的目的是希望能够通过介绍西方政治之书来开启民智，为变法维新提供思想支持。

虽然维新变法时期的相关出版物大多惨遭慈禧集团的查禁，涉事者如康、梁被迫远走异国，但是这些出版物不仅开启了民智，对于出版业而言，还开辟了政论性图书的市场，在近代出版史上留下了具有特别意义的光彩。

（3）辛亥革命前后的出版活动

1911 年至 1912 年年初，中国发生了一桩最具现代意义的事件——辛亥革命，这一事件的结果是，清政府被推翻，资产阶级革命派建立了中华民国。在辛亥革命前，革命派通过出版活动宣传革命主张；中华民国建立后，现代性内容的生产成为图书出版主流，传播新思想、新教育、新生活的图书广受欢迎，新的出版机构也如雨后春笋般涌现出来，中国出版迎来了一个小的黄金时代。

关于辛亥革命前夕相关出版活动的历史意义，冯自由在其所著《辛亥前海内外革命书报一览》篇首云：“中华民国之创造，归功于辛亥前革命之实行及宣传之二大工作。而文字宣传之工作，尤较军事实行之工作为有力而且普遍。蒋观云（智由）诗云：‘文字收功日，全球革命潮！’诚至言也。……兹调查昔年海内外各地各种革命书报，自乙未（1895）以迄辛亥，约千数百种。”冯自由整理出辛亥革命前以“革命”为主题的图书有《太平军战纪》（曾根、晋虎，1894）、《盛世危言》（郑观应，1894）、《訄书》（章炳麟，1900）、《革命军》（邹容，1903）、《猛回头》（陈天华，1904）、《警示钟》（陈天华，1904）、《秋瑾》（作者不详，1907）、《浙案纪略》（陶成章，

1910)等，计115种。其中有宣传光复故土志向者，如《佳人奇遇》（柴四郎著、罗普译，1899）"叙述欧美各灭亡国家志士及中国移民谋光复故土事"，《经国美谈》（矢野文雄著、周宏乐译，1900）"演述上古希腊齐武国志士驱逐斯巴达复光复故土事"；有描绘"新中国"蓝图者，如《新中国未来记》（梁启超，1902）以倒叙方式，叙述自1902年至1962年中国的发展，预言60年后的中国将是繁荣富强，百业俱兴，万国来朝；有宣扬通过革命推翻清政府的专制统治者，如《中国革命史论》（陈天华，1905）、《革命箴言》（秦力山，1905）等；亦有缅怀革命英烈者，如《徐锡麟》（华志社，1907）、《轩亭复活记》（王钟祺，1907）；等等。这些鼓吹革命的书籍在当时"影响青年思想至巨"，对"辛亥革命清帝后退位之顺利"，"功不可没也"。①

就在这样的思想解放大潮中，中国的新出版得到了较快的发展，"出版事业在革新运动时期进步之速可以概见"②。民国建立以后，新国家、新社会、新气象，新出版更加迸发出勃勃生机。

2. 教育制度变革为近代出版提供了巨量的教科书市场

在现代社会，人与技术的关系是："技术变得愈益复杂，从而对人们掌握现有技术和进行技术更新的技能要求也不断提高，该过程的另一面是，人力需求大量减少，机器取代人一直成为许多领域的趋势，结果产生了与中国传统取向正好相反的情形。"③在传统出版时代，教科书的出版目的是帮助士子应对科举考试，由于读书人数量有限，传统的雕版印刷足以满足士子们对应试图书的需求。只有在图书复本的需求量大到手工印刷已经无法满足时，机器印刷术才会显出其威力，也才能真正得到推广和应用。任何一种图书的复本需求量都不会比教科书大，而清末至民国初年的教育变革恰恰带来了教科书市场的快速扩张，这无疑也为印刷技术和出版内容向现代转型提供了绝佳的机遇。

（1）清末民初教育变革

清末民初是我国教育转型期，其时，除了来华传教士创办教会学校之

---

① 宋原放主编，汪家熔辑注.中国出版史料·近代部分·补卷（下册）[M].武汉：湖北教育出版社，2011：439-440.

② 李泽彰.三十五年来中国之出版业（1897—1931年）[C]//张静庐.中国近现代出版史料（现代编·下）.上海：上海书店出版社，2003：283.

③ [美]柯文著，雷颐、罗检秋译.在传统与现代性之间——王韬与晚清改革[M].南京：江苏人民出版社，1994：146-147.

外，本土也在探索教育的变革，以适应社会发展的需要。

由于科举制度选拔的是旧学人才，已不能适应中国发展的需要，而洋务学堂是“旧瓶装新酒”——以传统教育的模式只办高等教育，不办基础教育，导致新式学堂生源严重不足，学生质量也比较低下，而且新式学堂的毕业生还要通过科举考试取得正途出身，才能在官场立足，这就使新式学堂的毕业生陷入了所学非所用、进取无门的困境。而社会的急剧转型和对新学新知人才的需求却与日俱增，从制度层面对教育进行改革，实现人才涌流成为势在必行的要务。在冯桂芬、张之洞等晚清上层官僚知识分子的推动下，光绪二十七年(1901)，“创痛巨深”的清政府开始着手教育改革。1月29日，清政府宣布施行新政，并“以学堂为新政之大端”。当年十二月，清廷发布上谕：“兴学育才，实为当今急务。京师首善之区，尤宜加意作育，以树风声。前建大学，应切实举办。”并委任张百熙为管学大臣，“其裁定章程，妥议具奏”①。光绪二十八年(1902，壬寅年)正月，张百熙奏《筹办京师大学堂情形疏》，建议先开预备速成两科，预备科分政科、艺科，速成科分为仕学、师范两馆；同年七月十二日，张百熙在《进呈学堂章程折》中道：

> 古今中外，学术不同，其所以致用之途则一，值智力并争之世，为富强致治之规，朝廷以更新之故而求之人才，以求才之故而本之学校，则不能不节取欧美日本诸邦之成法，以佐我中国二千余年之旧制，亦时势使然；第考其现行制度，亦颇与我中国古昔盛时良法，大概相同。②

清廷的批复是：张百熙所拟学堂章程“尚属详备，即著照所拟办理，并颁行各省，著各该督抚按照规条，宽筹经费，实力奉行，总期造就真才，以备国家任使”。③ 这次张百熙遵拟学堂章程共有6件——《京师大学堂章程》《考选入学章程》《高等学堂章程》《中学堂章程》《蒙学堂章程》，“是为《钦定学堂章程》。教育之有系统自此始”④，史称其为“壬寅学

① 陈学恂.中国近代教育史教学参考资料(上)[M].北京：人民教育出版社，1986：513.

② 陈学恂.中国近代教育史教学参考资料(上)[M].北京：人民教育出版社，1986：527.

③ 陈学恂.中国近代教育史教学参考资料(上)[M].北京：人民教育出版社，1986：528.

④ 陈学恂.中国近代教育史教学参考资料(上)[M].北京：人民教育出版社，1986：515.

制”。由于学制本身不够完备，壬寅学制颁布不到两年即被废止。光绪二十九年(1903，癸卯年)正月，清廷命荣庆会同张百熙管理大学堂事宜；闰五月，荣庆约同张百熙奏请添派张之洞会商学务，清廷遂诏饬张之洞会同管学大臣厘定一切学堂章程；十一月二十六日(1904年1月13日)，三人会奏《重订学堂章程折》，《奏定学堂章程》由此诞生。该章程所规定的学校系统，是中国历史上第一个经中央政府正式批准并在全国范围内实际推行的学制，史称“癸卯学制”。清廷批复三大臣奏折如次：

> 方今时事多艰，兴学育才实为当务之急。前经谕令张之洞会同管学大臣，将学堂章程悉心厘订，妥议具奏。兹据会奏胪陈各折片，条分缕析，立法尚属周备，着即次第推行。其有应行斟酌损益之处，及将来毕业学生，由督抚、学政并简放考官考试一节，使学堂科举合为一途，系为士皆实学，学皆实用起见。著自丙午科为始，将乡会试中额，及各省学额，按照所陈，逐科递减，俟各省学堂一律办齐，确著成效，再将科举学额分别停止，以后均归学堂考取，届时候旨遵行。即著各该督抚赶紧督饬各府厅州县，建立学堂，并善为劝导地方，逐渐推广。无论官立民立，皆当恪遵列圣训士之规，谨守范围，端正趋向，不准沾染习气，误入奇邪。一切课程，尤在认真讲求，毋得徒事皮毛，有名无实。务期教学相长，成德达材，体用兼赅，以备国家任使，有厚望焉。①

《奏定学堂章程》效仿西式教育制度，对义务教育做出了规定，而1906年清廷学部颁布的《强迫教育章程》则是中国政府计划实行强制义务教育的第一个正式法令。民国建立以后，继续实施义务教育制度，并形成了全国性的兴办义务教育运动。强制义务教育制度的推行使得新式学校呈几何级数增长，对新式教科书需求的爆发式增长助推了转型期本土新式教科书的市场发育，也成为助推近代出版转型的主动力。

(2) 清末民初教科书的出版

教育的变革为近代出版提供了丰沛的教科书市场，不仅促进了教科书内容的转型，更为印刷技术的转型升级助力。晚清至民初，我国的教科

① 陈学恂.中国近代教育史教学参考资料(上)[M].北京：人民教育出版社，1986：531.

书市场主要有两个板块——教会学校教科书市场、本土学校教科书市场，与之相对应的则是教会学校教科书的出版和本土新式教科书的出版，以下分述之。

① 教会学校教科书的出版

近代中国的新式学堂始自来华传教士创办的教会学校。19世纪初，来华传教士即已按照西方学堂的模式在中国创办新式学堂。1870年，中国已有教会学校350所。随着教会学校的日益增多与扩大，尤其教会所办高等学校的发展，自编自印教科书已经不能满足师生的实际需要，教科书问题成为教育界共同面临的重要问题。

1877年，在华基督教传教士大会成立“学校教科书委员会”（School and Textbook Series Committee，中文译作“益智书会”），其职能是为教会学校编辑出版科目比较齐全、相对统一规范的中小学教科书，委员会成员包括丁韪良（William Alexander Parsons Martin）、韦廉臣（Alexander Williamson）、狄考文（Calvin Wilson Mateer）、林乐知、利启勒（Rudolph Lechler）和傅兰雅（John Fryer）等人。据1877年和1890年在上海举行的两次“在华基督教传教士大会”的大会报告，1876年，我国有基督教教会所办男日校177所、学生2991人，男寄宿学校31所、学生647人，女日校82所、学生1307人，女寄宿学校39所、学生794人，传道学校21所、学生236人，全国共有教会学校350所、学生总数5975人；1877年，各类教会学校已达347所、在校学生有5917人；1889年，全国教会学校学生总数为16836人——将近是1876年的3倍，增加了10000余人。10年后的1898年，美国传教士在华所办初等学校有1032所、学生16310人，中等以上学校74所、学生3819人。① 1900年前，天主教教会在华北四省（直隶、山西、山东、河南）办有中等学校30余所、学生400余人，初等学校500所、学生万人以上。② 进入民国以后，全国教会学校学生人数1912年为138937名，1915年172976名，1916年184646名，1917年194624名，1918—1919年为212819名，1920年245049名；五四运动前夕，基督教教会学校有7382所、学生214254名。③ 与此同时，教会教科书的编写出版

① 陈景磐.中国近代教育史[M].北京：人民教育出版社，1983：65.

② 陈景磐.中国近代教育史[M].北京：人民教育出版社，1983：66.

③ 陈景磐.中国近代教育史[M].北京：人民教育出版社，1983：239-240.

也是在有计划的推进中。据1890年傅兰雅的报告统计，自1877年至1890年，益智书会自行编写出版图书共50种74册、图表40幅，审定合乎学校使用的图书48种115册，其中：教科书73种；哲学宗教类书籍12种16册，审定7种20册。在73种教科书中，课本13种，教学大纲28种，教学参考书32种。[①] 益智书会的教科书编写出版，使得当时教会学校教科书的可用量至少增加了1倍。该会存续14年间，共计出版了3万多册教科书，售出者约占其半，共收入6299.56元[②]，平均每年大约收入450元。

鉴于益智书会虽然在教科书出版方面有所贡献，但未对从事教育工作的传教士提供较多交流与合作的机会，1890年，其被改组为中华教育会（The Educational Association of China），1915年又更名为“中华基督教教育会”（The China Christian Educational Association），其编写出版教科书的职能一直被保留——继续编译教育用书，供师生教学使用，以使中国学生能够用中文得窥西学的津梁。由于彼时国内民智渐开，本土出版业也开始大量引介西学，中华教育会乃至中华基督教教育会的出版数量和影响力渐趋下降。1890年至1912年，中华教育会出版图书34种。

来华传教士于1887年成立的同文书会［The Society for the Diffusion of Christian and General Knowledge among the Chinese，后更名为“广学会”（The Christian Literature Society for China）］也是一个教科书编写组织。如前所述，其与晚清高层人士联系较为紧密，尤其出版了不少呼吁维新变法的书籍，因此出版业务增长也颇为迅速，社会影响力不可小觑。1893年，广学会从销售出版物中获得的收入为800美元，到1898年就增加到了18000美元。

上述教会学校教科书编写组织出版的教科书并没有完全取代来华传教士的自编自印教材。如山东文会馆狄考文1885年与邹立文编译之《形学备旨》（10卷）、1891年所译《代数备旨》（13卷）、1892年所译《笔算数学》（3册）等，于1898年后被作为初等学校的教科书。1893年，苏州博习书院传教士潘慎文（A.P.Parker）与谢洪赉合译《代形合参》（3卷）、《八线备旨》（4卷），这两种是数学教科书。

① 吴洪成、田謐、李晨等.中国近现代教科书史论［M］.北京：知识产权出版社，2017：52.

② 陈学恂.中国近代教育史教学参考资料（下）［M］.北京：人民教育出版社，1987：102-105.

教会学校教科书的编辑出版直到1949年中华人民共和国成立方告终止，它为中国近代本土教科书的编辑出版做出了良好的示范。1902年之后，清政府改革教育制度，颁行新学制，各地学校尤其是自然科学课程，便直接选用了傅兰雅和益智书会的出版物，[①]可见其对中国教科书影响之广深。

② 本土新式教科书的出版

19世纪60年代，主张“师夷长技以制夷”的洋务派为了培养精通西学的人才，借鉴西式学堂的模式，先后开办了几所官办新式学校，如京师同文馆(1862)、上海广方言馆(1863)、广州同文馆(1864)、湖北自强学堂(1893)等。在早期的同文馆，学生主要学习英文。自1866年起，开始开设算学、天文、化学、物理、万国公法、医学、生理学等科学类课程。此外，洋务派还开办了中国近代最早的专业技术学校和军事学校，如上海江南制造局(1865)及其附设机械学校、福建马尾船政局(1866)及其附设船政学堂、天津电报学堂(1879)、天津水师学堂(1881)、上海电报学堂(1882)、天津武备学堂(1886)、广东陆师学堂(1886)等。

洋务学堂为小众化精英教育，而且只是高等教育，并不涉及基础教育，其数量、规模和在校学生人数有限，如京师同文馆初创时仅有学生10人，1877年有学生101人，1879年有学生102人，1887年在馆学生人数最多，也不过120余人；上海广方言馆据熊月之统计，“先后培养学生应为14期560名”[②]；创办于1866年的马尾船政学堂总计培养了629名造船、航海人才，派遣留学生107人。洋务学堂的兴起是对封建传统教育制度的首次改革尝试，但受限于学生人数，洋务学堂教科书的出版数量并不可观，如江南制造局和同文馆在存续的30年间一共出版书籍200余种[③]，且以译著西学为主，其中：江南制造局翻译馆翻译出版西书189种，京师同文馆译著西书26种。再如江南制造局翻译馆所译《海防新论》一书，在其出版后10年内仅销售了1000余册，《开煤要法》出版后10年内仅售出不到1000册，1872年发行的关于克虏伯炮的手册8年总销量为904册，

① 熊月之.西学东渐与晚清社会(修订版)[M].北京：中国人民大学出版社，2010：458.

② 熊月之.西学东渐与晚清社会(修订版)[M].北京：中国人民大学出版社，2010：272.

③ 陈景磐.中国近代教育史[M].北京：人民教育出版社，1983：82.

1873 年发行的一本代数学论著 7 年共销售了 781 册。[①] 如此有限的教科书需求和产能尚不足以形成一个能够助力近代出版转型的巨大的教科书市场。

但是洋务学堂教科书的出版意义并不在于助力教科书市场的发育和扩张，而在于其对本土教科书内容的引领。这一价值是由洋务学堂的办学性质决定的。洋务学堂均系官办，办学目的是“师夷长技以制夷”，所用教科书除了传统旧学方面的之外，新增了相当多的新学新知内容，而这些都是洋务派官僚选定的，具体书目前文已有述及，此处不再赘述。这类新学新知教科书出版的意义在于：洋务学堂所出版和选用的教科书在内容方面是官方认可并大力推行的，它不仅是对本土出版新式教科书的一次重要尝试，更为新学新知类教科书在中国的推行提供了来自官方的法理和权力的保证，为之后新式教科书在中国各级学校的全面推行开辟了道路。

真正给新式教科书的市场需求带来爆发式增长的是清末民初中央政府对传统教育的重大改革，其一是前述《奏定学堂章程》的颁行，其二是 1905 年科举制度的废除，其三是民初“壬子癸丑学制”的颁行。而教育家蔡元培的这段话则恰如其分地描述了近代教育制度变革与新式教科书及近代出版转型中内容生产、印刷技术、发行等的关系：

> 教育制度既革新，第一需要的，为各学校的教科书。旧式刻板法，旷日持久，不能应急；于是新式的印刷业，应运而生。最初由欧洲输入的是石印术，大规模的石印业，如同文书局、图书集成公司等，均为三十五年以前的陈迹。三十五年来最发达的印刷业，为排印法；商务印刷馆，即发起于是时，于馆中分设编译、印刷、发行等所，于上海总发行所外，又设分发行所于各地，规模很大。民国元年，中华书局继之而起，最近又有世界书局、大东书局等。[②]

前述《奏定学堂章程》的颁行对我国近现代教育具有重要转折意义，之后中国的教育发生了翻天覆地的变化，新式学校数量急剧增长。据统

① 吴洪成、田谧、李晨等.中国近现代教科书史论[M].北京：知识产权出版社，2017：42-43.

② 蔡元培、陶行知.中国教育大师谈[M].合肥：安徽人民出版社，2012：157.

计，1907年，全国有学校37888所、学生1024988名，其中京师有216所、11417名，各省总计有37672所、1013571名；1908年，全国有学校47795所、学生1300739名，其中京师有263所、15774名，各省总计有47532所、1284965名；1909年，全国有学校59177所、学生1639641名，其中京师有281所、12921名，各省总计有58896所、1626720名。从1907年到1915年，不到10年的时间，全国学校总数增加了91851所，学生人数增加了3269263人。①

数以百万计的在校学生数为新式教科书提供了充沛的读者市场，本土教科书的出版随之呈现出明显的上升态势，新式教科书成为近代中国图书出版的蓝海，并助推中国近代出版之转型。

由于当时政府和民间的教科书生产并不能满足教科书的海量需求，教科书市场乱象丛生，为了规范教科书的生产，张百熙等在《奏定学堂章程·学务纲要》中对教科书的编辑、出版、内容和发行提出了指导性意见：

> 教科书应颁发目录，令京外官局私家合力编辑，书成后，编定详细节目讲授。
>
> ……应令京外各学堂，择各科学教员之学望素著者，中学用中国教员，西学用外国教员，查照现定各学堂年限钟点，此书共应若干日讲毕，卷叶应须若干，所讲之事，孰详孰略，孰先孰后，编成目录一册，限三月内编成，由学务大臣审定，颁发各省，令京外编译局，分认何门何种，按照目录，迅速编辑。书成后，咨送学务大臣审定。颁行各省，重出无妨，择其尤精善者用之。盖视此学堂之程度，以为教科书之浅深；又视此学堂之年限，以为教科书之多少。其书自然恰适于用，然后将此书分成详细节目，每年讲若干，每星期讲若干，自何处起，至何处止，共若干日讲毕。其初则各局按颁发之目录以编书，其后则各教员按颁发之书以分节目，则各学堂皆无歧出，亦无参差矣。然官局分编，亦需时日，尤要在使私家各勤编纂，以待裁择，尤为广博而得要。如有各省文士，能遵照官发目录，编成合用者，亦准呈送学务大臣鉴定，一

① 陈景磐.中国近代教育史[M].北京：人民教育出版社，1983：271-273.

体行用，予以版权，准著书人自行印售，以资鼓励。

…………

官编教科书，未经出版以前，各省中小学堂，亟需应用，应准各学堂各科学教员，按照教授详细节目，自编讲义。

…………

至现所选目录之外国各种科学书，及华人所译科学书，均由各教员临时斟酌采用。其与中国不相宜之字句，则节去之，务期讲习毫无流弊，仍拟另撰科学门目释义，用资考察。①

《奏定学堂章程·学务纲要》允许民间力量参与编辑出版教科书，经过学部大臣审定后即可自行印售，并且版权也得到保护。这样的政策刺激了彼时的出版机构，除了官办出版机构以外，不少民营出版机构也积极参与编辑出版新式教科书，如商务印书馆、文明书局、中国图书公司、科学书局等。

光绪三十一年八月四日(1905 年 9 月 2 日)，袁世凯、赵尔巽、张之洞、周馥等奏请废除科举：

科举一日不停，士人皆有侥幸得第之心，以分其砥砺实修之志。民间更相率观望，私立学堂者绝少，又断非公家财力所能普及，学堂决无大兴之望。就目前而言，纵使科举立停，学堂遍设，亦必须十数年后，人才始盛。如再迟至十年，甫停科举，学堂有迁延之势，人才非急切可成，又必须二十余年后，始得多士之用。②

清廷遂发布上谕要求“自丙午科为始，所有乡会试一律停止，各省岁科考试亦即停止”，并“著学务大臣迅速颁发各种教科书，以定指归而宏造就”。③ 自此，在中国延续了1300 年的科举取士制度被终结，人才培养和选拔的主要路径由传统科举转向新式教育。

废除科举上谕的发布意味着清政府以官方文书的形式确认了新学新知在学校教育中的价值，“从此‘西学’成为中国社会政治、经济、文化、价

① 陈学恂.中国近代教育史教学参考资料(上)[M].北京:人民教育出版社,1986:544-546.

② 陈学恂.中国近代教育史教学参考资料(上)[M].北京:人民教育出版社,1986:576.

③ 陈学恂.中国近代教育史教学参考资料(上)[M].北京:人民教育出版社,1986:579-580.

值等体系的主流，以印刷古籍为主的石印书局市场萎缩”[①]。石印书业因此发生转折，由盛转衰，曾经火爆的点石斋、同文书局、扫叶山房、鸿宝斋等逐渐沉寂；石印技术也完成了它的历史使命，以铅印技术为主的其他新式出版机构成为占据主导地位的出版企业，以下举例阐述之。

商务印书馆在1897年即已涉足教科书的出版，其出版的第一种教材《华英初阶》为商务掘得教材出版的第一桶金。凭借丰富的教科书编写经验和以张元济为核心而拓展出的教科书营销渠道，商务印书馆捷足先登，于1904年至1908年陆续推出“最新国文教科书”系列教材。这是我国近代第一套形式和内容都比较完善的教科书，由蒋维乔、庄俞等编撰，张元济、高梦旦校订，具体包括初等、高等小学堂用教科书16种，教授法10种、详解3种，中等学堂用教科书13种。由于这套教材“在一定程度上摒弃了封建的纲常礼教，而从居家、处世、治事等方面取材，以儿童周围事物立意，注意农业、工业、商业实用知识，涉及尺牍、契约等日常应用知识。同时，竭力宣扬中国的悠久文化和表彰古代圣贤的嘉言懿行”[②]，且配有精美的彩色插图，切合时代和社会需求，因此获得了出版的巨大成功。如其小学国文教科书第一册首印4000册，上市不过五六天即销售一空，不到一个月即行销10万余册。再如，1906年，商务印书馆有54册初等小学教科书通过清学部第一批审定，入选初等小学教科书暂用书目，在诸多参评出版机构中名列第一。从这一年开始，商务版教科书的市场份额占了全国市场的80%。[③] 巨大的市场成功反过来又激发了商务印书馆技术更新的积极性。1905年，商务采用铜刻雕版技术；1909年创制了便于阅读的正楷铅字，1913年引进了汤姆生自动铸字机，1915年采用胶版印刷机。当时商务印书馆是国内规模最大的教科书出版机构，据统计，到1910年，商务印书馆编辑出版的教科书已达到531种（册），并形成了相对完善的品种和发行网络。[④]

文明书局教科书的编辑出版也位居当时出版行业前列。文明书局创

---

① 许静波.石头记：上海近代石印书业研究（1843—1956）[M].苏州：苏州大学出版社，2014：57.

② 吴洪成、田谧、李晨等.中国近现代教科书史论[M].北京：知识产权出版社，2017：128.

③ 汪家熔.商务印书馆史及其他——汪家熔出版史研究文集[M].北京：中国书籍出版社，1998：340.

④ 王建辉.教育与出版：陆费逵研究[M].北京：中华书局，2012：54.

办于1902年，以编辑出版教科书发家，是我国近代出版史上第一家以铅印和石印机器印刷教科书的出版机构。据张静庐《中国近代出版史料初编》载，"该局章程[①]颁布前后，发行教科书多种，总称科学全书，冠以'蒙学'二字。是年末，该局广告所列书目就有50种83个单本"。1902年，文明书局出版了"高等小学教科书"系列教材，涵盖国文、国史、中国历史、西洋历史、地理、卫生等课程；又出版了"普通教科书"系列教材，包括商业教科问答、西洋历史、博物学等课程。1903年，文明书局出版了"蒙学科学全书"系列教材和中学用教科书，包括国文读本、西洋史、东洋史、生理卫生、伦理学、矿物学等科目。1904年开始出版中学用"最新教科书"系列教材，1910年出版高等小学用"新体教科书"系列教材，有修身书、国文读本、中外地理等科目。在1906年清学部第一次审定的46种102册初等小学暂用书目中，文明书局入选33册，位居商务印书馆之后，排名第二。1911年，清学部对文明书局《中学化学教科书》给出的审定意见是："是书编辑完善，体例一新，凡化学名称融会新书，参酌得益，非他书所及，译笔亦条达。"[②]

当时出版教科书的出版机构还有很多，并各具特色，如中国图书公司的教科书出版以引介新学科为特色，有《卫生轮》《幼儿保育法》等教科书出版；江楚编译书局出版的教科书以倡导革新为主旨，该书局的职能类似于当下的教育出版社，且所出图书悉数采用铅印；新学会社以《农业新书》《螟虫防治法》等、会文学社以《化学探原》《代数备旨》等在教科书市场立足。

民国建立之初，中央政府对教育进行了一系列变革，史称"壬子癸丑学制"。1912年1月19日，南京临时政府教育部颁布《普通教育暂行办法》，要求一律禁用清朝教科书，并对新编教科书的内容提出了要求：

> 一、凡各种教科书，务合乎共和民国宗旨。清学部颁行之教科书，一律禁用。
>
> 一、凡民间通行之教科书，其中如有尊崇满清朝廷，及旧时官制、军制等课，并避讳，抬头字样，应由各该书局自行修改，呈

① 即1904年颁行的《奏定学堂章程》。

② 石鸥、吴小鸥.中国近现代教科书史[M].长沙：湖南教育出版社，2012：108.

送样本于本部，及各省民政司、教育总会存查。如学校教员遇有教科书中不合共和宗旨者，可随时删改，亦可指出，呈请民政司或教育会，通知该书局改正。①

这样的制度变革给教科书出版的市场格局带来了重大变化，也催生了一些新式出版机构，中华书局就是民初教科书出版获得巨大成功的一个典型。

中华书局的主要创办人为陆费逵，他原是商务印书馆出版部部长、商务印书馆旗下《教育杂志》的创办人兼主编。陆费逵赞成反清革命，并且预判革命一定会成功，为此，他建议张元济更新"最新国文教科书"系列教材，惜乎没有得到采纳，于是离开商务，与戴克敦、陈协恭、沈继方等于民国元年1月1日创办中华书局。由于预测中华民国一定会革新教材，中华书局便着手"以养成中华共和国完全国民为宗旨，以独立、自尊、自由、平等为经，以公德、私德、国民科为纬"，编辑出版"中华教科书"系列教材。1月7日，中华书局创办的教育学术期刊《中华教育界》出版，宣传"中华教科书"（其中包括初等小学修身、国文、算术等3种，高等小学修身、国文、历史、地理、算术、理科、英文等7种）。2月20日，中华书局推出《中华初等小学国文教科书》（第一册），之后数月内其余各册陆续出版。在2月23日的《申报》上，陆费逵通过《中华书局宣言书》提出了"教科书革命"的主张：

立国根本，在乎教育。教育根本，实在教科书。教育不革命，国基终无由巩固。教科书不革命，教育目的终不能达也。往者异族当国，政体专制，束缚抑压不遗余力，教科图书钤制弥甚。自由理，共和大义，莫由灌输。即国家界说，亦不得明。最近史事亦忌直书。……民国成立即在目前，非有适宜之教科书，则革命最后之胜利仍不可得。②

不仅如此，中华书局还有着鲜明的民族主义立场，将"完全华商自办"作为口号，以与商务有日资参与相区别。虽然"中华教科书"系列

① 陈学恂.中国近代教育史教学参考资料（中）[M].北京：人民教育出版社，1987：167.

② 姚一鸣.中国旧书局[M].北京：金城出版社，2014：118.

教材并不成熟，但是“因为标榜共和，大家还是采用，从而使中华站住”。① “中华教科书”的供不应求给了商务印书馆很大的鞭策和警示，商务迅速按照新政府的要求修订教科书，一个月后即上市销售，不到两个月后又在《申报》打出了 5 折发售“新编共和国教科书”的广告。由于以“共和”为新编教科书的主题，初创时期的中华书局毕竟在发行网络和资金、人力等方面都有掣肘，商务版新编教科书的品种和册数很快就赶超中华书局。但也就是在这一次的教科书竞争中，商务印书馆教科书生产的垄断地位被中华书局打破。据吴永贵在其博士论文《中华书局与中国近代教育》中的统计，民国时期中华书局一共编写了 10 套小学教科书、8 套中学教科书、8 套师范用书、1 套中等农业教科书、1 套中等商科教科书和 1 套大学用书；陆费逵则在《六十年来中国之出版业与印刷业》一文中估计中华书局版教科书大概占了当时全国教科书市场份额的三分之一。②

激烈的市场竞争使得新式教科书的编辑出版充满新鲜的活力，教科书的更新周期明显缩短。原先商务印书馆垄断教科书市场时，整整 8 年间基本未对教科书做过修订，而且也无重编计划，而从 1912 年起，商务印书馆基本上每 4 年更新一次教科书，中华书局 1912 年至 1915 年是每年更新一次，1915 年之后是 3 年至 5 年修订一次。

清末民初教科书出版史就是一部近代教育史，其间精彩纷呈，这里仅选取上述几个重要节点作为切入点，揭示教育变革的时代大潮对近代出版转型的作用，旨在说明：任何出版内容都必须与时代相切合，才能经受得起市场的检验。对于正处于转型期的中国近代出版而言，这一点不仅适用于教科书的编辑出版，还适用于所有图书的编辑出版。

3. 交通运输及邮政的现代化助推中国近代出版转型

正如英国经济学家肯尼斯·巴顿所言，“良好的运输条件提供了较低的货运成本，因此使较大的市场得到服务并能以广泛范围的活动开拓

---

① 汪家熔.商务印书馆史及其他——汪家熔出版史研究文集[M].北京：中国书籍出版社，1998：340.

② 王建辉.教育与出版：陆费逵研究[M].北京：中华书局，2012：58-59.

大规模生产"[1]。交通部门是近代中国"增长的引擎"[2],新式交通运输体系的形成为中国近代出版转型提供了相对便利的物流服务网络,"对全国图书市场的形成、出版业发行模式的构建、出版社发行组织的建立、全国书店网络的建设,即出版业图书流通环节的现代转型,起到了关键的作用"[3]。

(1) 近代交通体系的建立为图书实现全国性流通提供了便利

几乎是与中国近代出版转型的节奏同步,近代中国的交通体系也有了大发展,全国性航运系统初步建立,铁路和公路网络也已初具雏形,从而为图书流通提供了相对便捷而廉价的物流服务。

① 现代航运系统的建立为近代出版行业的物流提供了便利

"商务振兴,必藉航业"[4],因为近代航运从载体材质到物流速度都有着传统航运无可比拟的优势。如动力运能方面,现代轮船使用机器动力,运输速度和承载的数量比传统木船运输大有进步。在载体材质方面,现代轮船系钢铁制成,抵御火灾等的能力木船远不能及。从 19 世纪 50 年代开始,出于殖民扩张的需要,列强凭借不平等条约纷纷在我国设立轮船公司经营轮船航运,这在客观上开启了近代中国航运现代化之路。近代中国的航运方式因此发生了巨变——航运工具从以木船为主逐步转向钢铁材质的轮船,行驶动力则由人力和风力驱动转为由机器驱动。据不完全统计,1860—1940 年,列强在我国设立的轮船公司多达 44 家[5],并开辟航线多条。如,1862 年,美商旗昌轮船公司开辟了上海—宁波航线;1869 年,英商也开辟了上海—宁波航线。英国怡和轮船公司则有上海—汉口、上海—天津、上海—营口、汉口—湘潭等多条航线。太古轮船公司有上海—厦门、汕头、香港、广州航线,上海—青岛、威海、烟台、天津航线,牛庄—大连、上海—宁波航线。甲午海战以后,日本轮船公司也在我国辟有上海—杭州等多条航线。国人觉醒之后,为了保护领水权,先后创办了多家民族资本性质的航运事业。1872 年年底,在李鸿章的支持下,浙江漕

---

① [英]肯尼斯·巴顿著,冯宗宪译.运输经济学[M].北京:商务印书馆,2002:334.

② 苏全有.邮传部与清末航运事业的近代化[J].山西师大学报(社会科学版),2006(4):101-104.

③ 刘洪权.中国近代新式交通发展与出版业的转型[J].现代出版,2019(3):81-86.

④ 夏东元.盛宣怀年谱长编(下)[M].上海:上海交通大学出版社,2004:922.

⑤ 严中平、徐义生等.中国近代经济史统计资料选辑[M].北京:科学出版社,1955:239.

运局总办朱其昂和买办商人徐润等人在上海创办轮船招商局，这是我国首个民族资本的航运企业。轮船招商局开辟的航线主要有上海—宁波航线，上海—烟台、天津、牛庄的航线，上海—汕头、广州、香港的航线，等等。在全国各主要港口，轮船招商局都设有分局。到新中国成立前夕，轮船招商局有轮船 384 艘，运载量达 326000 余吨。①

甲午海战之后，由于清政府放宽了对民间资本开办企业的限制，中国近代航运有了大的发展。从 1895 年到 1900 年，五六年间，各地先后兴办的小轮船航运业，以公司或轮船局形式组织并曾经开业的，有将近 100 家。加上 1894 年以前创办的，除去中途停闭者不计之外，1900 年继续营业的小轮公司或轮船局有七八十家。加上广州等地的轮渡轮船，轮船大约有 440 艘，总吨数有 1 万余吨。② 这一时期，由于资本缺乏，尚未形成全国性的航运体系，小轮船航运主要在沿海通商口岸附近一带、长江中下游几条主要支流的某些航段及珠江下游等处经营业务。到 20 世纪初，轮船招商局在内河航线上不断延伸，1904 年 9 月，航线已达长沙，形成了以上海为中心，辐射到香港、温州、镇江、天津、塘沽、九江、南京、长沙、澳门等地的航运网络。到 1908 年，原本仅在少数通商口岸附近通行轮船的情况有了较大改观，“不惟内港洞辟，即边陲腹地，亦渐次扩充，商轮公司，几于各省林立”。辛亥革命 10 年后的 1921 年，我国小轮船企业无论是企业数、资力、轮船只数还是吨数，都比辛亥革命前夕增长了将近两倍。③ 国内江、海各个主要航线均已分别建立起了规模大小不等的轮船企业，拥有一定的航运能力，其中一些规模较大的企业将各条航线连贯起来，形成了略具雏形的近代航运体系④，全国各地区之间的内港航运连接成为一个互通的整体。

航运生产力的提升较大降低了出版行业的物流成本。如 1878 年，轮船招商局怡和洋行轮船公司精制纸的运费为每吨二元二角五分，粗制纸的运费为每吨一元七角。⑤这样的低成本物流服务不仅降低了图书的生

① 朱福枝.试述中国近代航运的诞生与发展[J].武汉交通管理干部学院学报，1994(2)：28-32.

② 樊百川.中国轮船航运业的兴起[M].成都：四川人民出版社，1985：334-335.

③ 樊百川.中国轮船航运业的兴起[M].成都：四川人民出版社，1985：509.

④ 樊百川.中国轮船航运业的兴起[M].成都：四川人民出版社，1985：506.

⑤ 聂宝璋.中国近代航运史资料（第一辑 1840—1895 年 下册）[M].上海：上海人民出版社，1983：1210.

产成本，也降低了图书的发行成本。在为时 100 多年的中国近代出版史上，书价并无太大的波动，一直处于相对低廉的水平，物流成本低廉是一个很重要的因素。

② 铁路运输网络的建成大大提升了出版行业物流的便捷度和运能

近代中国的铁路网络建设源自两股力量：中国官绅，西方列强。晚清时期的中国，救亡图存和瓜分中国是两股完全对立的力量，前者的主体是中国的统治阶级和知识分子，后者的主体则是西方列强，这两股力量在近代中国铁路网络建设中进行了角力，并在客观上促成了近代中国铁路网络系统的建成。

1865 年，英国商人在北京宣武门附近修建了一段 0.5 千米长的小铁路，目的是向清朝统治者展示铁路便利快捷的优势，但是并没有取得效果。直到光绪二年（1876），中国境内才开始有火车行驶。国人大举兴办铁路始自官办铁路总公司的创立。1881 年，为方便运煤，开平矿务局修筑了唐胥铁路（唐山至胥各庄）。接着以唐胥铁路为起点，修筑了开平铁路。甲午战败之后，清政府才从铁路建成会威胁自己统治的恐惧中惊醒，囿于财力，只得向列强借款修筑铁路。从 1904 年至 1911 年，7 年时间里，共修筑铁路 4963.7 千米。从 1912 年到 1927 年南京国民政府成立，共修筑铁路 4264.8 千米。晚清时期修建了 16 段主要干线，除了前述唐胥铁路之外，1887 年和 1893 年在我国台湾地区修建了台北至基隆和台北至新竹两条铁路；1898 年修建了“中东铁路”、哈尔滨至大连的“南满铁路”、沈阳至山海关的铁路、由卢沟桥至汉口的芦汉铁路、柳头堡至太原的正太铁路（今石太铁路）、武昌至广州的粤汉铁路（1936 年通车）、广州至三水的广三支线；1901 年建成了滇越铁路；1903 年启动修建川汉铁路，后因保路运动，只建成了西段的成渝铁路；1904 年修建了胶济铁路；1905 年修建了安奉铁路和新奉铁路；1906 年，沪杭甬铁路启动建设，至 1937 年抗战全面爆发时通车。1907 年建成了道口至焦作的道清铁路、开封经郑州至洛阳的汴洛铁路；1908 年建成了由上海经杭州至宁波的沪宁铁路，并重建了吴淞铁路（曾经是我国最早的铁路，后被清政府拆毁）；1909 年，建成了京张铁路、沪杭铁路；1912 年，建成了韩庄至镇江的铁路，并与上海至南京的铁路并线，这条铁路干线由于天津至韩庄的铁路并线而合称为津浦铁路。到民国时期，上述主线有所延展，甘肃天水、山西大同、湖南株洲等地都建有铁路支线。1933 年,津浦铁路和沪宁铁路长江轮渡工程竣工通车,由天津港和华北地区进入沪宁杭地区的陆上商品流通通道变得更加通畅和便捷。

和水路运输相比,铁路运输的运能和运行速度有着明显的优势,运费也相对低廉不少。如 20 世纪 20 年代中期,铁路运费每吨公里不到 0.015 元。在速度上,铁路运输更是为其他运输方式所不及。如采用传统的车马舟船运输工具,从天津到浦口需要耗时 25 天,而经由铁路只需两天多一点即可抵达。① 凭借运费和速度优势,铁路运输逐渐成为大宗货物陆路运输的首选方式。

③ 近代邮政网络的建立为图书的流通提供了便利

我国古代即有邮政系统,主要通过邮驿来传邮。民间也办有民信局,提供邮政服务,但是收费较高。到 19 世纪中叶,国门被迫打开之后,我国邮政也启动了近代化的历程。这一历程始于"客邮"局,即列强无视我国主权,擅自、强行在我国领土上开设的邮局。道光十四年(1834),英国驻华商务监督律劳卑(Lord W.J.Napler)在广州设置邮局,该邮局属英国邮政总局领导,是我国最早的"客邮"局。1842 年 4 月 15 日,英国又在香港开设了"香港英国邮局"。《南京条约》签订后,又在广州、福州、厦门、宁波、上海等 5 个通商口岸城市开设邮局。法、美、日、德、俄等列强也"利益均沾",相继在中国开设了自己的邮局。1878 年,经总理衙门同意,英国人赫德(Robert Hart)在北洋大臣、直隶总督李鸿章的支持下在中国海关试办邮政,以天津海关为中心,在北京、天津、烟台、牛庄(营口)、上海海关开设邮局。

由于此时国内航运体系已经雏形初具,官办邮政便与轮船招商局、怡和轮船公司、太古轮船公司商定了免费优先带运海关邮件办法。为了尽可能多地揽收邮件,1880 年,赫德在海关内部另建了"海关拨驷达局"(即海关邮局),并在长江流域各口岸城市推广。到 1886 年初,全国 24 处设有海关的地方都设了海关邮局。1882 年 11 月,清政府颁布《海关邮局章程》,宣布改善邮政服务,并对所有寄信人开放服务。

① 徐占春.中国近代铁路建设与沪宁杭经济带的形成[J].武汉交通职业学院学报,2008(1):8-13.

由于“客邮”局严重侵犯我国主权，加之民信局邮费较高，又各自为政，光绪二十二年二月七日（1896 年 3 月 20 日），光绪皇帝正式批准开设大清邮政官局。之后，中国的邮政从海关深入到内地，逐渐形成了全国性的邮政网络。与此同时，民信局仍与官局并存，“凡有民局仍旧开设，不夺小民之利，并准赴官局报明领单，照章帮同递运”[①]。光绪二十四年（1898）七月二十七日，光绪皇帝下旨：“京师及通商口岸设立邮政局，商民既具称便，亟应设分局，以广交通。至通省府州县若能一律举办，投递文书无稽延时日之弊，其向设驿站之处，自可酌量裁减。”在清朝各级政府的支持下，中国的邮政网络建设进展迅速。1904 年，全国 18 个行省及满洲共划分邮界、副邮界 40 处。除总局、副总局之外，还有分局 352 处、代办所 927 处，邮政局总数有 1319 处，全国邮路长达 5.05 万千米。1910 年，全国有 14 个邮界总局、39 个副邮界总局。1911 年，邮界总局、副总局有 49 处，邮政局、分局及各等支局有 957 处，代办支局 3244 处，总署为 4250 处，全国邮差邮路达 15.95 万千米，民船邮路 1 万千米，轮船邮路 1.25 万千米，火车邮路 0.85 万千米，邮路总长达 19.05 万千米，[②]覆盖全国大部分地区与传统邮驿并行的近代邮政通信网络基本建成。

近代交通网络的初具雏形使邮政提供便捷和成本相对较低的服务成为可能。以铁路邮政为例。晚清是中国铁路邮政的启始时期，1888 年 10 月，唐胥铁路通车至天津，天津海关邮政就借助火车将大沽口的轮船邮件经由塘沽东站运到天津，这是中国用火车运送邮件的开端。[③] 官办邮政创办以后，从 1898 年开始，凡是铁路设站、电报设局的地方，均添设邮政专局。1902 年 10 月 28 日，海关邮政在北京至山海关的铁路上试办火车邮政局。1903 年 4 月 13 日颁布的《大清邮政局铁路公司互议章程》更是详细规定了铁路承运邮件的义务和要求，为铁路邮政提供了法律的保障。随着铁路的发展，邮政也日益发展，“惟是邮政之基，与铁路最有关涉，凡

---

① 姜希河.中国邮政简史[M].北京：商务印书馆，1999：46-47.

② 姜希河.中国邮政简史[M].北京：商务印书馆，1999：50.

③ 参见孙健.报刊客观性：一种崇高的理想：民国报刊的客观性思想研究[M].上海：上海社会科学院出版社，2014：38.

铁路开行之处，其邮递必见盛兴，是铁路无异邮政之辅”①。

近代邮政的日益发达带来了图书发行的巨大变化，图书的异地发行由原先的派专人寄递或通过有公差的政府机关寄递转变为经由民信局或邮政局寄递。《晚清邮政总局通谕第二十九号邮政总办通行各局寄费清单详解》对国内各局往来之件如何纳费做了详解：

> 互寄行省各局，即系中国境内各省邮局彼此往来之件，其属信件、明信片、新闻纸、刷印物、书籍、贸易契及货样之类，设非寄往外洋，但在中国境内则无论用何法，或人力或汽机运送，亦无论行经何省、何处寄发、何处接收，均照第二资类按件收费，并无口岸、内地、火路、旱路之分。……至包裹一项，若往来经由陕西、甘肃、云南、贵州、四川五省，因其件重路遥，是以应按第二资类加倍收费。只有往来宜昌、重庆一路，其重庆虽隶四川，若用河船由此路寄送包裹，则无庸加倍取资。②

铁路邮政比航运邮递收费要低廉不少。光绪二十八年十一月廿五日（1902年12月24日）清政府外务部致赫德札附件二《照录护理大臣北洋大臣来文》中有关于邮费的请示内容：

> ⑦凡每日寻常邮件均放在车守车上运送，但此项寻常邮件运费无论路程远近，均按邮件每担种收运费二元，如该件重在一担以内，仍按运费二元收算。⑧倘邮局因邮件增多须包用车辆运送，该车辆应按车身吨数算价，即如每二十吨车一辆，每日收车费十五元，倘车身吨数或大或小，即按照二十吨每车加减算价。③

这样的邮政系统给了近代出版机构相对廉价快捷的服务，邮购图书成为不少出版机构发行图书的理想选择。英国出版商美查曾在《申报馆书目》中告知读者《申报馆丛书》的邮购方法：

---

① 仇润喜.天津邮政史料（第二辑 下）[M].北京：北京航空航天大学出版社，1988：542.

② 仇润喜.天津邮政史料（第二辑 下）[M].北京：北京航空航天大学出版社，1988：328-329.

③ 中国近代经济史资料丛刊编辑委员会.中国海关与邮政[M].北京：中华书局：1983：111-112.

若贵地并无分馆,则请作札由信局或信船带该价交至上海老北门外四马路口本馆帐房收启。欲何书籍信中开示明晰,即当遵示将书由原班奉上,断不致误。①

邮寄也是商务印书馆发行的主要方式之一。为了使读者满意,商务印书馆规定必须在收到来信来款后两天内将书寄出。如果实在太忙,或者缺货,则必须在两天内函复读者延误的原因,并告知寄出的时间。②

(二)近代出版转型与中国现代化

晚清"社会的腐败,思想的窒息,文化的空疏,士人的沉寂,预示着旧制度、旧秩序正走向衰朽和死亡,而这也正是被压抑的文化生命力开始苏醒,孕育新生机到时候。所以,就在社会出现危机,正常秩序开始被打乱的时候,文化思想领域也开始松动"③,一大批传播新学新知、新思想的新书新报应运而生,从而掀起了国民思想解放的热潮。中国近代出版以"救亡图存"为第一要义,为中国近代社会的变化与发展提供了强大的思想动力和支持,近代中国发生的几次重大政治运动,无一不与出版活动有关,④近代出版也在生产和传播新学、新知、新思想的过程中展开了向现代的转型。

中国近代出版转型对中国现代化的贡献主要表现在通过出版活动传播新学新知,重塑国民精神,探索现代化之路。关于转型期出版活动的社会历史意义,可以这样概括:由人的现代化提升至民族乃至国家的现代化。这里以《译书经眼录》所载书目为样本,阐述近代出版转型对中国社会现代化的历史意义。

1.《译书经眼录》折射出的近代出版人心态

《译书经眼录》的成书时间是光绪三十年(1904),彼时距离甲午海战已有10年。此前的两次鸦片战争给了清政府沉重的打击,坚船利炮之下,人人皆有亡国灭种之虞。甲午一战,北洋水师全军覆没、清政府被迫

① 刘大军.中国近代图书发行体系的剧变[J].编辑学刊,1996(5):74-81.

② 汪家熔.商务印书馆史及其他——汪家熔出版史研究文集[M].北京:中国书籍出版社,1998:130.

③ 许纪霖、陈达凯.中国现代化史(第一卷 1800~1949)[M].上海:上海三联书店,1995:54.

④ 方旭.中国传统出版业近代转型原因探讨[J].盐城工学院学报(社会科学版),2018(3):63-66.

签订《马关条约》割地赔款，中国的民族危机空前严重，中国社会的半殖民地化程度大大加深。

长达半个世纪的被侵略和被掠夺，使得中国社会由文化自恋走向深入的文化自省，"'夷夏之辨'观开始全面解体，翻译成为中国向现代转型的首选途径"，一时间，"著述如云，翻译如雾"。[①] 顾燮光在《译书经眼录》"自序"中即云，当时出版译著的动机是为了顺应西学东渐潮流："清光绪中叶，海内明达，惩于甲午之衅，发愤图强，竞言西学，而译籍始渐萌芽。"[②]"自商务印书馆崛起申江，延聘通人注意新籍，开吾华书林之新纪元，厥后继之云起，以主者具奋斗精神，译著与日俱进，学子欲求善本，固当知所先后矣。"[③]选择翻译日文书籍的原因是，日文"文字样迻较他国为便，于是日本文之译本遂充斥于市肆、推行于学校，几使一时之学术寖成风尚，而我国文体亦遂因之稍稍变矣"[④]。也因为此，近代东渐的西学有相当数量的内容来自日文译著。据统计，1896—1911 年，中国翻译日文书籍至少有 1014 种，这个数字，远远超过此前半个世纪中国翻译西文书籍数字的总和，仅 1902—1904 年就有日文译著 321 种，占了当时译著总数的 60%，可谓"无报不译，无刊不译，无期不译"。[⑤]

2. 近代出版转型与中国现代化：以《译书经眼录》书目为例

近代出版转型对中国现代化的意义主要是：通过现代性图书内容的生产和传播，为中国现代化提供精神动力和知识支持。

（1）《译书经眼录》所载书目举隅

① 史地类书籍

地理类。据《译书经眼录》，自光绪二十八年（1902）至光绪三十年（1904），出版地理类译著 31 种、地图 16 种，地理类著作如商务印书馆出版有邵羲所译《地文学问答》，广学会有英国华丽熙撰、张文彬述《天地奇

① 苏艳.从文化自恋到文化自省：晚清中国翻译界的心路历程[M].武汉：华中师范大学出版社，2018：29.

② 宋原放主编，汪家熔辑注.中国出版史料.近代部分.补卷（下册）[M].武汉：湖北教育出版社，2011：2.

③ 宋原放主编，汪家熔辑注.中国出版史料.近代部分.补卷（下册）[M].武汉：湖北教育出版社，2011：3

④ 宋原放主编，汪家熔辑注.中国出版史料.近代部分.补卷（下册）[M].武汉：湖北教育出版社，2011：1.

⑤ 熊月之.西学东渐与晚清社会（修订版）[M].北京：中国人民大学出版社，2011：509.

异》，金粟斋有《世界地理志·首一卷、甲、乙、丙、丁、戊、己六卷》，文明书局有《改正世界地理学》，开明公社有《新撰万国地理》，上海正记石印本《新撰亚细亚洲大地志》，金陵启新书局有《西伯利亚大地志》，政学报馆有《北冰洋洲及阿拉斯加沿海闻见录》，作新社有《澳洲风土记》，上海时务书局有《泰西风土记》等；地图则除了《西洋历史地图》为商务印书馆出版之外，其余全部引进自日本，如大阪田申宋荣堂洋装本《近世万国新地图》，日本弘文馆洋装本《西洋历史地图》等。

历史类。以《译书经眼录》所载书目统计，1902 年至 1904 年，国内出版有历史类译著 124 种，如：通史类，《世界史要》（上海开明书店本）、《欧洲历史揽要》（敬业学社石印本）、《万国史讲义》（商务印书馆《京师大学堂讲义》本）、《万国历史》（上海作新社洋装本）、《亚细亚西部衰亡史》（《译书汇编》本）、《亚美利加洲通史》（商务印书馆《历史丛书》本）等；专史类，《中国文明小史》（上海广智书局本）、《日本历史》（上海教育世界社石印本）、《希腊史》（商务印书馆本）、《俄国新志》（上海制造局刻本石印本）、《美国独立史》（译书汇编社本）等；编年史类，《政典絜要》（上海石印本四册北洋官报局本）、《东西年表》（小方壶斋石印本群书宝窟小字本）、《十九世纪大事表》（《便蒙丛编》本石印本）等；人物传记类，《成吉思汗少年史》（上海人演译社本）、《亚历山大》（新民译印书局本）、《彼得大帝》（上海文明书局洋装本）、《林肯传》（文明书局洋装本）、《日本维新慷慨史》（广智书局排印本）、《曾国藩》（开明书店洋装本）、《苏格拉底》（杭州合众书局洋装本）、《俾斯麦传》（上海广智书局本）；等等。其中《万国历史》有三卷，分别为古代史（讲述古代东洋诸国历史、希腊史、罗马史），中世史（历述西罗马瓦解后的状况、阿拉伯及法兰克之勃兴、欧罗巴诸国之创始），近世史（分别叙述新学等发明及学艺隆盛时代、宗教改革时代、诸大国之勃兴及其强国、法兰西革命、今世史迄至日本明治维新）。该书因其新，且专为中国教科书而编写，被清政府审定为教科书，多次再版，在学堂广为流传。[①]

除了译著外，1902—1904 年，国人亦辑著出版史地类图书若干。如翼天氏《中国历史》（日本东京新社本）、夏曾佑《中国历史》（商务印书馆

① 熊月之.西学东渐与晚清社会（修订版）[M].北京：中国人民大学出版社，2011：530.

本）、王韬《法国志略》（上海石印本）、陈敬第《五千年大事一览表》（浙西书林排印本）等。

② 哲学社会科学类

哲理类，如《理学钩元》（上海广智书局排印本）、《伦理学》（上海广智书局排印本）、《哲学原理》（《闽学会丛书》洋装本）、《铁血主义》（商务印书馆本）、《人群进化论》（上海广智书局本）、《达尔文天择篇》（《少年中国新丛书》石印本）等；社会类，如《社会进化论》（《闽学会丛书》洋装本）、《社会学》（上海广智书局排印本）、《社会主义》（文明书局本）、《人权新说》（译书汇编社洋装本）；名学类，如《穆勒名学》（壬寅三月金粟斋本）、《论理学纲要》（商务印书馆《哲学丛书》本）、《论理学达恉》（文明书局洋装本）等。

③ 科学类书籍

理化类，如《格致读本》（南洋公学排印本）、《新物理学》（《新世界学报》本）、《化学》（商务印书馆洋装本）、《化学探原》（会文学社石印本）；数学类，如《算学公式及原理》（文明书局洋装本）、《几何探要》（《汇报》本）、《微积学》（商务印书馆洋装本）等。

卫生类，如《最近卫生学》（上海广智书局洋装本）、《实用卫生自强法》（上海广智书局排印本）、《齿牙养生法》（启文译社洋装本）、《男女生殖器病秘书》（上海广智书局排印本）、《男女下体病要鉴》（上海国民日日报社洋装本）等。

测绘类，如《测量学摘要》（浙江《武备新书》刊本）、《行军测绘学·三卷·量地表一卷》（湖北武学刊本扫叶山房石印本宝善斋石印大字印本）。

④ 法政类书籍

政治类，如《国家学原理》（译书汇编社排印洋装本）、《帝国主义》（商务印书馆《帝国丛书》本）、《十九世纪末世界之政治》（上海广智书局本）、《欧美政教纪原》（新民译印书局洋装本）、《欧美日本政体通览》（《译书汇编》本商务印书馆本）、《各国公民公私权利考》（《译书汇编》本）等；宪法类，如《各国主权宪法对照》（《政治学报》本）、《普通选举法》（开明书店洋装本）、《美国宪法提要》（文明书局本）、《地方自治》（文明书局本）等。

警察类，如《警察全书》（东华译社洋装本）、《警察学》（译书汇编社洋装本）、《日本警察法令提要》（译书汇编社洋装本）等。

司法类，其中，法制类如《英国通典》（文明书局排印本）、《日本行政法》（《通社丛书》洋装本）等；法学类如《万法精理》（文明书局洋装本《译书汇编》本）、《法学通论》（上海金粟斋本）、《比利时国法条论》（湖北洋务译书局本）等；法律类如《罗马法》（启新书局洋装本）、《法律学纲领》（《译书汇编》本）等。

⑤ 教育类书籍

学制类，如《日本陆军大学校论略》（浙江官书局木刻本《续富强丛书》本《新政丛书》本）、《英德学制比较》（武昌翻译学堂洋装本）、《英国十学校》（泰东时务译印局洋装本）、《师范学校学科及程度》（辛丑《教育世界》本）等；教育类，如《万国教育志》（上海进化译社洋装本）、《泰西教育史》（金粟斋本）、《原师》（武昌翻译学塾洋装本）、《实用教育学》（文明书局洋装本）、《家庭教育》（上海人演社印本）、《女子教育论》（上海作新译书局洋装本）等。

⑥ 军事类书籍

出版军事类书籍的目的也是为了向国人引介西方现代军事技术和理论，以救亡图存。具体有：陆军类，如《近世陆军》（商务印书馆《政学丛书》本）、《德国陆军考》（江南制造局排印本）、《日本武备教育》（商务印书馆《政学丛书》本）、《护队辑要》（上海扫叶山房本湖北《武学全书》本武昌刻本宝善斋石印本）等；营垒类，如《沟磊图谈》（湖北《武学全书》本上海扫叶山房石印本宝善斋石印本）、《炮台说略》（湖北《武学全书》本上海扫叶山房石印本宝善斋石印本）、《步队工程学》（浙江《武备新书》刊本《续富强丛书》本）等；海军类，如《清国海军近况一斑》（日本明治二十二年排印本）、《世界海军力》（上海《通社丛书》本）、《俄国水师考》（《续富强丛书》本）等；军械类，如《毛瑟枪学》（浙江《武备新书》刊本《续富强丛书》本）、《枪法图说》（湖北《武学全书》本上海扫叶山房石印本宝善斋石印本）、《雷火图说》（湖北《武学全书》本上海扫叶山房石印本宝善斋石印本）等；战术类，如《治旅述闻》（光绪二十八年明耻堂排印洋装本）、《炮队战法》（湖北《武学全书》本上海扫叶山房石印本宝善斋石印本）等。

⑦ 农工商经济及其他类书籍

农学类，如《农理学初步》（上海中西印刷局洋装本）、《麦作全书·一卷·附农事试验本场肥料配合表》（光绪二十八年《农学报》本）、《除虫菊栽培制造法》（光绪二十八年《农学报》本）、《特用作物轮》（光绪二十七年《农学报》本）等。矿务类，如《求矿指南·十卷·附一卷》（《续富强丛书》本）、《矿学简明初级教科书》（导欧译社石印本）、《日本矿律》（《译书汇编》本）等。商务类，如《中国商务志》（上海广智书局本）、《万国商业志》（上海广智书局《万国通志》第五编本）等。船政类，如《最近扬子江之大势》（上海广智书局排印本）。财经类，如《中国财政记略》（上海广智书局排印本）、《国债论》（商务印书馆本）、《欧洲货币史》（新民译印书局洋装本）、《日本货币史》（新民译印书局洋装本）、《英国度支考》（商务印书馆本）、《经济学大意》（日本东京专修学校洋装本）、《理财学精义》（商务印书馆本）、《经济纲要》（癸卯时中书局洋装本）等。

⑧ 女权类

据《译书经眼录》，1902—1904 年关于女权的书籍有《世界女权发达史》（二卷文明书局洋装本）、《东洋女权萌芽小史》（一卷广智书局洋装本）、《世界十二女杰》（一卷广智书局洋装本）、《世界十女杰》（一卷上海译书局本）等 3 种。《世界女权发达史》系他士坦登蒗辑、王维祺重译，“书中内容所及为英、法、德、意、俄、荷兰六国妇人于政治、法律、道德、宗教、教育、美术之活动事略”。《东洋女权萌芽小史》辑录了日本明治以来“闺秀之见称于时者，辑其逸事凡七十七人，以为女权之助”。《世界十二女杰》汇集法国、意大利、俄国、英国、西班牙、美国、普鲁士等国 12 名女性之事迹，“或身刺乱党，或尽忠国事，或身支危局，或力犯艰难，或具桀骜之天才，或擅奸雄之本领，薰莸同列，组委女界之鉴”。《世界十女杰》以十二女杰为蓝本，有所增删，主旨与《世界十二女杰》相同。

（2）近代出版转型与中国现代化

本篇探讨的是中国的现代化与近代出版转型的关系，而“出版的本质是对人类精神文化内容的发掘与传播，出版活动的核心内容就是对承载了人类精神文化内容作品的采集、编辑加工和传播"[1],因此,研究近代出版转型对中国现代化的意义,实际上就是研究近代图书内容生产对中国现代化的意义。

近代中国,社会的诸多方面急剧转型,而所有的转型都是以人的转型为前提和条件。周安伯等在《发展理论与中国现代化》一书中如此阐述现代化与人的关系:"由于社会与人处于一种相互依存又相互矛盾的关系中,因此,社会的现代化就必然是一个过程的两个方面。社会的现代化就意味着人的现代化,同样,人的现代化也就意味着社会的现代化,但是,这并不意味着人的现代化与社会现代化两者之间没有差别,并不意味着这两者之间的完全等同,实际上这两者之间是有差异的",具体表现为"社会现代化决定着人的现代化","人的现代化推进社会的现代化,我们在承认社会现代化决定人的现代化的同时,应当看到人的现代化推进社会的现代化","后发式国家人的现代化与社会现代化具有不一致性","后发国家是在早发国家现代化的示范和逼迫下才走上现代化道路的",早发国家现代化的示范与逼迫,"使后发国家的一部分人首先具有现代意识,这部分具有现代意识的人就去发动和推进自己的国家走上现代化道路。在这一过程中,就会使越来越多的传统人逐步变成现代人。这些越来越多的现代人又反过来推动社会更快地实现现代化"。[2]

周安伯等所说的"发动和推进",在近代中国主要表现为上层官僚和先进知识分子通过编译出版活动开启民智,传播现代文明。以下择其要者简述之。

第一,译介先发国家的变法情况,鼓吹革新自强。

近代中国屡遭列强欺辱,先觉醒的一批中上层官僚和知识分子认识到必须"师夷长技以制夷"才能自强保种,通过译介先发国家变法的经验和教训,展示它们的变法成果,成为当时中国先进分子宣传革新自强、救亡图存的重要手段。如《译书经眼录》所录法国赛纳布著、美国麦克范译、许士熊重译的《欧洲列国变法史》一书,该书由文明书局排印,该书的

① 汪曙华. 媒介融合趋势下的出版变迁与转型[M]. 北京:中国传媒大学出版社, 2016:161.

② 周安伯、严翅君、冯必扬. 发展理论与中国现代化[M]. 北京:国家行政学院出版社, 1998:265-266.

编译目的是:“欧洲各国之变法也,成于十九周以后,远因近果各有不同,英之变法也以和平,法之变法也以扰乱,若意大利、西班牙、瑞士各国,皆以外侮日迫而不能不便者,盖所处之势不同,故调剂维持之道遂异,其足为我借鉴者也”;“书中所记变法,于英、法、日耳曼特详著之者,为法人故能言之侃侃,若俄罗斯变而未善、土耳其拘守不变,均日就衰弱,皆附及焉,以明法之不可不变而变之不可不尽善也由是夫”。[①] 又如日人清浦奎吾所著《日本明治法制史》一书。该书由“于日本维新以来法制之沿革,详今略古,巨细毕具,可审其国实情,于讲政治学者不无小益。按日本法制变迁分三大期,一自神武即位迄千三百年唐女观时,此固守成法之期;二自千三百年迄三十年以前,此为折衷于华夏法制之期;三为采用欧美法制之期,以成维新盛业”[②]。这样的内容在迫切寻求救亡图存求变之路的近代中国有重要的借鉴意义。

第二,破除“中国中心论”,打开国人了解他国世界的窗口。

直到晚清时期,绝大部分国人,包括清廷最高统治者都认为中国是世界文明的中心,“中国中心论”“封闭了国人对外开放的视野,紧缩了中国人内心世界的空间,又不利于积极主动和及时地吸收外来文化”[③],阻碍了中国社会的进步与发展。而近代史地类书籍的出版则向国人展示了一个丰富多彩的他国世界。最早引介他国史地知识的是早期来华传教士,他们出版了不少这类书籍,如麦都思的《地理便童略传》(1819),米怜的《全地万国纪略》(1822),马礼逊的《西游地球闻见略传》(1819)等。据统计,1811—1842年,来华传教士共出版中文书籍和刊物147种,其中有34种的内容是引介世界历史、地理、政治、经济等方面知识的,如《美理哥合省国志略》《贸易通志》等。这些著作中有不少很畅销,比如祎理哲的《地球图说》一书。该书1847年在宁波华花圣经书房首印时只有200部,之后屡经重印,而且每次的印数都在增加,1849年再版印数为1000部,1853年三版印数为3000部,到1856年时改名为《地球说略》,印数大幅

① 宋原放主编,汪家熔辑注.中国出版史料·近代部分·补卷(下册)[M].武汉:湖北教育出版社,2011:32.

② 宋原放主编,汪家熔辑注.中国出版史料·近代部分·补卷(下册)[M].武汉:湖北教育出版社,2011:30.

③ 卢希悦.思维的革命:走进创新思维的自由王国[M].北京:经济科学出版社,2004:64.

度增至9000部，为初版印量的45倍，“更惊人的是第四版的9000部于1857年印刷完成出版后迅速传播，在1858年和1859年两年间多达5364部，库存剩3636部”——10年间共印4版、13200部，而且总印数的60%“在印成后的两年期间已流通开来，尤其本书是华花圣经书房产品中唯一出售而非赠送的中文书”。这本书的生命力一直延续到华花圣经书房搬迁到上海并更名为美华书馆之后，而且据美华书馆负责人姜别利《美华书馆出版品提要目录》一书的记载，该书在日本也很有销路。近代出版史学者苏精教授认为，这本书能够在19世纪中叶的中国如此畅销，“和其内容正好符合当时中国人的需求肯定有密切的关系”。①

19世纪中叶，中国先进的地主阶级知识分子也开始大力引介外国史地知识。如林则徐领衔翻译出版的《四洲志》、魏源的《海国图志》、梁廷枏的《海国四说》、徐继畬的《瀛寰志略》等。甲午海战后，国人自救图存之心日益迫切，引介西学力度明显加大，表现在出版活动方面就是，社会科学类和史地类书籍占比较此前明显增大——社科类书籍有366种，占总数的38%；史地类书籍有175种，占总数的18%。② 世界史地类图书的大量出版，较大程度地使一部分国人破除了这一观念，开阔了国人的视野，修正了其对世界、对自己国家的认知。如邵羲所译《地文学问答》（商务印书馆本）出版后，由于“迩来地理之书译昔者众，惟地文学则阙如，然地文为天然之科学”，故“凡欲研究地质学者不可不先求诸地文，若空中之水分、陆界之组成、生物之分布，皆地文学之显而易见者”。金粟斋本《世界地理志·首一卷、甲、乙、丙、丁、戊、己六卷》则“于六洲各国位置、境界、属岛、山脉、平原、河流、气候、农产制品、矿物、贸易、交通、人种、政体、都市区画、属地等皆缕晰言之，而于欧、非、美洲诸国尤加详焉”。后世国人能够改革开放，主动参与世界现代化进程，这类图书的思想启蒙功不可没。

第三，引介政法知识，引导国人树立现代公民意识。

我国是一个有着数千年漫长封建专制史的国家，在近代中国，民众并无现代意义上的国家概念、公民意识等，近代出版人在这方面做出了

① 苏精.铸以代刻：十九世纪中文印刷变局[M].北京：中华书局，2018：405-406.

② 熊月之.西学东渐与晚清社会（修订版）[M].北京：中国人民大学出版社，2011：510.

重要的思想启蒙。如《译书经眼录》所录译书汇编社排印洋装本《国家学原理》一书。该书系日本高田早苗讲述、稽镜译,原是日本早稻田专门学校的讲义。这本书较为系统地引介了国家学的相关知识:“其总论国家者则为国家学原理,而以统计、行政、国际公法、警察诸学附之,其政治学又析为国内、国外二类,以研究内政、外交之学术,至考国家性质者则为普通政治学焉,今以国内政治为宪法、行政二科,宪法论国家创建之规模,行政言国政施行之秩序”。又如商务印书馆排印本《政治一斑》。该书共有4册,“第一册三卷,曰人民”,“第二册曰地方制度”,“第三册四卷,曰国会”,“第四册曰中央政府”,内容“类皆发明社会自由之说,以专制政体为诟病者”。又如日人井上毅所著《各国国民公私权利考》。该书内容“论国民应有之权利,分为二章,曰公权、曰私权,公权者参与公共事务所得之权利,即公益上之权利也,私权者人民自营生计所得之权利,即私益上之权利也”。顾燮光认为“讲政学者宜读此篇,可知权利为人人固有之物,宜确守界限,勿放弃责任也”。① 再如《国际公法精义》一书。顾燮光这样分析国门打开后中国参与国际事务处于被动状态的原因:“中国开辟以来垂数十年。交涉曰棘,皆吾国人夙未讲求国际公法故也。昔所译公法各书,劣者既嫌其陈腐不适用,佳者仅罗列条文以备参考,毋惑乎讲求者之无专家也。”而《国际公法精义》一书“皆本近今名家之说演译成书,博考详稽,折衷至当,有志外交者所宜亟读者也”。②类似这样的书目还有译书汇编社洋装本《万国公法要领》、上海制造局大字本《各国交涉便法论》等。从引导民众树立国家意识、做现代公民到主动了解国际事务规则,近代出版人对国人现代化的路径设计非常清晰。

第四,引介科学类书籍,传播科技文明

近代出版活动中,内容生产占比最大的就是科技文明类书籍。在当时,这类书籍对于中国现代化的主要作用是,以科技知识图谋自强。

近代以前,科技多被视作“雕虫末技”,在西方列强坚船利炮的重击

① 宋原放主编,汪家熔辑注.中国出版史料·近代部分·补卷(下册)[M].武汉:湖北教育出版社,2011:42.

② 宋原放主编,汪家熔辑注.中国出版史料·近代部分·补卷(下册)[M].武汉:湖北教育出版社,2011:70.

下，国人主动学习西方科技以自强的诉求日益强烈，科技文明类图书成为最受欢迎的书籍。据《译书经眼录》“述略”所载，当时传播科技文明的出版机构中，“教科书以商务、文明两书局编译最早，至今已成书业之重心，至专门科学之书，科学仪器馆因曾译之，新学会社则译印农学诸书至今犹未已也，至政治、历史诸书，广智书局、作新社均有译本，旋亦中止，若医学、全体各书，各教会译著转无曩昔之盛”，顾燮光认为教会译著减少的原因是国人参与出版活动的快速增加，“社会智识已新，无劳他人借箸”了。

《译书经眼录》收录的科技类书目在1902—1904年所出译著中的占比最大，多达数百种，如该书卷三收录的军事科技类书目有《毛瑟枪学》等13种、理化类书目有30种，卷四收录的书目农学类有5种、矿务类6种，卷五收录的生理类书目有6种，卷八收录的书目农学类有19种、矿务类有8种、生理类有14种，等等。大量科技类图书的生产，有效改变了国人对科技的认识，科技救国、科技自强逐渐上升为国人的主流价值观。

《译书经眼录》所载书目虽然反映的只是1902—1904年中国图书内容的生产情况，但是这并不影响它的样本意义，它“反映了在社会激烈变动中，知识分子，或说读书人，时刻没有忘记知识分子应有的救国救民的天职，——被科举制度埋没了几百年的读书人的社会天职。他们亟亟于介绍经过日本转手的西方学识，其规模之大在前、在后都没有的，参与人员之多，也可以用空前绝后描写毫不夸张”①。近代出版人筚路蓝缕，以自己的方式，推动国民的现代化，从而推动中国社会的现代化。

救亡图存、革新自强、探索现代化之路是中国近代出版的主旋律，近代中国的先进分子在中国现代化的路上从未停息：地主阶级知识分子林则徐等通过出版活动，引导国人“开眼看世界”；洋务派则通过译介新学新知，“师夷长技以自强”；维新派通过出版活动，积极鼓吹变法

① 宋原放主编，汪家熔辑注.中国出版史料·近代部分·补卷(下册)[M].武汉：湖北教育出版社，2011：185.

维新;资产阶级革命派更是通过出版活动,号召推翻清政府,建立现代中国;而以邹韬奋为代表的进步知识分子则通过出版活动宣传抗日救亡、支持革命。这些出版活动对于近代中国产生了巨大而深远的影响,对中国的现代化做了思想的动员和知识的支持。这应该就是中国近代出版转型的历史意义所在,也是中国近代出版转型最核心的动力所在。

2 第二篇 来华传教士与中国近代出版转型

正如历史学家许纪霖、陈达凯所言,“现代化的过程不是一个自发的自然过程,而是在一定的社会关系中,借助一定的群体互动而实现的。现代化是一个社会资源与群体利益再分配的过程,社会各阶层在现代化变迁中扮演的角色势必是不同的”①。以马礼逊1807年登陆中国广州为发端,来华传教士对中国近代出版转型做出了重要贡献。

① 许纪霖、陈达凯.中国现代化史(第一卷 1800~1949)[M].上海:上海三联书店,1995.18.

马礼逊：掀起中国近代出版转型浪潮的蝴蝶

诚如出版史学者魏玉山所言，"中国出版的现代化过程是一个复杂的、系统的过程，现代出版的诞生不能归结于某一个方面的现代化，而是与出版有关的诸多领域的现代化，它首先在图书的印刷领域萌芽，然后是出版物的形态、出版物的发行、出版管理的现代化"①，而在我国图书印刷领域播下现代印刷技术火种的是一个外国人——清嘉庆十二年（1807），英国传教士马礼逊在广州登陆。这时的马礼逊身处困顿，没有人能够预想到他会对中国近代出版产生影响。

一、马礼逊来华的使命

1782 年 1 月 15 日，马礼逊出生于英国诺森伯兰郡（Northumberland）的莫珀斯镇（Morpeth）布勒古林（Buller's Green）。其父母是作坊主，也是虔诚的基督徒。马礼逊是家中最小的孩子，自幼受到严格的宗教教育，并且在父母所属的高桥教会（High-bridge Chaple）接受过教理训练。1797 年年底或 1798 年年初，少年马礼逊突然觉得自己"经历了人生的转变"，从此"转变了心意"，他"和从前那些浪荡朋友断绝了交往，投身到阅读、默想和祈祷中"，"逐渐变得谦卑"，转而开始广为涉猎各种知识。② 1798 年，马礼逊加入苏格兰长老会，并开始学习拉丁文、希腊文、希伯来文与神学。1802 年，

① 魏玉山.关于中国现代出版业诞生的几个问题[J].出版发行研究，1999(5)：11-14.

② [英]艾莉莎·马礼逊编，杨慧玲等译.马礼逊回忆录(上)[M].郑州：大象出版社，2019：3-4.

马礼逊进入公理会神学院(Congregational Theological College)就读,在此期间他产生了到海外宣教的想法。1804年,马礼逊申请加入伦敦传教会(London Missionary Society),准备前往中国宣教。为了向中国传教和翻译出中文版的《圣经》,这一年9月,伦敦传教会决定派遣马礼逊去中国传教。之后,为了便于在中国传教,马礼逊花了两年的时间学习医学、天文学知识,而中文则是他学习的重点。英国北安普顿郡著名公理派牧师威廉·莫斯理(William Moseley)(《译印中文圣经之重要性与可行性研究》一文的作者,这本书因受到英格兰教会及其他各界要人的赞同和响应而轰动一时)介绍中国人容三德(Yong-Sam-Tak)教马礼逊汉语,容三德略受过教育,"性格骄傲、爱支配人",但是为了到中国传教的使命,马礼逊不得不忍耐和顺从容三德。在从容三德那里学到汉语的初步知识后,马礼逊开始抄写大英博物馆收藏的中文《圣经》手稿和《拉汉词典》(*M.S.Latinand Chinese Dictionary*)手稿。据马礼逊在中国的助手米怜博士的回忆文章,抄写经典手稿比跟着容三德学习对马礼逊提高汉语水平帮助更大。

在确定很快就要启程后的1807年1月8日晚,马礼逊被伦敦会正式按立为牧师。他到中国的任务非常明确,1月20日,伦敦会司库约瑟·哈德卡斯特和书记乔治·伯德在给马礼逊的"工作指示"中写道:

> 你一直致力于勤奋学习汉语,并取得了重大进步……他们很高兴看到你专心、勤勉学习所取得的巨大成绩;他们相信,当你前往中国时,你在国内接受的教导将会帮助你取得更大进步。……我们希望,在向他们传递珍贵的知识时,你将有机会展示你的数学才能,传授各样数学知识;你也可以讲授英文,这对许多与常住或偶尔到访中华帝国的英国人有所来往的中国人必定大有价值。
>
> 我们盼望在你完成掌握汉语的大目标之前,不会出现反对你住在广州的任何举动;达成目标之后,你要尽快将这项成就转变成对于全世界有益的事,也许你有此荣幸编纂一部较以前更为全面、正确的汉语词典,或更为荣幸地将《圣经》翻译成世界

上 1/3 民众所讲的中文。①

1807 年 1 月 28 日，马礼逊离开伦敦到格雷夫森德，准备取道美国前往中国广州。1 月 31 日，马礼逊在格雷夫森德登上“邮递号”(Remittance)大船前往美国纽约。经过两个多月的海上颠簸，4 月 19 日，马礼逊终于抵达纽约。

马礼逊一到纽约就设法联系了去广州的船只，并且“寻求美国人能够给他提供的给广州的引荐”。幸运的是，这时的美国基督教界早已意识到传教的重要性，并且很希望能够在中国传教。5 月 12 日，马礼逊收到了费城罗斯顿先生转交给他的美国国务卿麦迪逊(James Madison)写给驻广州领事加林顿先生(Mr.Carrington)的推荐信，麦迪逊要加林顿在符合美国利益的情况下尽其所能地帮助马礼逊。1807 年 5 月 12 日，带着给广州领事的私人信件以及其他人士的引荐信，马礼逊在纽约搭乘“三叉戟号”(the Trident)起航，9 月 6 日抵达中国广州。

马礼逊从 1799 年开始坚持写日记，并且持续了很多年。在他的日记中，学中文是出现频率比较高的活动。在海上航行途中，马礼逊克服风浪、晕船、疾病带来的严重不适，坚持学习中文不辍。他在 1807 年 7 月 28 日的日记中有如下记载：

> 从早到晚我都在学习，还有更多的有待完成。我以学中文为乐趣，为此在上帝的指示下，我特意从伦敦抄来的中文《圣经》和词典派上了大用。②

多年的中文学习积累，在马礼逊日后汉译《圣经》和其他著作的出版活动中发挥了重要作用。

二、马礼逊在中国的处境

在到达广州前，马礼逊搭乘的“三叉戟号”曾经在澳门岛停靠。在澳门停留期间，马礼逊从朋友乔治・托马斯・斯当东爵士(Sir George Thomas Staunton)和查默斯先生(Mr.Chalmers)那里得知：中国政府禁止国人教授外国人汉语，违反者将被处死；东印度公司只允许商人在贸易期内

---

① [英]艾莉莎・马礼逊编，杨慧玲等译.马礼逊回忆录(上)[M].郑州：大象出版社，2019：64-65.

② [英]艾莉莎・马礼逊编，杨慧玲等译.马礼逊回忆录(上)[M].郑州：大象出版社，2019：102.

留在中国;澳门的天主教神父和主教心胸狭隘,如果他要留居在澳门,将格外困难。

前文已述,清政府禁止外国人在中国从事传教活动,并禁止外国人与中国人同住,商业是得到中国各级政府批准的外国人唯一能够合法从事的活动,而马礼逊的来华目的与贸易无关,因此,到达广州当天,马礼逊即拜会美国驻广州领事加林顿先生向其求助,加林顿先生安顿马礼逊住在自己家里。这时,马礼逊通过美国朋友的引荐信结识的美国货监米尔诺先生(Mr.Milnor)认为加林顿家人员往来频繁,不利于马礼逊隐蔽,便安排马礼逊住到自己的商馆里。

在抵达广州后次日,马礼逊在日记中记下了自己初到广州的感受:

> 昨天晚上大约8点,我到了广州。来往繁忙的船的各种喧嚣声,以及穿梭其间的几百艘民船,还有数千中国人互相喊叫招呼对方,喧闹到达了极点。①

马礼逊隐匿自己的英国国籍和传教士身份,以美国人的身份在广州深居简出,同时跟着有一定文化功底且取得过科举功名的李先生学中文,并向来自北京的天主教徒云官明学官话。

由于"住在美国商馆有点尴尬,他的美国朋友也担心这可能带来政治影响"②,到1807年年底,马礼逊不得不开始筹划向槟榔屿转移。幸运的是,在广州和澳门分别短暂居住过一段时间后,1809年2月20日,马礼逊被东印度公司正式聘为其驻广州商馆的中文秘书及译员,年薪为500英镑。马礼逊一直担心的居留身份问题终于解决了,经济上的困窘也得以消除。马礼逊与东印度公司的雇佣关系直到1834年东印度公司被英国政府撤销才告终止。之后52岁的他被英国政府任命为新设立的对华商务监督的秘书兼翻译,但不久即病故。

三、马礼逊的出版活动及贡献

1. 出版图书

马礼逊是带着翻译中文版《圣经》和传教的任务来华的。由于中国禁止传教,而与广州近在咫尺的澳门当局不仅禁止传教,而且对他也极不

① [英]艾莉莎·马礼逊编,杨慧玲等译.马礼逊回忆录(上)[M].郑州:大象出版社,2019:104.
② [英]艾莉莎·马礼逊编,杨慧玲等译.马礼逊回忆录(上)[M].郑州:大象出版社,2019:128.

友善甚至仇视，马礼逊不得不先搁置传教一事，转而专心编纂字典和翻译《圣经》。他认为印刷宗教读物也是一种有价值的传教活动，这种思想贯穿了他在华活动的始终。1824 年 9 月，他在致福音小册会司库约瑟夫·雷纳的信中重申自己的初心：

> 能够给世界上那些当今基督教教师无法去的地方的庞大的读者群，送去神圣真理的宝库，这对于一颗虔诚的心来说是令人喜悦的。
>
> 使徒时代没有印刷术，因此他们只能通过口头传教和书信作品，不能据此反对现今使用印刷品传教。①

而且他认为只有精通汉语之后，才能尝试翻译《圣经》。1808 年春，他在给朋友 S 先生一家的信中如是说："为了《圣经》的翻译，也为了给我生前或者死后的后继者清除障碍，我担负了编纂汉语词典的工作。"②

1807 年 12 月，马礼逊取得了到中国学习汉语的第一个成果——完成了《中英词汇对照》(*Chinese Vocabulary*)草稿。根据 1809 年 12 月马礼逊写给伦敦会理事会的信件，到 1809 年年底，他已经能够给广东总督写出语意清晰的中文信函，并且已经翻译了大量的公文信函、两本中国蒙童读物，孔夫子著作的前两部《大学》《中庸》及第三部《论语》的一部分。

1810 年，已经熟练掌握汉语的马礼逊把自己带到中国的《耶稣救世使徒行传真本》(以下简称《使徒行传》)译成中文，并雇助手蔡轩印刷了 1000 份。考虑到中国人对这类读物的接受心理，马礼逊在装帧设计、用纸、开本大小、刻工等方面尽可能与中国传统经典读物保持一致，在字体方面由工于书法的蔡轩楷书上版，制成"一部纸幅天地宽广、字大疏朗优美、书品相当精良的线装书"。以此为开端，到 1813 年的 8 册本新约《耶稣基利士督我主救者新遗诏书》为止，马礼逊所印的 6 种书在封面、书名页、行格界栏等方面都是这一风格。③ 马礼逊委托返英航船给伦敦会理事们送去 3 本《使徒行传》。

马礼逊将这次印刷视作印刷出版《圣经》的尝试。很快他又翻译出

---

① [英]艾莉莎·马礼逊编，杨慧玲等译.马礼逊回忆录(下)[M].郑州：大象出版社，2019：538.

② [英]艾莉莎·马礼逊编，杨慧玲等译.马礼逊回忆录(上)[M].郑州：大象出版社，2019：147.

③ 苏精.铸以代刻：十九世纪中文印刷变局[M].北京：中华书局，2018：6.

版了《神道论赎救世总说真本》(*Divine Doctrine Concerning the Redemption of the World*)(1811)、《圣路加氏传福音书》(1811)、《问答浅注耶稣教法》(1811)、《使徒书信》(1812)。1812年12月22日,马礼逊在给伦敦会司库和书记的信中提及自己编写《中英语言对话》(*Dialogues and Detached in the Chinese Language*)的计划。1814年3月和6月,马礼逊先后印刷出版了《古代如氏亚国历代略传》《养心神诗》。1815年1月,马礼逊翻译的《创世记》修订出版;同年,他于1811年写成的语法书《通用汉言之法》(*A Grammar of the Chinese Language*)出于某种原因被搁置4年后,终于获得东印度公司的资助在塞兰坡(Serampore)出版。之后,马礼逊还陆续出版了一些中译本读物,如《中文会话与断句》(1816)、《中国一瞥》(1817)、《关于中国与广州》(1823)、《字典》(1823)、《父子对话:中国的历史和现状》(1824)、《广东省土话字汇》(1828)等。据出版史学者苏精教授统计,从1807年来华到1834年去世,27年间,马礼逊在广州、澳门与马来半岛的马六甲三个地方共出版了21种中文读物,其中宗教读物有18种,如圣经《神天圣书》及单行各书、教义阐释、圣诗等;非宗教读物3种,《西游地球闻见略传》《大英国人事略说》以及三期不定期刊《杂文篇》等。①

2. 探索和改进印刷技术

除了通过出版传教之外,马礼逊还在中文活字印刷技术方面做出了重要探索,并取得了革命性成果。

中国人是活字印刷术的发明者,自宋代至清代,历朝都有采用活字印刷书籍者,如宋嘉定十四年(1221)范祖禹《帝学》8卷、元大德(1297—1307)初年王祯《农书》、明代无锡华珵《渭南文集》50卷都是用活字印刷术出版。明代时,活字本盛行,并且已经出现了铜活字排印的书籍。清代道光三十年(1850)广东佛山唐姓书商用的是锡质字模,清代中后期甚至有了备有活字供来客上门印刷的活字印刷店。但是在我国,直到19世纪末,活字印刷术并没有成为印刷技术的主流,国人印刷书籍仍主要采用雕版印刷术。和英文只需26个字母即可组合成若干词汇,英文读物只要有26个字母的字模就可以进行各种排列组合制版不同,由于汉字是由笔画组成,其数量浩繁,在当时中国的出版生产力状况下,要印刷中文读物就

① 苏精.铸以代刻:十九世纪中文印刷变局[M].北京:中华书局,2018:3.

必须事先刻制相当数量的活字才能排版印刷，或者仍旧用中国传统的雕版印刷术制版印刷，而这两种方法费用都不菲。如果用活字排版印刷，印完后为了周转活字，会立即拆版。如果一本书售罄后需要再印，那就必须重新排版。这时书商会陷入两难的选择：多印书，短时间卖不掉的话，投入的资金无法收回；而如果选择少量印刷，则每个复本分摊的排版、校对等费用就会高，书价也就更贵。相比之下，雕版就没有这个缺点，印多印少，一本书的刻版成本是相对固定的。只要保存得当，随时可以付印。即使刻版稍有损坏，予以修补后还可以再印。基于上述因素，在不低的印前制作成本下，"只有当所需要的复本量能够确定，一次印刷以后不再印的时候，活字印刷才比雕版印刷更快捷、合算"①。而晚清之前，我国读书人的数量在全国总人口中的占比并不高。梁启超在《中国积弱溯源论·积弱之源于风俗者》中曾这样描述彼时国人的识文断字情况：

> 四万万人中，其能识字者，殆不满五千万人也。此五千万人中，其能通文意、阅书报者，殆不满二千万人也。此二千万人中，其能解文法执笔成文者，殆不满五百万人也。此五百万人中，其能读经史，略知中国古今之事故者，殆不满十万人也。此十万人中，其能略通外国语言文字知有地球五大洲之事故者，殆不满五千人也。②

读者数量有限，对图书的需求量远未大到必须大批量印刷的程度，在这种情况下，传统的雕版印刷性价比要比活字印刷有优势。这也就是活字印刷术在我国发明800年来一直没有发展成为主流印刷技术的最主要原因。1807年马礼逊来华后，虽然欧美印刷技术已经发展到铅活字排版印刷阶段，但是，在没有找到合适的中文印刷术之前，马礼逊主要还是采用中国传统的雕版印刷技术印刷出版书籍。

1811年1月7日，马礼逊在给伦敦会的信中说：

> 9月我交给中国印刷工一份《耶稣救世使徒行传真本》，它是根据希腊文修订过的译本。我看过他的印刷的样张后，订购

① 汪家熔.商务印刷馆史及其他——汪家熔出版史研究文集[M].北京：中国书籍出版社，1998：411.

② 梁启超.梁启超全集(第一册)[M].北京：北京出版社，1999：416.

了 1000 册。这批木刻版片将归我所有，如果是用优质木料制成的版片，可以印刷 15000 册而无须修补，此后版片做一些修补仍可继续用一段时间，可是用过多少次之后版片报废我还不清楚。①

1811 年 9 月伦敦会的公告中也说："而同一批木刻版还可以再印刷 10 万册，如有损坏，只需偶尔补做即可。"1812 年 3 月 26 日，伦敦会给马礼逊的信中再次提及该书的制版特点：

我们还特别高兴地得知在印刷技术方面也有了改进，铸版印刷（stereotype）不仅局限在欧洲大陆，但你用木刻版只需偶尔修补损坏的汉字就可以印刷 10 万份。②

从这段史料可知，《使徒行传》这本书是用木版刻印的。据苏精教授统计，在马礼逊印刷出版的 21 种中文读物中，采用中国传统木刻技术印刷的有 19 种，只有 2 种是其于 1833 年以中式逐字雕刻的金属活字印刷而成。

促使马礼逊在印刷技术方面进行革新的原因主要有三个方面。

第一，高昂的木刻印制工价。鸦片战争之前，在清王朝禁教令的政治氛围下，中国各级政府严禁刻印外国传教士的书籍，无论是刻工还是承印者都要冒很大风险（1815 年、1817 年，马礼逊雇用的刻印《汉英词典》活字的中国工匠被官府抓走），因此开出的工价比刻印一般书籍要高出许多，而如果马礼逊将中国工匠转移到境外刻印，则又要冒偷渡的风险，况且船费和工资也不低，如果工匠出境计划没有成功，马礼逊预付的费用还要打水漂。比如前述马礼逊在华的出版处女作《使徒行传》是一本典型的宗教题材禁书，这本书从刻到印耗费的实际总费用有四五百元，每册的费用高达半个银圆有余，总费用与马礼逊后来印刷整部《圣经·新约》的费用相当，这对马礼逊来说是一笔不小的负担。1814 年春，马礼逊还曾经花 500 西班牙元雇一名印刷工刻制口袋本的《古代如氏亚国历代略传》。有时迫于形势，还不得不将制好的刻版销毁。比如 1814 年，广州一位书商在得知马礼逊雇用的刻印工被捕以后，立刻秘密销毁了马礼逊寄

① ［英］艾莉莎·马礼逊编，杨慧玲等译.马礼逊回忆录（上）［M］.郑州：大象出版社，2019：206.
② ［英］艾莉莎·马礼逊编，杨慧玲等译.马礼逊回忆录（上）［M］.郑州：大象出版社，2019：213.

存在他那里的大部分 12 开本《圣经 · 新约》刻版。这使马礼逊损失惨重。

其次,来自同行的技术进步压力。当马礼逊还在使用木刻制版印刷术时,在南亚塞兰坡的英国浸信会传教士马士曼(Jonhua Marshman)在雕制金属活字印刷圣经方面取得了一定的进展。从 1804 年起,马士曼就开始尝试用逐字雕制的木活字印刷自己翻译成中文的部分圣经。1811 年,马士曼开始雕制金属活字,并把活字样本寄给马礼逊,但是马礼逊没有在意。1812 年,马士曼又用西法铸造中文活字,并计划铸造 6000 个常用汉字活字。1813 年,马士曼用铅活字印刷出了《新约》中的《约翰福音》,后又分别于 1814 年与 1815 年印刷了《中国言法》和《通用汉语之法》。马士曼宣称自己的活字印刷成本远远低于马礼逊的木刻印刷成本,而且质量也明显高于马礼逊的木刻印刷成品。对此,马礼逊以马士曼夸大其词予以否认。不过这件事客观上给了马礼逊很大的震动,他也开始探索适合中文读物的西式印法。①

第三,内在的技术革新需求。这是马礼逊改进印刷技术的动力中最主要的力量。1823 年 12 月—1826 年年底,马礼逊返回英国。这趟回国之旅使马礼逊对中文印刷方法的态度发生了重要转变,他从以木刻为主、活字为辅,转变为大力提倡以西式铸字法制作的金属活字。一个现实的推动是,1825 年伦敦会赞助马礼逊出版其所著《中国杂记》(*The Chinese Miscellany*)一书,由于英国没有中文活字,马礼逊只得将中文字手写石印后集中在一处,而中文字的英文说明则另排他页,这样就导致中英文无法在同一页对应,阅读起来非常不便。为此,马礼逊在《中国杂记》的结论部分呼吁尽快铸造出中文活字:“具有公义精神(public-spirited)的铸字匠能生产优美而便宜的中文活字”;他希望“英国赢得最先铸造两三亿人口的中国语文活字的荣誉”。②

由于担心自己印刷出版用于传教的“禁书”被官府发现,马礼逊的出版工作都是在“最秘密最小心而且不易被追踪到自己”的情况下进行。为了摆脱这一窘境,马礼逊想到了创办印刷所。1809 年 12 月 4 日,马礼

① 胡国祥.近代传教士出版研究[M].武汉:华中师范大学出版社,2013:46.

② 苏精.铸以代刻:十九世纪中文印刷变局[M].北京:中华书局,2018:14.

逊给伦敦会理事会写信要求向槟榔屿派遣传教士，目的是使槟榔屿成为进入中国的“跳板”。1810年年底，马礼逊在写给伦敦会的报告中说：

> 中文语法书已经预备好印刷了，词典每天也都更充实。手稿《新约》中译本的一部分已经预备好了。然而，我推迟了这些书的印刷，想等到我的汉语更精深一些，不至于仓促行事，译本不会太蹩脚。我第一年的全部费用，包括食物、房租、购书、聘请教师、雇仆人以及从广州到澳门来回搬家的费用，超过500磅。潜在更高额的费用妨碍了我采取进一步的措施将这些书付印。……我计划编写的书以及帮助其他传教士学习汉语这些事情，可能在澳门或者在槟榔屿要比在中国完成得更为出色。①

1812年，马礼逊给伦敦会一位德高望重的友人写信，表示到1813年他的汉译《圣经·新约》工作即可完成：

> 我在中文语法书后增加了一册《中英对话集》(*Dialogues in Chinese and English*)。特选委员会向公司董事会推荐了我的汉英词典。他们希望公司能送一台印刷机和两名印刷工到这里出版词典。汉英词典将印成4开本的三册。只要我们的计划进行得顺利，这部著作将会为我们带来荣誉。②

在信中，他还表示：“我们需要一个中心，需要有组织地展开合作，需要一个印刷所。”马礼逊特意注明词典的中文部分将由中国印刷工完成。

令马礼逊欣慰的是，特选委员会正式向公司董事会推荐他的词典，并申请送一台印刷机、派两名印刷工来中国出版词典。

1814年1月11日，马礼逊给圣经公会助理书记约瑟夫·塔恩先生写信告知伦敦会《圣经·新约》的汉译已经完成，并表示希望能够在爪哇、马六甲、槟榔屿设立一所印刷所，因为在这些地方不用像“在广州出版《圣经》这样怕受到官府干涉而担忧”。

由于《汉英词典》所需费用不菲，个人或者差会确实无力承担，在东印度公司大班益花臣(John F. Elphinstone)的帮助下，4月1日，东印度公

---

① [英]艾莉莎·马礼逊编，杨慧玲等译.马礼逊回忆录(上)[M].郑州：大象出版社，2019：160.

② [英]艾莉莎·马礼逊编，杨慧玲等译.马礼逊回忆录(上)[M].郑州：大象出版社，2019：224-225.

司董事会对马礼逊关于资助印刷汉译《圣经》等的请求给出了明确的回复：

> 鉴于马礼逊先生编纂中的字典是值得东印度公司奖励的著作，我们决议接受它的风险并以公司的经费印刷。
>
> …………
>
> 我们也同意马礼逊先生的建议，提供一部印刷机、一副活字和其他零件，同船送往中国，但我们不认为有必要为此送出英国纸张，因为我们获得保证，此间试用中国所造较好纸张后，发现同样适合印刷之用，只要有最好的品质和适当的厚度，还有印出的墨迹更为清晰的优点。
>
> 鉴于公司在任何情况下都不能冒着触怒中国政府的危险，我们达成以下关于印刷所的决议：
>
> 印刷所的运作只限于澳门一地。
>
> 绝不可以任何理由印刷任何欧洲人或其他人撰写的传教小册借以在中国人民中传播任何特定教义或主张，或其他类别的中文或满文小册或作品，以图在该国中流通。但是很有可能出现印工有时不必整天忙于字典的现象，在此情况下希望他印刷其他有用的语文相关著作，或者印刷自中文或其他语文翻译的作品，或者由公司人员或当地其他人原创性的解说中国人历史、习俗、艺术和科学的作品，并以提供欧洲人使用或讯息者为限。①

这一系列的回复明确了澳门印刷所的工作指向、业务范围、工作内容，并且特别强调“在任何情况下都不能冒着触怒中国政府的危险”，所有的出版活动均“以提供欧洲人使用或讯息者为限”。

1814年4月9日，受东印度公司的指派，印刷工汤姆斯（Peter P. Thoms）从英国朴次茅斯（Potsmouth）起航，到东印度公司专门为马礼逊所编词典成立的澳门印刷所（The Honorable East India Company's Press）负责《汉英词典》的出版印刷，9月1日抵达中国澳门。他还带来一台印刷机、若干活字及其他所需材料。

---

① 苏精.铸以代刻：十九世纪中文印刷变局［M］.北京：中华书局，2018：29.

由于《汉英词典》需要中英文同版，而中文活字的材质为木质，英文活字的材质为金属，两种材质的活字的吸墨能力有差别，同版印刷出来后的质量达不到要求，考虑到没有中文金属活字，马礼逊认为如果沿用传统的雕版印刷技术，就必须先将中文内容雕版付印，然后再用活字印刷英文部分，而这样要实现中英文同页就必然会遇到两个难题：雕版为木质，英文活字为金属材质，这两种材质的着墨性能完全不同，印出来的页面墨色不均匀；而如果先印中文雕版部分，接着再印英文活字部分，则又会面临套版难题。这种情况下，马礼逊提出的解决方案是中英文都采用金属活字，这样不仅可以将中英文排在同一页，还能解决材质差异造成的印刷质量问题，而且金属活字还能重复使用。在和汤姆斯研究后，二人"决定先制造铸模，用以浇铸和英文活字的成分、尺寸都一致的金属小柱体，再以人工在每一柱顶平面上逐字雕刻中文，如此字面虽是手刻，但中英文两种活字协调一致，可以夹杂排印"。① 马礼逊和汤姆斯的这一技术革新"省却了打造字范再翻铸成字模的繁重工序，因此大大节省了制造时间与成本；同时又在材料和大小上与西文金属活字接近，因而也很好地解决了中英文夹排与机器印刷的匹配问题"②。1815 年，澳门印刷所雇用工匠铸刻大小中文活字各一副。

1814 年澳门印刷所成立之初，马礼逊计划铸刻 10 万个活字，每完成 50 个小字或 20 个大字的代价是 1 元，加上纸张、杂费等，印制 500 部《汉英词典》的预算费用是 3000 英镑。到 1823 年《汉英词典》完成印刷出版，澳门印刷所逐字雕刻大小两副活字共约 20 万个，每个活字的制作成本为 7 分，总耗资超过 5000 元。加上在英国购买印刷机、活字、油墨等的费用，印刷《汉英词典》的总费用很可能超过 11500 英镑，大约是马礼逊申请建立印刷所时所报预算的 4 倍。③

在汤姆斯来澳门之前，1812 年 12 月 22 日，在给伦敦会司库和书记的信中，马礼逊首次明确提出要在马六甲建立一所学院：

> 我真希望我们在马六甲有一所培养传教士的学院，专为恒

① 苏精 .铸以代刻：十九世纪中文印刷变局[M].北京：中华书局，2018：11-12.

② 吴永贵. 中西相遇：西式中文活字的技术社会史考察[J].中国出版史研究，2019(1)：23-26.

③ 苏精 .铸以代刻：十九世纪中文印刷变局[M].北京：中华书局，2018：38.

河域外所有国家培养欧洲籍和当地传教士。那里还需要有强大的推动机——印刷所。……我们需要一个中心，需要有组织地展开合作，需要一个印刷所。①

一年半之后，马礼逊的助手、第二位基督教传教士米怜被派遣到中国，于1813年7月4日到达澳门。和马礼逊初到中国时一样，由于事先没有得到拥有对华贸易专利权的英国东印度公司的同意，在“米怜夫妇到达的当天，他们来澳门的消息就在英国人和葡萄牙人中传遍了。他们普遍显示出一种敌意”，“立法会也召集会议并且规定‘米怜先生不得居留’”。② 澳门的天主教葡萄牙人也不允许米怜居留，葡萄牙总督命令米怜在10日内离开澳门岛。在马礼逊的帮助下，米怜只得以汉语学习者的身份在澳门和广州之间往返短暂居留。

1814年1月11日，马礼逊写信给圣经公会助理书记约瑟夫·塔恩先生，告诉他米怜即将到爪哇、马六甲、槟榔屿去，并表示希望能够在这些地区设立一所《圣经》印刷所，通过出版宗教读物来传教：“中国人是一个温顺、理性的民族。他们往往会感激地接受别人的建议、教导和书籍，极少有人表现出粗暴的态度”。③

1815年4月17日，米怜不得不离开中国乘船前往马六甲，到那里建立布道站。米怜在《新教在华传教前十年回顾》中记录了这件事的缘起：

1. 中国的现状使得印刷出版和在华传教士其他几项工作困难重重，甚至连传教士的居留都无法确保。因此我们渴望找到一个邻近中国并处于欧洲新教国家统治下的地点建立中华传道团的总部，以期更为合理地长期开展卓有成效的工作，……我们认为马六甲适合于此目的——于是决议由米怜先生启程去马六甲建立布道站。

2. 在抵达马六甲之后，米怜先生应试图通过获赠或购买，获得一块地皮作为布道站的财产，并在此处建造开展工作所需

① [英]艾莉莎·马礼逊编，杨慧玲等译.马礼逊回忆录(上)[M].郑州：大象出版社，2019：235.
② [英]艾莉莎·马礼逊编，杨慧玲等译.马礼逊回忆录(上)[M].郑州：大象出版社，2019：242.
③ [英]艾莉莎·马礼逊编，杨慧玲等译.马礼逊回忆录(上)[M].郑州：大象出版社，2019：261.

的建筑物。①

关于通过出版传教,马礼逊和米怜的计划是:“在马六甲出版一种旨在传播普通知识和基督教知识的中文杂志,以月刊或其他适当的期刊形式出版。”“一旦具备合适的人选和工具,应尽快尝试印刷中文、马来文和英文书籍——中文版《圣经》的余留部分,其他中文和马来文基督教出版物,以及讲解东方国家语言、风俗、观点或有助于传教工作的英文书籍都应印刷出版。”“由于马礼逊先生致力于编纂汉英词典和其他工作,无法分心继续翻译,中华传道会的第二名成员(米怜先生)将翻译旧约的部分章节——他们共同齐心协力完成整部《圣经》的翻译工作。”做出以上决议的马礼逊和米怜一致认为,马六甲布道站的所有活动都要以达成上述目标为出发点。②

1816年六七月间,出于用中文活字印刷宗教读物的目的,马礼逊向汤姆斯订制了一批用字模浇铸法铸刻的活字,并于1817年1月将铸刻好的7000个活字运到其开设在马六甲的印刷所,之后又陆续增加至9000个活字。③ 由于汉字数量浩繁,且同一个字会经常重复出现,这9000个活字远远不足以排印图书,马礼逊的助手米怜一般也就是用它们排印一些短文或者篇幅较小的小册子。

1817年9月4日,马礼逊在给伦敦会的信中除了表达对马六甲出版工作进展顺利的欣喜之外,还提及麦都思(Walter Henry Medhurst,1796—1857)给印刷所送来一些极有用处的小金属活字,用于印刷宗教小册子及马礼逊与米怜创办的中文月刊《察世俗每月统记传》。

1818年11月11日,马礼逊与米怜在马六甲创办英华书院(The Anglo-Chinese College),以更好地传播和交流中西文明。英华书院不仅是一所培养人才的学校,还是一家出版印刷机构,主要出版中文和其他语种的《圣经》和小册子。

1823年至1826年年底,马礼逊返回英国住了两年有余。如前所述,在此之间他产生了强烈的铸造中文活字的愿望,并呼吁英国铸造中文活

① [英]艾莉莎·马礼逊编,杨慧玲等译.马礼逊回忆录(上)[M].郑州:大象出版社,2019:255.

② [英]艾莉莎·马礼逊编,杨慧玲等译.马礼逊回忆录(上)[M].郑州:大象出版社,2019:255-256.

③ 苏精.铸以代刻:十九世纪中文印刷变局[M].北京:中华书局,2018:12.

字。然而,在收到伦敦会司库和秘书的联名信后,马礼逊得知伦敦会"不会视铸造中文活字为己任,只愿居于协助的地位",并已经在资助他人铸造活字。马礼逊只得用在英国购得的石印机缓解印刷技术与出版需求脱节的压力,同时继续寻求中文活字印刷技术的突破。

1823 年,考虑到来自马来群岛各国的船只都会在新加坡停留,马礼逊开始筹划将设在马六甲的英华书院迁至新加坡,他预计英华书院和印刷所搬到新加坡后将会有更多好的机会。

1831 年,马礼逊花 150 英镑向英国印刷商巴格斯特(Samuel Bagster)订购了 1 台英式活字印刷机和一些英文活字。1832 年 11 月,马礼逊在澳门的家中成立马礼逊英式印刷所(Morrison Albion Press),并雇用 4 名华人工匠雕刻中文活字。由于创办之初尚无中文活字,印刷所只能排印英文读物。1833 年,马礼逊创办英文报纸《传教者与中国杂报》(*The Evangelist and Miscellanea Sinica*),这份报纸中已经夹杂了中文活字印刷。到 1833 年 6 月底,马礼逊报道已经铸刻出了 3600 个中文活字。同年 9 月底,马礼逊英式印刷所已经完成了 6000 个中文活字的铸刻。纯手工雕制活字耗工耗时,是"最昂贵与无法令人满意的方法",经济上不堪重负的马礼逊继续摸索破解之道,并"将铸造活字视为第一等重要的事"。为了这个"第一等重要的事",马礼逊个人投入了大量的金钱和精力。当然,他也收获了希望。1833 年 10 月 10 日,马礼逊在致福音小册公会书记的信中写道:

> 去年我自己花钱从英国购买一台性能良好的印刷机供儿子马儒翰用;本季我又花了一大笔钱让人制作小开本福音小册所需的中文活字。……有些单张一面印着中文,另一面印着英文,让水手和中国人都能看懂。
>
> …………
>
> 我们现在有望找到中国人以合适的价格铸造中文活字。戴尔先生在槟榔屿找到了以为会刻字模的中国人,我儿子儒瀚也在广州找到了几个人,它们刻得比槟榔屿更便宜。我们需要一位熟练的铸模工。我很乐观,我们所需的便宜的中文活字不久就能完成。这堪比欧洲印刷机的发明,因为中文雕版印刷与日

新月异的文献太不相称了。①

马礼逊如愿以偿。1833年九、十月间,其子马儒翰按照西方铸造金属活字的方法,尝试从字范、字模开始,成功铸造出了中文活字。这次尝试"是在中国最早的铸字之举"②,对中国近代印刷技术的转型产生了重要影响,之后的中文活字铸刻技术皆由它始。马礼逊也认为这一关键性技术革新和欧洲古登堡发明金属活字印刷术同等重要。

遗憾的是,马礼逊的出版传教活动引起了罗马天主教总代牧及其教士的强烈不满乃至愤怒,他们向澳门立法会提交文书,并给特选委员会主席写信,要求立即阻止马礼逊在家使用印刷机。1833年夏,迫于特选委员会的压力,马礼逊不得不终止了在家中出版印刷品的工作。但是,马礼逊很快就在为《广州志乘》撰写的一篇文章中鲜明地表达了自己的出版观:

> 所有法国人都有权印刷出版他们自己的观点;永久废除审查制度!由于语言能力使人作为理性动物而区别于无理性的不能言语的兽类;智能高的人之间的社会交往提供了一场理性盛宴,智者珍视它,远胜过任何身体慰藉。政府没有权力剥夺人的知识交往,如同它们没有权力剥夺人的身体的慰藉,或人的一部分天然食物。在这个原则下,只能剥夺最危险的罪犯的笔、墨和纸。印刷机只是一种更迅速的写作机器,在神的眷顾下,印刷机使时间和空间上相距最遥远的人交换他们的思想;因此与任何身体慰藉相比,它为理性人类带来更多快乐和进步。所以没有任何以公正、平等为原则行事的政府能禁止自由使用印刷机。那些在阅读中找不到了却的人可以避免阅读;但不能因为他们碰巧有权威,就有权剥夺其他人的乐趣。……禁止出版是对人的天赋权利的侵害。我们认为取自法国宪章表达天赋权利的题句应该是全人类的宪章——自然法或神的律法,为了祂的创造物的幸福,神赋予他们思想和语言的能力,写作和印刷的权利;

---

① [英]艾莉莎·马礼逊编,杨慧玲等译.马礼逊回忆录(下)[M].郑州:大象出版社,2019:663-664.

② 苏精.铸以代刻:十九世纪中文印刷变局[M].北京:中华书局,2018:20.

所以没有哪部人类法律能使这些权利无效。①

这时的马礼逊虽然停止了英文出版物的印刷工作，但是并没有停止中文出版活动。在将石印机和平板印刷机搬到广州之前，马礼逊仍雇用4名中国工匠刻制6000个中文活字，印刷出大量的中文宗教读物，由追随他的3名中国基督徒梁亚发、朱先生和屈亚昂派发到各地。

1834年8月1日马礼逊因病在广州去世。

作为第一个来华新教传教士，马礼逊在华出版活动和对中文活字铸刻技术的革命性贡献，虽然在本质上是为其在华传教服务的，但是在客观上对我国近代出版转型做出了重要贡献。后人为了纪念马礼逊，成立了马礼逊教育会，创办了马礼逊纪念学校，这所学校为近代中国培养了不少重要人才，如容闳、黄胜、黄宽等。马礼逊和他的助手米怜创办的英华书院则成为我国近代第一个民族出版机构中华印务总局（Chinese Printing Company）的摇篮。

① ［英］艾莉莎·马礼逊编，杨慧玲等译.马礼逊回忆录（下）［M］.郑州：大象出版社，2019：657-658.

来华传教士群体与中国近代出版转型

正如新闻史家戈公振在《中国报学史》中所言，“经过中英与英法之战，我国人士之守旧思想，渐次为之打破，而以研究新学相激励。至是，中西文化融和之机大启，开千古未有之变局。追本溯源，为双方灌输之先导者，谁欤？则外人所发行之书报而已”①。这里，戈公振所说的“外人”就是传教士。

前文已述，英国传教士马礼逊 1807 年来华后，27 年间，在伦敦会和英国东印度公司等的支持下，对活字印刷术做了重大改进，并在自办的马礼逊英式印刷所里成功铸造出中文活字，对我国近代印刷技术向现代转型做出了重要贡献。马礼逊恰似南美洲亚马孙河流域热带雨林中扇动翅膀的那只蝴蝶，他对中国印刷技术的革新揭开了中国近代出版转型的序幕。继马礼逊之后，诸多来华传教士先后对中国近代出版转型做出了重要贡献。虽然西方传教士来华后的出版活动是为其传播宗教的主旨服务的，但是，在闭关锁国的晚清，传教士们的出版活动对中国近代出版转型的正面作用是客观存在和不可抹杀的。

尤其值得一书的是，来华传教士的出版活动不仅开启了中国近代出版转型的序幕，他们自己也成为中国近代出版转型的一个重要动力人群。“从历史上看，中国新式出版的起步，不是源于传统出版内部条件的成熟，

① 戈公振.中国报学史[M].长沙:岳麓书社,2011:96.

而是来自外力的强力推动。新式出版最初发轫于外国传教士的出版活动。”①

一、来华传教士从事出版活动的动机

（一）清政府对来华传教士的政策

晚清中央政府对待来华传教士的政策经历了由禁到驰再到允许公开自由传教的演变。其演变节奏跟中国与列强之间的政治关系相对应。

1. 禁教

在中国历史上，西学第一次大规模输入中国是在明末清初时期。“这段历史，始于16世纪利玛窦东来，止于18世纪清廷对天主教的严禁和罗马教廷对耶稣会的解散”②，归根结底是，中国最高统治者的态度和立场决定了传教士们在华处境。

第一次西学东渐浪潮发生重大转折是在清康熙年间。康熙皇帝即位后，出于对西学的浓厚兴趣，与东来的西方传教士往来较为密切。但是到康熙六十年（1721）1月，由于清廷与罗马教廷的礼仪之争，外国传教士在华活动遭禁，康熙皇帝下令：“以后不必西洋人在中国行教，禁止可也，免得多事。”③雍正二年（1624）发布了在全国禁止天主教的《圣谕广训》。雍正皇帝下令让礼部议复：“西洋人除留京办事人员外，其散处直隶各省者，应通行各该督抚转饬各地方官查明，果系精通天文及有技能者，起送至京效用，余俱遣至澳门安插。其从前曾经内务府给有印票者，尽行查送内务府销毁，其所造天主教堂，令皆改为公所。凡误入其教者，严为禁谕，令其改行。如有仍前聚众诵经者，从重治罪，地方官若不实心禁饬，或容隐不报，如之。”④作为大清帝国的最高统治者，雍正皇帝考虑的是：“尔等欲我中国人尽为教徒，此为尔等之要求，朕亦知之；但试思一旦如此，则我等为如何之人，岂不成为尔等皇帝之百姓乎？教徒惟认识尔等，一旦边境有事，百姓惟尔等之命是从，虽现在不必顾虑及此，然苟千万战舰来我海岸，则祸患大矣。……今朕许尔等居住北京及广州，不深入各省，尔等有

---

① 吴永贵.中国出版史（下册）[M].长沙：湖南大学出版社，2008：25.

② 熊月之.西学东渐与晚清社会（修订版）[M].北京：中国人民大学出版社，2011：30.

③ 罗伟虹.中国基督教（新教）史[M]. 上海：上海人民出版社 ，2016：248.

④ “中央研究院”近代史研究所. 近代中国对西方及列强认识资料汇编（第1辑 第1、2分册）[M].台北，1972：436-437.

何怨乎？……现朕既登皇位，朕唯一之本分，是为国家而治事。”①1736 年乾隆皇帝登基后，沿袭雍正禁教令的规定，严格限制天主教入境。嘉庆十年（1805）四月发布《申明例禁西洋人刻书传教上谕》，明文禁止外国传教士在华从事传教和出版活动。嘉庆十五年（1810）发布《西洋人传教治罪专条》，宣布对违反者处以“绞决”。但是这一系列的禁令并没有能够阻止传教士们的宗教活动。据统计，1810 年仍有 31 名欧洲传教士在中国内地 16 个省份秘密活动，当时中国共有天主教徒 20.5 万人；到 1839 年 6 月，据报告，天主教在中国 13 个省份有活动，有欧洲传教士 65 名，天主教徒增至 30 万人。② 传教士们在中国创办期刊，编辑出版各种读物，将出版发行书刊作为传教的重要途径。这在客观上为中国人重新认识世界做出了不小的贡献。

第一次鸦片战争之前，由于清政府严禁传教，传教士们便转到毗邻中国的南洋地区传教，兼有为传教目的服务的教育、医疗、出版等活动，如开办学校、医院或者开办印刷所出版书刊等。也有为数极少的传教士在口岸城市广州和被葡萄牙侵占的澳门进行极为有限的传教和出版活动，如马礼逊就曾在广州和澳门传教及出版书籍，但是这样的活动要冒较大的风险。1829 年年底，马礼逊在给费希尔先生的信中记述道：

> 大约一年前有 3 位欧洲籍天主教传教士进入中国。一位是意大利人，另一位是法国人，第三位是西班牙人。我猜想他们是通过中国天主教徒帮助私自进入中国的。如果被官府发现，他们仍然有丧命的极大危险。③

马礼逊的助手米怜在《新教在华传教前十年回顾》中记述了马礼逊在华初期的小心翼翼：

> 在这期间，他极不情愿让澳门人注意到自己，所以他从不外出。在这点上他有些谨慎过头，但为了安全考虑，这样的错误似乎是可以原谅的。……此时，他所处的敏感的环境，需要最严密

① 顾长声. 传教士与近代中国（增补本）[M]. 上海：上海人民出版社，1981：16.

② 顾长声. 传教士与近代中国（增补本）[M]. 上海：上海人民出版社，1981：16-17.

③ [英]艾莉莎·马礼逊编，杨慧玲等译. 马礼逊回忆录（下）[M]. 郑州：大象出版社，2019：625-626.

> 的小心谨慎。的确，自从在华传教工作开始之际，就一直需要保持警惕，任何片刻或一日的懈怠都有可能对传教事业带来致命打击。除了熟知内情的人，没有人能理解时刻保持清醒和审慎是多么必要。①

以马礼逊为代表的传教士们很清楚，处于在华传教事业开创阶段的他们，积极、热情而活跃地公开传教是非常不宜的，如果他们这样做，极有可能被中国政府驱逐出境。在这样的情势下，他们选择以翻译、文员、秘书等合法身份留在中国。

2. 弛禁

传教士在中国境内能够有限制地公开传教，始自 1842 年 8 月 29 日中英《南京条约》的签订。《南京条约》中并没有允许西方传教士在中国传播宗教的明确性文字，但是根据其中第二条："自今以后，大皇帝恩准英国人民带同所属家眷，寄居大清沿海之广州、福州、厦门、宁波、上海等五处港口，贸易通商无碍；且大英国君主派设领事、管事等官住该五处城邑，专理商贾事宜，与各该地方官公文往来；令英人按照下条开叙之列，清楚交纳货税、钞饷等费"，英国传教士即可进入香港、上海等口岸城市居住。中国政府"明确地允许外国人在开放的口岸建立教堂。治外法权使传教士不受中国法律的管辖，而传教士之在内地工作尽管仍然不合法，但也没有多大危险了。因为条约中有一款说明，如果外国人被发现已离开通商口岸，他们只需被带到最近的领事那里去就行。虽然不是每一个条约都十分明确地包含这些新的特权，但最惠国条款使得给予某个国家的任何特权也自动地适用于他国" ②。

中美于 1844 年 7 月 3 日签订的《望厦条约》，第一次以条约的形式对美国人的在华基督教活动做出了规定。其第十七款规定："合众国民在五港口贸易，或久居，或暂住，均准其租赁民房，或租地自行建楼，并设立医馆、礼拜堂及殡葬之处。必须与中国地方官会同领事等官，体察民情，择定地基。"该条款使美国人获得了在中国 5 个开放性口岸城市做礼拜的

---

① [英]艾莉莎·马礼逊编，杨慧玲等译.马礼逊回忆录(上)[M].郑州：大象出版社，2019：161.

② [美]费振清、刘广京编，中国社会科学院历史研究所编译室译.剑桥中国晚清史(1800—1911 年)(上卷)[M].北京：中国社会科学出版社，1985：535.

宗教活动权利。但是，同款中也对包括传教士在内的美国人的活动范围做了如下规定："其合众国人泊船寄居处所，商民、水手人等止准在近地行走，不准远赴内地乡村，任意闲游，尤不得赴市镇私行贸易；应由五港口地方官，各就民情地势，与领事官议定界址，不许逾越，以期永久彼此相安。"同年10月24日，中法签订的《黄埔条约》第二十二款规定："佛兰西人亦一体可以建造礼拜堂、医人院、周急院、学房、坟地各项，地方官会同领事官，酌议定佛兰西人宜居住、宜建造之地"；"倘有中国人将佛兰西礼拜堂、坟地触犯毁坏，地方官照例严拘重惩"。12月，法国强迫清政府发布敕令，宣布不迫害忠诚信仰基督教的中国人。1845年2月2日，清政府向各省当局阐明了宽容信奉天主教的新政策，并且宣布，自康熙以来一些旧的天主教堂如果仍然继续存在而又没有被挪作他用，则归还给当地教徒所有。至此，康熙皇帝及其继承人所制定的一系列禁教令名存实亡，来华天主教传教士的人数开始有了显著增加，仅1843年至1857年，耶稣会就新派了58名传教士来华。而新教徒则更多地选择到中国的通商口岸城市生活和工作。①

3. 取消传教限制

第二次鸦片战争后，随着中国与英国、法国、美国等列强之间《天津条约》《北京条约》等的签订，传教士的传教范围突破之前5个通商口岸城市的限制，扩大到可以在中国全境自由传教；而且中国各级官员对传教士还有"矜恤保护"的义务。如中英《天津条约》第八款规定："耶稣圣教暨天主教原系为善之道，待人知己。自后凡有传授习学者，一体保护，其安分无过，中国官毫不得刻待禁阻。"中美《天津条约》亦有对传教习教之人"不可欺侮凌虐"的规定。1860年的中法《北京条约》第六款更是赤裸裸地提出："应如道光二十六年正月二十五日上谕，即晓示天下黎民，任各处军民人等传习天主教、会合讲道、建堂礼拜，且将滥行查拿者，予以应得处分。又将前谋害奉天主教者之时所充之天主堂、学堂、茔坟、田土、房廊等件应赔还，交法国驻扎京师之钦差大臣，转交该处奉教之人。"法国孟振生主教和德拉玛神父还私自在中文文本的条约中加进了"并任法国

① ［美］费振清、刘广京编，中国社会科学院历史研究所编译室译.剑桥中国晚清史（1800—1911年）（上卷）［M］.北京：中国社会科学出版社，1985：535.

传教士在各省租买田地，建造自便”这段文字，羸弱的清政府只好一并予以承认。[①] 此外，传教士们还可以在中国租买土地，建造房屋。如中英《天津条约》第十二款规定：“英国民人，在各口并各地方意欲租地盖屋，设立栈房、礼拜堂、医院、坟茔，均按民价照给，公平定议，不得互相勒措。”第十五款更有“英国属民相涉案件，不论人、产，皆归英官查办”之规定。至此，传教士获得了在华公开、自由传教的特权。作为补救，清政府打补丁式地出台了《通行传教谕单并咨行教民犯案办法》《商办传教条款》等限制传教的规定。从两次鸦片战争中吸取教训，举办洋务的一批洋务派官僚和知识分子决定区别对待传教士，在禁止其传教的同时，发挥其在西学尤其是科技方面的知识优势和语言特长，聘用他们在洋务派创办的京师同文馆、江南制造局翻译馆等机构翻译出版科技类和外语类书籍，或者教习外语。

（二）来华传教士从事出版活动的目的

马克思曾经说过：“火药、指南针、印刷术——这是预告资产阶级社会到来的三大发明。火药把骑士阶层炸得粉碎，指南针打开了世界市场并建立了殖民地，而印刷术则变成新教的工具，总的来说变成科学复兴的手段，变成对精神发展创造必要前提的最强大的杠杆。”[②]

来华传教士从事出版活动的目的主要有两个方面。

1. 向外国人介绍中国文化

中国历史悠久，有着深厚的文化底蕴和丰富的自然资源。晚清时期，西方列强为了实现资本扩张，掠夺其他国家的资源，争夺原料和市场，不断寻找侵略目标，富庶的中国成为其疯狂实施侵略的对象。这其中，传教士扮演了不光彩的角色。为了让外国人更加了解中国，传教士们不仅自己刻苦学习中国文化，而且还通过出版活动，向西人介绍中国文化。

比如 1814 年，英国东印度公司专门为马礼逊成立了澳门印刷所，并配备专业印刷工和活字铸刻工以及新式印刷机等，目的是出版马礼逊编写的《汉英词典》，以使外国人能够学会中文，为此耗时将近 10 年（1814—1823），耗资亦甚巨。1824 年，马礼逊还编写出版了《中国历

---

① 辽宁大学历史系中国近代史教研室.中国近代史资料选编（上）[C].沈阳：辽宁大学历史系中国近代史教研室，1981：213.

② 马克思.机器、自然力和科学的应用[M].北京：人民出版社，1978：67.

史——父子问答集》(*China, Dialogues between a Father and his Chidren Concerning the History and Present State of that Country*),目的是"为学生编写一本有关中国历史的小书,因为目前英国学校的教科书几乎都没有谈到中国历史"①。之后,马礼逊又编写出版了《关于中国与广州》(1823)。其助手米怜则有英译《上谕:康熙与雍正》(1817)出版,麦都思编有《中国:国家与风景》(1838),郭实腊编有《中国史纲》(1834)、《开放的中国》(1838),等等。

再比如1846年6月于香港成立的英华书院印刷所聘请中国知识分子王韬和留学生出身的黄胜协助传教士理雅格翻译《中国经典》(*The Chinese Classies*,包括《论语》《孟子》《大学》《中庸》等分册)丛书。这项工作从1847年开始,到1871年结束,历时15年,贯穿了英华书院印刷所的始终,后来这套丛书在英国伦敦出版。理雅格翻译出版的另一套中国儒家经典著作是《东方圣书》系列丛书(1876),同样成为西人了解中国优秀传统文化的重要译著。

为了方便西人学习中国的语言和文字,传教士们还编写出版了中国语言文字方面的书籍,如马士曼的《中国言法》(1814),马礼逊的《中文语法》(1815)、《中文会话与断句》(1816)、《汉英字典》(1823)、《广东省土话字汇》(1828),麦都思的《福建土话字典》(1832)、《中、朝、日语对照》(1835)等。其中耗时最长、耗资最巨、影响也最大的是马礼逊的《汉英字典》。

来华传教士编辑(译)出版的引介中国文化的书籍,"客观上促进了中国文化的西传,有利于中西文化的交流"。②

2."改造"中国人

当时的来华传教士普遍认为,中国人孤陋寡闻而又盲目自大,这是他们闭关锁国的根本原因。为了达到在思想上"改造"中国人的目的,"传教士们来华之后即开始从事旨在打开中国门户的文化活动,他们声称要把'近代发明和发现的最丰硕果实'和西方各种知识传播给中国人,以

① [英]艾莉莎·马礼逊编,杨慧玲等译.马礼逊回忆录(下)[M].郑州:大象出版社,2019:507.
② 熊月之.西学东渐与晚清社会(修订版)[M].北京:中国人民大学出版社,2011:73.

'知识之炮'轰开中国紧闭的国门"①。他们认为:"应充分使用印刷品,如此传播知识,较诸传教士更为广泛。如此,可以深透入国王或统治者的王宫,学者的书房,穷人的木屋。更何况在有些地区,外国传教士根本就不受欢迎。如此传布知识,较诸言词更具长期性,较诸传统方式更加切实。"②"还有一个办法,一个更迅速的办法,这就是出版书报的办法","出刊杂志和书籍,在该项杂志和书籍内,不但传播基督福音,同时也传播一些现代科学和哲学"。③

道光十四年(1834)11月29日,在广州的外国传教士与外国商人、领事等联合组织成立了中国益智会(The Society for the Diffusion of Useful Knowledge in China),由美国传教士裨治文、普鲁士传教士郭实腊任中文秘书。成立中国益智会的目的是"希望藉着和平的手段","以智慧作为炮火",促使中国在商业、西方文化或基督教信仰等方面全方位对外开放,通过出版和推广中文书刊,让中国人不仅可以接触到"现代的发现和发明所产生的最丰富的果实",还可以认识西方国家的历史和国情。在鸦片战争爆发前,中国益智会已出版了7种刊物。中国益智会还在新加坡设立坚夏书院,出版中西书刊,同时承办郭实腊主编的杂志《东西洋考每月统记传》。

由于在中国直接传教收效甚微,1887年11月1日,韦廉臣在上海创立旨在传播西方文化的出版发行机构同文书会。1894年,同文书会易名为"广学会"。韦廉臣在所起草的《同文书会发起书》中表示:

> 本会的目的归纳起来可有两条:一为供应比较高档的书籍给中国更有才智的阶层阅读;而为供应附有彩色图片的书籍给中国人家庭阅读。我们希望本会的出版物不会干预任何一个圣经会或圣书公会、或学校教科书委员会、或任何其他私立出版单位的出版物。……为此,我们的目标是面向公众,包括知识界和商界,在我们向他们提供真科学的同时,要努力使之具有吸引

---

① 王立新.美国传教士与晚清中国现代化——近代基督新教传教士在华社会文化和教育活动研究[M].天津:天津人民出版社,1997:291.

② 转引自唐惠虎、朱英.武汉近代新闻史(上下卷)[M].武汉:武汉出版社,2012:120.

③ 中国近代现代出版史编辑组.中国近代现代出版史学术讨论会文集[M].北京:中国书籍出版社,1990:154.

力，以达到他们目前能看得懂的程度。

很早以来中国人最大的特征就是注重学问以及他们对之所树立的荣誉。他们的英雄人物不是武士，甚至也不是政治家，而是学者。……每一个观察家一踏上他们的国土就会感触到这些特征，并且导致凡欲影响这个帝国的人必定要利用出版物。……这般士大夫们充斥在帝国各地而且受到高度的尊敬，事实上他们乃是这个帝国的真正的灵魂，并实际地统治着中国。这就很明显，如果我们要影响整个中国，就必须从他们处着手。①

韦廉臣去世后，其继任者李提摩太在调研中国上层社会中同文书会的潜在读者数量后，提出要把这些潜在读者“作为我们的学生，我们将把有关对中国最重要的知识系统地教育他们，直到教他们懂得有必要为他们的苦难的国家采用更好的方法时为止”。② 1897年，在《广学会年报》上，传教士们重申他们从事出版活动的目的和根本原因：

科学没有宗教会导致人的自私和道德败坏；而宗教没有科学也常常会导致人的心胸狭窄和迷信。真正的科学和真正的宗教是互不排斥的，他们像一对孪生子——从天堂来的两个天使，充满光明、生命和欢乐来祝福人类。我会（广学会）就是宗教和科学这两者的代表，用我们的出版物来向中国人宣扬，两者互不排斥，而是相辅相成的。③

在中国政府被迫给予来华传教士传教自由后，来华传教士对自己的出版活动做出了相应的调整：在洋务运动之前，宗教出版物的比重最大；洋务运动之后，引介新学新知、传播现代文明的书籍占据主导地位。

二、来华传教士的出版活动为中国近代出版提供了丰富的现代性内容

（一）来华传教士出版活动综述

晚清时期，闭关锁国的清政府发布了多项禁止西人在华传教的圣谕，

① 顾长声.传教士与近代中国[M].上海：上海人民出版社，2013：132-133.

② 顾长声.传教士与近代中国[M].上海：上海人民出版社，2013：134.

③ 熊月之.上海通史 第6卷 晚清文化[M].上海：上海人民出版社，1999：460.

但是严苛的禁教令并没有能够阻挡传教士们东进的步伐，自马礼逊之后，来华西方传教士不绝如缕。这些传教士在近代中国转型的过程中担当了相当重要的角色，而他们因传教而起的出版活动则为中国近代出版提供了丰富的现代性内容。

第一次鸦片战争之前，鉴于在华公开传教受到中国政府的限制甚至禁止，传教士们便辗转在中国的广州、澳门，以及邻近中国的南洋地区如马六甲、巴达维亚（今印度尼西亚首都雅加达）、新加坡、曼谷等地公开或秘密传教，印刷出版宗教读物和少量的世俗读物也是他们传教的一个手段。比如在抵达广州后的第二年春天（1808），马礼逊给朋友S先生写信说，他编纂出版汉英词典的目的是为了"《圣经》的翻译，也为了给我生前或者死后的后继者清除障碍"①。同年10月14日，马礼逊在日记中表示自己已经彻底放弃了进入中国内陆地区的希望，他决定最多留在中国政府划定给传教士的活动区域，在那里学习汉语并且印刷书籍。

为了达到通过出版活动传教的目的，来华传教士们不仅出版宗教读物，还出版世俗读物，包括科技、人文、政治等相关读物。据统计，1811—1842年，来华传教士共出版中文书籍和刊物147种，其中有34种的内容是引介世界历史、地理、政治、经济等方面知识的，如《美理哥合省国志略》《贸易通志》《察世俗每月统记传》（*Chinese Monthly Magazine*）、《东西洋考每月统记传》（*Eastern Western Monthly Magazine*）等。

第一次鸦片战争结束之后，通过《南京条约》《天津条约》等一系列不平等条约，传教士们获得了在通商口岸城市传教和建教堂的权利。随之而来的是，其所创办的印刷所纷纷从中国境外迁至中国的上海（墨海书馆、美华书馆）、澳门（华英校书房）、宁波（华花圣经书房）、香港（英华书院印刷所）等城市，不仅出版宗教书籍，还出版世俗读物。

第二次鸦片战争结束后，清政府对西人传教活动弛禁，"在中国现场的传教士，比较能感受到再度在对外战争中挫败的中国人渴求天下新知的心理"②，这样的感知很快在其出版活动中有了反应——来华传教士们的出版活动更为活跃，出版品种和内容均有较大拓展。而且，自1860年

① ［英］艾莉莎·马礼逊编，杨慧玲等译.马礼逊回忆录（上）［M］.郑州：大象出版社，2019：147.

② 苏精.铸以代刻：十九世纪中文印刷变局［M］.北京：中华书局，2018：406.

起，来华传教士已由自己单方面从事出版活动扩大为，不仅自己出版印刷书刊，还受中国政府的洋务派所聘，为洋务机构译书和编辑出版西学书籍。

1860 年，传教士在中国出版报刊 32 种，比 1840 年鸦片战争前增加了 1 倍；1890 年出版报刊 76 种，比 1860 年又增加近 1.4 倍；从 19 世纪 40 年代到 19 世纪 90 年代将近半个世纪的时间里，外国人先后在中国创办中外文报刊多达 170 余种，约占当时中国全国报刊总数的 95%，这其中就有相当数量的报刊是来华传教士创办的。① 到清朝末年，来华传教士设立的编译与出版机构约有 60 家。

从绝对数字来看，这样的数据可谓微不足道，但是来华传教士出版的新学新知类书籍对于闭关锁国的近代中国而言，无疑是散发着理性魅力的一束光亮，对近代中国人"开眼看世界"起到了启蒙的作用，并成为中国近代民族出版的重要内容来源。

（二）来华传教士的出版活动为中国近代出版提供了丰富的现代性内容

第一次鸦片战争以中国战败告终，中国被迫与列强签订了一系列丧权辱国的条约，这给了国人很大的刺激，以林则徐、魏源、徐继畬、梁廷枏等为代表的一批先进知识分子开始将眼光转向"外面的世界"。在经世致用思想的主导下，林则徐、魏源等人编（译）出版了一批"开眼看世界"的图书，目的是通过引介西方国家的政治、经济、地理、科学、文化等来"师夷长技以制夷"。其中最具价值和意义的有林则徐组织编译的《四洲志》、魏源辑录的《海国图志》、徐继畬编著的《瀛寰志略》和梁廷枏编著的《海国四说》。而这四部经典名作并非林则徐等人的原创，其中有相当分量的内容编译或征引自西人书刊，以下就"开眼看世界"的四种经典书目之关键性内容来源分述之。

1.《四洲志》

林则徐被认为是中国"开眼看世界"第一人。1839 年，林则徐到广州主持禁烟后，就"日日使人刺探西事"，"设法了解夷情，并组织人员编译西方书刊。新闻、历史、地理、经济、法律、军事、科技、文化、对华评论等，

① 张树栋、庞多益、郑如斯等.中华印刷通史[M].北京：印刷工业出版社，1999：462-463.

均在其搜求编译之列"①。作为这一系列编译活动的成果之一,《四洲志》主要由林则徐的幕僚依据英国人慕瑞(Hugh Murray)所著《世界地理大全》(*The Encyclopaedia of Geography*)编译而成,林则徐亦对译稿做了润色和编辑。这本书还借鉴并征引了《察世俗每月统记传》《东西洋考每月统记传》《中国丛报》等报刊中的相关内容,这几份报刊均系广州、澳门及南洋等地的外国传教士所办,他们分别是英国伦敦会传教士马礼逊、米怜,普鲁士传教士郭实腊,美国公理会传教士裨治文(Elijah C. Bridgman)。《四洲志》简明扼要地叙述了世界上除中国以外5大洲30多个国家的地理、历史和政情,是近代中国第一部相对完整、比较系统的世界地理志书。

2.《海国图志》

《海国图志》成书于道光二十二年(1842),初为50卷,经过两次增补,至咸丰二年(1852)已扩充为100卷,是中国近代第一部系统研究外国史地的巨著,张之洞称此书为中国知西政之始。魏源在该书卷首的"原叙"中说明了它的材料来源:"《海国图志》何所据?一据前两广总督林尚书所译西夷之四洲志,再据历代史志及明以来岛志及近日夷图夷语,钩稽贯串,创榛辟莽。"其中的"夷图夷语"主要有《地球图说》《平安通书》《外国史略》《美理哥国志略》等。《美理哥国志略》系美国传教士裨治文所著,魏源在编辑《海国图志》时,因为特别欣赏美理哥合省国(今译作"美利坚合众国",即美国)的政治制度,惊叹于"墨利加北洲以部落代君长,其章程可垂奕世而无弊",于是几乎将《美理哥国志略》全文照录辑入了《海国图志》。除了裨治文的《美理哥国志略》之外,魏源还从《地球图说》《东西洋考每月统记传》等书刊中征引了若干资料。如《海国图志》中的《论中国茶叶》一文,是林则徐命人从《澳门月报》(*The Chinese Repository*)第八卷第三期译得,《澳门月报》的主编是美国公理会传教士裨治文和卫三畏(Samuel Wells Williams)。

据近代史学者王立新统计,《海国图志》从《地球图说》中征引多达30段,从《东西洋考每月统记传》中征引亦有19段之多;《海国图志》卷100"地球天文合论五"全部辑自《平安通书》。② 而美国长老会传教士麦

---

① 侯杰、赵天鹭.变法图强——近代的挑战与革新[M].南京:江苏人民出版社,2017:22.

② 王立新.美国传教士与晚清中国现代化——近代基督新教传教士在华社会文化和教育活动研究[M].天津:天津人民出版社,1997:316-318.

嘉缔(Divie Bethune McCartee,1820—1900)在华花圣经书房出版的《平安通书》亦是《海国图志》的重要内容来源,魏源从中征引多达11段。著名学者熊月之更是对其所引西人著作做了梳理,统计出《海国图志》主要征引的西人著作有艾儒略的《职方外纪》、南怀仁的《坤舆图说》、毕方济的《灵言蠡勺》、蒋友仁的《地球全图》、祎理哲的《地球图说》等15种。其中征引《地球图说》34处,《贸易通志》14处,《外国史略》60处,等等①。

3.《瀛寰志略》

《瀛寰志略》是徐继畬在福建布政使任上编撰而成。这本书中的不少内容也取自西人,徐继畬在"自序"中记述了该书的一部分资料来源:

> 道光癸卯,因公驻厦门,晤米利坚人雅裨理,西国多闻之士也,能作闽语,携有地图册子,绘刻极细,苦不识其字,钩摹十余幅,就雅裨理询译之,粗知各国之名,然匆卒不能详也。明年再至厦门,郡司马霍君蓉生购得地图二册,一大二尺余,一尺许,较雅裨理册子尤为详密,并觅得泰西人汉字杂书数种,余复搜求得若干种,其书俚不文,淹雅者不能入目。余则荟萃采择,得片纸亦存录勿弃,每晤泰西人,辄披册子考证之,于域外诸国地形时势,稍稍得其涯略,乃依图立说,采诸书之可信者,衍之为篇,久之积成卷帙。②

徐继畬在《瀛寰志略·凡例》中坦承:该书中的"泰西诸国疆域、形势、沿革、物产、时事,皆取之泰西人杂书,有刻本有钞本,并月报、新闻纸之类,约数十种,其文理大半俚俗不通,而事实则多有可据,诸说间有不同,择其近是者从之,亦有晤泰西人时得之口述者,凑合而敷衍成文,期于成片段而已"③。徐继畬所晤的"泰西人"有美国传教士雅裨理(David Abeel,1804—1846)、甘明(Dr. William Henry Cumming)等人。雅裨理于1830年2月抵达广州,1842年2月转至厦门传教。其与徐继畬第一次晤面是在1844年1月,彼时雅裨理的身份是英国驻厦门领事记里布的译员。在之后的交往中,雅裨理赠给徐继畬一些西方宗教书籍和世界地理

① 熊月之.西学东渐与晚清社会(修订版)[M].北京:中国人民大学出版社,2011:201-204.
② 徐继畬.瀛寰志略[M].上海:上海书店出版社,2001:6.
③ 徐继畬.瀛寰志略[M].上海:上海书店出版社,2001:8.

书籍，包括地图册等。1838 年、1844 年和 1861 年，美国传教士裨治文分别在新加坡、中国香港和上海用中文出版了介绍美国地理与历史的《美理哥合省国志略》《亚墨理格合众国志略》和《大美联邦志略》，其中《大美联邦志略》（通称《联邦志略》）最为详尽，是前两个版本的补充和扩展，而前两种图书则是徐继畬《瀛寰志略》的重要资料来源。《瀛寰志略》中关于瑞士地理知识方面的内容则来自另一位美国传教士甘明。医学博士出身的甘明于 1842 年 6 月 7 日抵达厦门鼓浪屿，在雅裨理的寓所开了一家诊所。在《瀛寰志略》“瑞士国”一章中，徐继畬根据甘明提供的资料对瑞士的地理位置、山川河流、重大历史事件等做了较为详细的记述，并做了简短的评论：“花旗人甘明者尝游其地，极言其山水奇秀、风俗之淳古。惜乎！远在荒裔，无由渐以礼乐、车书之雅化耳。”①

4.《海国四说》

梁廷枏的《海国四说》包括“耶稣教难入中国说”“合省国说”“粤道贡国说”“兰仑偶说”等四个部分。其中，《合省国说》于 1844 年出版，是中国人系统编写的第一部美国通志。梁廷枏“尝试着独立编写美国史，不是汇编、而是裁剪资料，试图以时间为经、事实为纬，融会贯通，开创了近代中国人自己编写外国通史的先例”②。该书的材料主要来源于裨治文的《美理哥国志略》第二版——《亚美利格合省国志略》，而且在全书的内容安排上，《合省国说》基本与《美理哥国志略》所述内容及先后顺序相同。③ 道光二十四年（1844）秋，梁廷枏在《合省国说》的“序”中记述了创作缘起：

> 予奉纂《粤海关志》，分载贡市诸国。而在广东海防书局，亦曾采集海外旧闻，凡岛屿强弱，古今分合之由，详著于篇。独米利坚立国未久，前贤实缺纪载，案牍所存，又多系市易禁令，间有得于通事行商所口述者，亦苦纷杂，难为条绪，欲专著一篇不可得，则仍置之。两年忧居，耳不复闻夷事。有以其国人新编

---

① 徐继畬.瀛寰志略[M].上海：上海书店出版社，2001：161.

② 李栋.鸦片战争前后英美法知识在中国的输入与影响[M].北京：中国政法大学出版社，2013：174.

③ 王立新.美国传教士与晚清中国现代化——近代基督新教传教士在华社会文化和教育活动研究[M].天津：天津人民出版社，1997：320.

《合省志略》册子见示者，盖初习汉文而未悉著述体例者之所为。因合以前日书局旧所采记，稍加考订，荟萃成帙，略如《五国故事》、《吴越备史》，而详复有加焉。仍其今称，题曰《合省国说》，用广异闻而备外纪。[1]

此外，《合省国说》还征引了《东西洋考每月统记传》道光甲午年(1834)二月本中的《列国地方总论》、三月本中的《金银论》。

《兰仑偶说》("兰仑"即英国伦敦，代指英国)成书于道光二十五年(1845)，是梁廷枏从其所著《英吉利国记》一书扩充而来，而《英吉利国记》的材料来源则有鸦片战争前西人编译的各类报刊，如郭实腊的《东西洋考每月统记传》、裨治文的《美理哥合省国志略》，以及林则徐组织编译的《四洲志》中有关英国情况的记述，主要反映了从元初到 1838 年不列颠岛的政治沿革以及英国的政治、经济、文化、教育、外交等方面的情况，也有殖民和发动鸦片战争等方面的内容。

以上述四种经典读物为代表的"开眼看世界"出版物的问世给国人带来了其他国家政治、经济、地理、历史、文化、教育、科技等诸多方面的知识，也为国人打开了了解国际社会的一扇窗，近代中国的思想解放由此始。

除了政治、史地等现代性内容的出版物之外，传教士们印刷出版的医学类图书也成为中国近代出版的内容来源之一。如伦敦布道会派遣来华的传道医生合信(Benjamin Hobson，1816—1873)所撰《全体新论》一书于 1851 年由墨海书馆出版，第二年，这本生理卫生方面的普及性图书即被广东番禺的潘世成辑录入其所刻印的《海山仙馆丛书》中，两广总督叶名琛还曾经"取《全体新论》图，分列八幅刊于两广督署，并翻刻全书，广为传播"。[2]

西方来华传教士出版的图书并非只有上述所列数种，其中有不少图书内容成为近代中国民族出版的重要素材，并对中国近代社会转型产生了重要影响。

① 梁廷枏著，骆驿、刘骁校点.海国四说[M].北京：中华书局，1993：51-52.
② 汪家熔.中国出版通史·清代卷(下)[M].北京：中国书籍出版社，2008：140.

三、来华传教士的出版活动为中国近代出版转型做了技术的准备

（一）研发金属中文活字铸刻技术

前文已述，英国传教士马礼逊在澳门印刷所与汤姆斯研发出了金属中文活字铸刻技术，并铸刻出20万个大小中文活字。这一技术革新的直接影响是，汤姆斯从英国带来的新式印刷机可以用于印刷中文读物或者中英文混排读物，中文读物的印刷技术实现了由手工刷印向机器印刷的飞跃。

之后，以马礼逊、汤姆斯的中文活字铸刻技术为基础，传教士们继续利用在华创办的出版机构进行研发和革新。1825年，马礼逊回英国小住时期的学生戴尔（Samuel Dyer，1804—1843）受马礼逊的影响，对中文活字铸刻技术产生了浓厚的兴趣。1827年，戴尔正式成为牧师到东方来传教。1926年，戴尔统计马礼逊所译中文《圣经》后发现，中文《圣经》总计使用了大约3600个字。1828年年初，戴尔开始尝试铸刻中文活字。他先请槟榔屿的中文老师写好中文字，然后送到马六甲由刻工上版刻字，刻好送回槟榔屿校对之后，再送到伦敦铸版，把铸版逐字锯开后就得到了活字。自1932年起，戴尔又开始统计我国"四书"、《三国演义》等14种经典著作中汉字的使用情况，发现这14种中文典籍总共使用了3232个不同的汉字，其中常用汉字大约有1200个。据此，戴尔推算出如果铸造出13000~14000个汉字，基本就可以满足日常书刊的印刷需要。① 于是他放弃了原先的铸版造字法，转而回归欧洲传统的"字范—字模—活字"的铸字法，即先打造阳文钢质字范，再翻铸成阴文铜质字模，然后铸出铅合金活字。到1835年，戴尔已经铸造出4副中文活字。但是这些活字都比较大，印书成本相应地也就偏高。不过为了表示对戴尔的支持，一直看好活字印刷的巴达维亚印刷所负责人、印刷工出身的传教士麦都思率先订制了戴尔所铸的一副活字。

1834年，法国巴黎铸字工李格昂（Marcellin Legrand）在汉学家包铁（Pierre Guillaume Pauthier）的教导和帮助下，对中文活字铸刻做了较大的改进：先铸刻出汉字偏旁部首活字，然后将其按需拼合成单字，这一方法

① 胡国祥.传教士与近代活字印刷的引入[J].华中师范大学学报（人文社会科学版），2008(3)：84-89.

适用于可以按照偏旁部首拆解的汉字，而对无法拆解的单字，则逐字铸刻，这样不仅方便了运输和携带，更减省了原来对可能用到的汉字均予以逐字铸刻的工作量，只需要铸刻 4200 余个活字，就可以组合成 3 万个中文活字，这个数量基本可以满足一般读物的排印需要。① 这一技术革新的缺点是大多数汉字都是用偏旁部首活字拼合而成，其大小、部首的上下位置等必然不如原字整齐、匀称和美观。李格昂的这一铸字法引起了美国长老会传教部通讯秘书、外国传教部负责人娄睿（Walter Lowrie，1784—1868）和巴达维亚印刷所负责人麦都思的关注。娄睿以 4218.75 元的价格预订了李格昂的整副活字字模。1843 年 10 月，这副字模被专业印工柯理从纽约带到美国长老会设在澳门的华英校书房，之后又搬迁至宁波华花圣经书房、上海美华书馆。在这三所前后相继的印刷机构里，从这副字模里铸出的活字印出了为数众多的各类读物。

麦都思还曾经专程去巴黎检视李格昂的拼合法活字，因其有失美观和整饬，麦都思没有采用，转而要求戴尔铸造出比李格昂的拼合版活字更小的活字，以降低印书成本、提升竞争力。伦敦会理事会则要求戴尔铸造出大小两副活字。

1843 年 8 月，戴尔与新加坡布道站的施敦力兄弟（Alexsander Stronach and John Stronach）共铸出大字 1549 个、小字 300 余个。10 月 24 日戴尔去世后，施敦力兄弟接力，继续铸造中文活字。1846 年，按照戴尔的方法铸出的大小中文活字字范已经有 3891 个。当年 6 月，这些活字均由亚历山大·施敦力移交给在香港新成立的英华书院印刷所。经柯理、黄木、黄胜等的续力，到 1857 年，已经积累至大小两副计 5584 个活字字模。“这两套以中国书法为蓝本的活字，以其形体之美而广受时人的称赞，不仅负责美部会广州布道站印刷所的卫三畏（Samuel Wells Williams）屡次称道，就连正在使用巴黎活字的美国长老会宁波布道站的传教士蓝亨利（Henry V.Rankin）也不禁为之赞叹。”②

无论是李格昂的拼合法还是戴尔的字模铸活字法，都比较费时费力，李格昂的拼合法还有失美观整饬，直到 1858 年美国长老会传教士姜别利

① 苏精.铸以代刻：十九世纪中文印刷变局［M］.北京：中华书局，2018：94.

② 吴永贵.中西相遇：西式中文活字的技术社会史考察［J］.中国出版史研究，2019（1）：23-26.

(William Gamble)来华主持宁波华花圣经书房,中文活字的生产方式才在工时和美观度上有了大的改进。

姜别利对中国近代出版的贡献是发明了电镀造字法和元宝排字架。电镀造字法的具体步骤是,先用黄杨木刻出阳文,排版后用蜡版打出阴文字样,将蜡版阴文字样涂上石墨,放入置有铜片的电池中导电,蜡版字样的表面即被电镀成金属阳文,将之嵌入条状黄铜壳子中即为阴文字模。姜别利发明的这一电镀造字法省工省时,平均每个字模的制作成本只需8分钱。同样制作5000个不同的字,巴黎李格昂的拼合铸字法成本在2500元以上,而用姜别利的电镀法造字只需400元,为前者的六分之一不到。由于电镀法聘用的写工和刻工都是中国人,因此字形的美观度也为拼合法铸字所不及。"这项技术无疑是制造中文活字的一项革命性新发明",之后宁波华花圣经书房的后继者美华书馆能够在竞争中占据优势并发展成为上海最具代表性的新式中文印刷和出版机构,姜别利的这一发明起了很大的作用。①

姜别利根据中文字的出现频率,将之分成常用、备用和罕用三大类,又设计出了元宝排字架,在木架的正面安置常用、备用铅字,两旁则安置罕用铅字,每类字依据《康熙字典》部首检字法排列,这一发明使得排版取字的速度至少比原来快3倍,大大提高了工效。

综上,从19世纪初马礼逊的铸刻造字法到19世纪中叶姜别利的电镀造字法,外国传教士对金属中文活字的生产做出了重要贡献,金属中文活字的廉价、快速、批量生产使以机器印刷为特征的新式印刷技术在近代中国得以落地生根。

(二)引进新式印刷设备和技术

1. 石印机及石印技术的引进

1798年,德国人A.逊纳菲尔德(Aloys Senefelder,1771—1834)发明了石印技术。这是一种"以石板为版材,将图文直接用脂肪性物质书写、描绘在石板之上,或通过照相、转写纸、转写墨等方法,将图文间接转印于石版之上,进行印刷的工艺技术"②。随着资本主义的蓬勃发展,石印技术

---

① 苏精.铸以代刻:十九世纪中文印刷变局[M].北京:中华书局,2018:371-372.

② 张树栋、庞多益、郑如斯等.中华印刷通史[M].北京:印刷工业出版社,1999:444.

很快就在欧美印刷出版界普及开来。最早将石印技术引入中国的是传教士马礼逊。1824—1826年，马礼逊返回英国住了一段时间。其间，他接触到了石印技术，并购置一台石印机，用它印出了其所著《中国杂记》一书。1826年5月1日，马礼逊带着这台石印机回到中国广州。他在日记中记录了对石印机的尝试过程：

> 我们正在尝试石印。木匠耽误了我们很多时间；不过几天内，我希望可以告诉你我们尝试成功。儒汉是负责人，阿佐绘画。我本想用来试印重要的文章，但我有点害怕，因此我们先试山水画。①

1832年9月，普鲁士传教士郭实腊在中国北方散发的《圣经》单张传单，即由马礼逊英式印刷所的印工屈亚昂用石印机印制而成。但是马礼逊对中文活字印刷技术的关注度远甚于对石印技术的兴趣，真正重视石印技术的是巴达维亚印刷所负责人麦都思，他将木刻、石印和活字这三种印刷技术作为巴达维亚印刷所的三驾马车，同时并行应用。

麦都思是继马礼逊之后将石印技术引入中国的第二人。1824年，为了摆脱优秀刻工难觅的困扰，麦都思决定引入石印技术。他给伦敦会写信请求理事会送一部石印机到巴达维亚。1826年年底，伦敦会给麦都思送去一部石印机。到1828年，麦都思已经掌握了石印技术，并且扩大了石印规模，雇用的石印工匠人数也在不断增加，甚至还雇用了一名德国籍石印工。麦都思于1829年采用石印技术印刷的《东西史记和合》是目前已知最早的用石版印刷的中文书籍。到1834年，巴达维亚印刷所已拥有3部石印机。到1839年，其石印部已有9名印工。据麦都思在 *China: Its States and Prospects* 一书中的记载，自1823年起的12年间，他用石印机印了30种中文书籍，其中11种是石印。② 1832年，麦都思又在广州设立印刷所，用石印术印刷中文读物。美国传教士卫三畏在1833年说："上季一个石印所开设在广州，我们高兴的知道它是成功地在运行。"1838年，麦

---

① 转引自许静波.石头记：上海近代石印书业研究（1843—1956）[M].苏州：苏州大学出版社，2014：27.

② 杨丽莹.清末民初的石印术与石印本研究：以上海地区为中心[M].上海：上海古籍出版社，2018：24.

都思在广州主编的中文月刊《各国消息》也是石印而成。这一年第九、第十期共两册《各国消息》已作为现存最早的石印中文刊物，被收藏在英国伦敦。

针对需要中英文混排的读物，为了节约成本，麦都思“发明”了活字印刷和石印综合使用的技术。具体做法是，先活字排印英文部分，中文部分留白，然后将排好的英文部分用石印油墨在石印用纸上打样，接着在先前留白的部位写上中文，再将这样的中英文混合纸样付诸石印。用这种方法引出的马礼逊《汉英词典》，售价只有澳门印刷所版《汉英词典》的八分之一，虽然不及后者美观，但是快速、廉价，而且也还算清晰。

1843 年，麦都思关闭巴达维亚印刷所，到上海创办墨海书馆（London Missionary Press），巴达维亚印刷所的石印机和石印工也随迁至上海。在墨海书馆，石印机并没有发挥太大的作用。但是，据张伟考证，咸丰年间，除麦都思以外，上海徐家汇还有其他传教士在使用木质小型石印机印刷各类中文读物。

1849 年，马礼逊的女婿、传教士兼医师合信购置一台石印机，在广州雇用陈姓华人印工从事印刷出版活动，先后出版了《天文略论》《广东方言会话》《全体新论》等书籍。这些图书书法美观、印制精良，是当时石印书籍中的上乘之作。

1874 年，法国传教士严斯愠（Stanislaus Bernier，1839—1903）在上海徐家汇设立土山湾印书馆，之前传教士们使用的石印机由土山湾印书馆接收，用于印刷宗教小册子。同年，擅长照相的法国神父翁寿祺被从徐汇堂调至土山湾印书馆，协助严神父管理印刷事务。严神父调离土山湾后，翁寿祺接掌印书馆。1875 年，土山湾印书馆开始引进珂罗版照相技术，印刷耶稣像等宗教宣传品。1876 年，翁寿祺曾经向法国订购一架大型的马里诺尼石印车。但是，土山湾留存于世的石印读物数量很少，见于文献著录的相关信息也不多，可见，当时土山湾印书馆并没有用石印技术大量印刷图书。

墨海书馆和土山湾印书馆没有大规模采用石印术印刷中文读物的根本原因主要有三个方面。第一，石印所需石印机和油墨均须从境外购入，既需远途运输，又受制于各种不定因素，不能满足大规模印刷的需要。第二，在当时的中国，只有来华传教士才拥有为数不多的几部石印机，也不能满足大规模印刷的需要。第三，雕版印刷和活字印刷大致能够满足市场需求，对大规模印刷的需求并不迫切。

石印技术传播到上海后，虽然没有被大量用于印制图书，但是已经为国人所知。上海人毛祥麟在其所著《墨余录》（1870 年首印、1874 年修订重印）“吃墨石”条中这样描述石印技术：

> 泰西有吃墨石，以水墨书字于纸，贴石上，少顷，墨字即透入石中，复以水墨刷之，则有字处沾墨，无字处不沾，印之与刊板无异也。又，西人能为极细字，在分寸间，可写千百言，以显微镜窥之，笔笔精到，宛如大字。其法，初亦用显微镜，扩小为大，写成底本；又用照画法，缩大为小，影而下之，故能穷尽毫发。兹因吃墨石而类记及此，亦一奇云。①

将石印技术引入近代中国的另一位主人公是圣公会的传教士傅兰雅（John Fryer，1839—1928）。1868 年，傅兰雅被江南制造总局翻译馆聘为科技翻译。出于对石印技术的兴趣，傅兰雅曾经与徐建寅合作翻译《石板印法》一书。遗憾的是，这本书并没有出版。1876 年 2 月 9 日，傅兰雅创办的《格致汇编》创刊号正式出版。这是一份专门介绍自然科学知识的中文月刊。《格致汇编》在早期是采用混合印刷术印刷，即其文字部分采用铅活字印刷技术，图片部分则用铜板凸印技术印刷。从 1877 年正月起，《格致汇编》逐渐采用石印技术制图和印刷，为此，傅兰雅进口了 300 多块石印石。② 在掌握了照相石印技术后，傅兰雅又将之前已经出版过的《格致汇编》用照相石印术再版。

傅兰雅不仅积极引进和应用石印技术，还借助《格致汇编》这一传播平台引介石印技术。如 1877 年十月的《格致汇编》就刊载有傅兰雅所译《石板印图法》一文，从“石板印图源流”“石板应用墨料”“辨各种石板并解石板法”“印书图纸料”“跳墨纸过石板法”等 11 个方面“翔实地介绍了石印技术的发明及操作过程”。③

① 毛祥麟撰，毕万忱点校.墨余录[M].上海：上海古籍出版社，1985：254.

② 许静波.石头记：上海近代石印书业研究（1843—1956）[M].苏州：苏州大学出版社，2014：33.

③ 许静波.石头记：上海近代石印书业研究（1843—1956）[M].苏州：苏州大学出版社，2014：35-36.

1877年,《申报》创办人、英国商人美查在上海开办点石斋石印书局,用轮转石印机印刷书刊,并刊发广告云:"本分局专办一切石印经史子集,以及中外舆图、西文书籍、名人碑帖、画谱、楹联、册页,花色齐全,价目克己。"翁寿祺的华人助手邱子昂被美查聘为石印技师。点石斋用石印术印刷各类读物获得了较大的成功。据姚公鹤《上海闲话》记载,点石斋以石印术印刷《康熙字典》,首印4万册,"不数月而售罄";第二次印刷6万册,恰逢举子北上考试路过上海,举子们动辄购买五六册,或者自用,或者赠送亲友,6万册又很快告罄。良好的市场效益不仅为点石斋赚得了名气和巨额利润,也吸引了不少商人投资石印出版业。1882年,广东商人徐润入股其从弟创办的同文书局,是为华人主持商业石印之始。[①] 同年冬,成都涤雪斋书坊老板吴绍伯经平安桥天主堂司铎杜融介绍,到上海土山湾印刷所学习照相和石印技术。半年后,购回照相机和手摇石印机各1台,并将涤雪斋搬迁至桂王桥西街恒隆当对面,照相和石印业务兼营,涤雪斋遂成为成都最早的石印书坊。其所印《四川盐法志》插图极为精美,时人赞叹不绝。[②] 在中外同行的成功示范下,采用石印技术的出版机构如雨后春笋,石印技术在中国得到了较快的传播和应用。

在印刷史的长河里,相对于雕版印刷术和铅印技术而言,石印技术是一项过渡性印刷技术,但是它对我国近代出版转型却有着重要作用。它"使西方近代机械印刷术首次成为中国印刷界的主导技术,从而打破了千余年来雕版手工印刷在中国印刷业中的独尊地位。它的兴盛,使得资本主义出版企业得以纷纷成立,在近代编辑、印刷、发行上积累了许多宝贵的经验。石印术的大规模使用使中国出版界真正进入了近代"[③]。

2. 活字印刷机及活字印刷技术的引进

在新式印刷设备和技术在中国落地生根方面,来华传教士也多有贡献。

前文已述,马礼逊来华后多次写信向伦敦会申请新式印刷机和印刷工,1814年,东印度公司派印刷工汤姆斯带着印刷机和活字若干到中国

---

① 谢欣、程美宝.画外有音:近代中国石印技术的本土化(1876—1945)[J].近代史研究,2018(4):44-64.

② 张忠.民国时期成都出版业研究[M].成都:巴蜀书社,2011:64.

③ 肖东发.中国编辑出版史[M].沈阳:辽宁教育出版社,1996:402.

澳门,租下澳门圣安东尼区(Canmpo de ST.Antonio)一处房屋成立澳门印刷所。澳门印刷所存续期间,马礼逊和汤姆斯研发出了金属中文活字铸刻法和中英文活字搭配印刷法,这两项技术革新是马礼逊对金属中文活字生产方式和中英文混排读物印刷方式的探索性贡献。

1843 年底,麦都思和伦敦传教会医药传教士雒魏林抵达上海筹办墨海书馆,其在巴达维亚印刷所的印刷机和活字也被运至上海。1844 年 4 月,墨海书馆正式开始印制图书。1845 年 12 月 20 日,麦都思和雒魏林写信给伦敦会总部,要求派送新的印刷机:

> 我们现在迫切需要一台新的印刷机。因此我们请求理事们,用利物浦到上海的第一班直达轮船,送来一台构造最好的滚筒印刷机,也就是考铂氏(Cowper's)或者那皮氏(Napier's)的双滚筒印刷机。①

次年 4 月,二人又向伦敦会申请要求给墨海书馆派送一副小活字。1847 年 4 月 6 日,已经在伦敦"泰勒与瑞德"(Tyler & Reed Co.)印刷公司学过 3 个月印刷的伟烈亚力(Alexander Wylie,1815—1887)等人携滚筒印刷机从利物浦启程来华。8 月 26 日,伟烈亚力等人与滚筒印刷机抵达上海。当年年底,滚筒印刷机即投入印刷生产。这台印刷机虽是牛力驱动,但是一天可以印出 50000 双面页,大大提高了墨海书馆的印刷产能。半年时间,墨海书馆即印了 55200 部、3383700 页出版物,远远超过了墨海书馆初创时期各年的产量。这部印刷机的启动既标志着墨海书馆进入机器生产时代,同时又是所有中文印刷出版进入机器生产时代的开端,它的意义"不仅是墨海书馆增加了一种生产力强大的新技术,也将墨海书馆的经营以及对中国人心理上的冲击和影响力,带上了一个新的时代"②。

不久,麦都思和雒魏林申请的小活字也运至上海。1851 年,这副小活字为墨海书馆印出了第一本小字本读物——《新约全书》。1854 年春,为了满足印刷机的运转需求,墨海书馆又花 1500 元购置了 1 套新的活字。③ 1855 年 10 月至 1856 年 9 月,墨海书馆的印刷总量达 3700 余万页,

① 转引自叶斌.上海墨海书馆的运作及其衰落[J].学术月刊,1999(11):91-96.

② 苏精.铸以代刻:十九世纪中文印刷变局[M].北京:中华书局,2018:170.

③ 叶斌.上海墨海书馆的运作及其衰落[J].学术月刊,1999(11):91-96.

为其历年产量的巅峰。

遗憾的是，随着麦都思的去世和印刷技术骨干伟烈亚力的离职，对印刷工作及墨海书馆的管理毫无兴趣的传教士慕维廉接手管理墨海书馆。慕维廉将墨海书馆的活字分别售与上海道台丁日昌、美华书馆的姜别利和理雅格，而曾经给墨海书馆带来过辉煌的滚筒印刷机则被运回英国。1866年，墨海书馆结束了它的使命。

1862年，为了培养外交及翻译人才，清政府于北京设立京师同文馆。1873年，京师同文馆设立印书处，拥有4套中文、罗马文铅活字及7台手摇印刷机，京师同文馆所译图书和总理事务衙门的印件均由印书处印制。1865年，美国传教士丁韪良被聘为京师同文馆总教习。其间，丁韪良推动京师同文馆建立了印刷所。在丁韪良所著《花甲忆记》一书中有关于此事的记录：

> 目前，金属活字已经得到了广泛的运用，但所有的铅活字都出自外国人生产的字模，主要是由传教士们制作的。在同文馆开办之前，北京已经有了一个属于美国公理会传教士团的印刷所，我们的试卷就是在那儿印刷的。由于大学士文祥对于活字印刷的精美和工序的简便赞不绝口，我就把上海一位传教使团印刷师姜别利(William Gamble)铸造并送给我的铅活字转赠了一把给他。这就是后来萌生出同文馆印刷所的种子，后来它专门为皇上和同文馆印刷书籍，因为早先的皇家印刷所新近失火被毁了。当我向文祥建议同文馆应该设立一个小型印刷所，以满足本馆之用时，他便嘱咐我估算一下建立这么一个印刷所所需要的经费，然后他让赫德给了我三倍于此的钱。所有的设备起初都被乱七八糟地堆放在馆内空地上的一个破棚子里，印刷所在那儿是无法开工的。当我向文祥指出这一点以后，他并没有直接给我答复。不过，一两天后，他派来了一队工匠，并带来口信，要我指挥那队工匠建造我所设想的印刷所。①

京师同文馆印刷所建成以后，同文馆所译各种书籍多由其印刷所刊

① [美]丁韪良著，沈弘、恽文捷、郝田虎译.花甲忆记(修订译本)[M].上海：学林出版社，2019：303.

印，由于京师同文馆系清政府高层官员奕䜣、文祥、桂良等所办，又直属总理各国事务衙门，因此对西学在中国上层的传播起到了积极的作用。

四、来华传教士的出版活动为中国近代出版转型培养了人才

据不完全统计，在 19 世纪之后的百余年间，基督教在中国创办的印刷机构不下 60 所，其中有些印刷机构，“譬如美华书馆、墨海书馆等，规模宏大、技术先进、设备精良，在近代早期的中国出版行业独步一时，占尽风骚”。[①] 天主教在中国建立的近代出版机构不少于 20 所，如上海土山湾印书馆、北京遣使会印书馆等。俄国的东正教传教士在北京的罗刹庙北馆也有印刷所。这些具有现代意义的出版机构不仅为中国近代出版转型培养了活字铸造工、印刷工，更为近代中国培养了出版经营人才。

（一）为中国近代出版培养了新的印刷技术人才

1. 活字铸造工

要实现机器印刷，首先必须有与机器印刷相适应的金属中文活字。在探索金属中文活字生产技术的过程中，外国传教士为中国近代出版培养了不少活字铸刻工。

近代中国最早的金属中文活字铸刻工出自马礼逊所办印刷所。直到 1815 年前，马礼逊出版图书都是采用中国传统的雕版制版和印刷。为了出版马礼逊的汉英词典，英国东印度公司专门在澳门成立了印刷所，并派了印刷工汤姆斯前来协助。基于中英文活字材质差异导致的印刷质量问题，马礼逊与汤姆斯经过摸索，决定采用字模浇铸法铸刻与汤姆斯带来的英文活字同一材质的金属中文活字。之后，澳门印刷所铸刻了 20 万个金属中文活字，用于印刷马礼逊的汉英词典；并用此法为马礼逊设在马六甲的英华书院印刷所铸刻了 6000 个中文活字，之后又增至 9000 余个。1826 年，返回英国住了两年的马礼逊回到中国。这时的他对待中文活字的态度有了极大的转变，他开始大力倡导和探索用西法铸造中文活字，并于 1832 年 9 月在位于澳门的家中创办了马礼逊英式印刷所。从澳门印刷所到马礼逊英式印刷所，再到英华书院印刷所、墨海书馆、华英校书房、华花圣经书房、美华书馆，马礼逊等来华传教士为中国培养出了与新式印刷技术相适应的中文活字铸刻工。

① 张树栋、庞多益、郑如斯等.中华印刷通史［M］.北京：印刷工业出版社，1999：463.

为了铸刻金属中文活字，澳门印刷所雇有华人铸刻工。出版史学教授苏精在《铸以代刻：十九世纪中文印刷变局》一书中有这样的记载："澳门印刷所为制造中文活字而雇用的工匠中，除了华人以外，也包含有葡人与印度的孟加拉人，而且这些工匠的雇用还牵扯到中国政府的干预，以及华人、葡人、孟加拉人之间的制衡关系。"1817 年 2 月 10 日，香山县丞"派二十四名差役持刀棍闯入印刷所，汤姆斯抵抗时受伤，华人工匠趁乱逃逸，有些中文活字、印刷品与刀叉衣服等被强行带走"，这一事件甚至惊动了两广总督蒋攸铦。事后所有华人工匠全部离职。受此事影响，到 1821 年，澳门印刷所有 7 名排版工，其中只有 1 名是华人。

1833 年 10 月 10 日，马礼逊在致福音小册公会书记的信中说："我们现在有望找到中国人以合适的价格铸造中文活字。戴尔先生在槟榔屿找到了一位会刻字模的中国人，我儿子儒翰也在广州找到了几个人，他们刻得比槟榔屿更便宜。"①

1846 年 6 月 6 日，英华书院印刷所在香港成立。在从新加坡搬迁至香港时，英华书院印刷所的 5 名工匠中至少有 3 人随行，其中有 2 人是华人——亚超（A Chau）和黄木，亚超的工作是把字范翻铸成字模，而黄木的工作则是铸字。到 1852 年初，印刷所已有刻字工 2 人、字模兼铸字工 1 人。1862 年 10 月王韬参观英华书院时，见到的工匠"大略不下七八人"。苏精教授根据英华书院 1868 年收支账目中的工资金额推估，彼时英华书院印刷所的工匠已发展至 10 名左右。英华书院印刷所培养出的中国刻字工和铸字工以优良的铸刻字技术赢得了专业印刷工柯理的夸赞。如柯理曾经这样评价一位中国籍字模兼铸字工："他的能力高强，在中国没有人能做的和他一样好的铸字工作，技术可以信赖，也不需要再教他什么了。"②

2. 新式印刷工

外国传教士来华后主持印刷所，除了从境外引进外籍专业印刷工之外，还把新式印刷技术传授给中国籍工匠，客观上为近代中国培养出了掌握新式印刷技术的工匠，这一点可以从外国传教士的相关文献中找到史

① ［英］艾莉莎·马礼逊编，杨慧玲等译．马礼逊回忆录（下）［M］．郑州：大象出版社，2019：664．
② 苏精．铸以代刻：十九世纪中文印刷变局［M］．北京：中华书局，2018：233．

料依据。

马礼逊在日记及与他人的书信里时常提及中国籍印工，如梁亚发、亚朗等人。这些工匠辗转于中国和南洋的马六甲、新加坡，专职印刷中英文读物。1820 年 11 月 3 日，米怜在给马礼逊的信中写道：“我单独指导两名中国人已经有一段时间了，他们快要成为基督徒了，其中一个是亚黄（Ahung），他就是和我一起去爪哇的印刷工。”[①]英国圣经公会委员会海外事务助理秘书荣伯格在 1821 年 1 月 26 日写给马礼逊的信中也提到中国印刷工。[②] 1823 年 11 月 10 日，马礼逊在写给伦敦会司库和书记的信中提到了他比较信任的中国印刷工梁亚发：“在广州由于印刷基督教书籍被搜捕，因此他留在马六甲印完中文《圣经》。他现在已经回到中国，与家人在一起。”[③]1830 年 2 月下旬，马礼逊给 40 岁的中国信徒屈亚昂（Kew A-Gang）施洗。屈亚昂入教后被马礼逊雇用，跟随梁亚发学习印刷技术，并以最大的热情从事印刷工作。根据马礼逊日记和书信，至迟在 1832 年，马礼逊将石印技术传授给了屈亚昂。

1834 年 2 月 6 日，健康状况每日愈下的马礼逊在日记中又提到英华书院印刷所的印刷工亚超（Achaou）在春节的时候给他拜年，并表达了祝福。临去世前的 7 月 27 日，马礼逊还在广州给老少天主教徒做了中文礼拜，这其中也有印刷工。

1837 年 12 月 9 日，北美长老会两名传教士自纽约启程来华，印刷出版也成为其传教的主要手段。具体主持中文印刷出版工作的是美国传教士娄睿（Walter Lowrie）。1844 年 2 月 19 日，掌握了中文活字铸造技术的美国印刷工柯理带着华人印工谢玉、印刷机和活字抵达中国香港，同月 23 日抵达中国澳门。6 月，华英校书房正式投入运营。这时，校书房有排版工 2 人——谢玉（Chea Geck）、阿辉（A Hue），压印工 2 人——阿素（Asut）、阿阔（Akow），这 4 人均为中国人。[④] 到 11 月底又增加了两名中国籍压印工。这 6 名工匠的印刷技术均习自柯理。由于谢玉有在美国学过印刷技术的经历，印刷技术和英文水平都明显高于其他工匠，柯理支付

① ［英］艾莉莎·马礼逊编，杨慧玲等译.马礼逊回忆录（下）［M］.郑州：大象出版社，2019：403.

② ［英］艾莉莎·马礼逊编，杨慧玲等译.马礼逊回忆录（下）［M］.郑州：大象出版社，2019：426.

③ ［英］艾莉莎·马礼逊编，杨慧玲等译.马礼逊回忆录（下）［M］.郑州：大象出版社，2019：497.

④ 苏精 .铸以代刻：十九世纪中文印刷变局［M］.北京：中华书局，2018：310.

给他的工资相当于3名普通工匠工资的总和。柯理曾在1844年9月17日写给娄睿的信中述及自己教授中国工匠印刷技术的情况:

> 当我应允负责印刷所时,我是承担了一项我自觉资格不足的责任,也相当程度地预期会面临困难。……我们既无法雇到至少懂得使用活字和印刷机压印原理的人手,只能雇用全然不知这些方法的成人或少年,并教会他们相关的每一件事……我既无法告诉他们或向他们解释一件事该如何做,我只有每件事都亲自动手一遍又一遍地做,直到他们学会为止,此外别无他法可达到教导他们的目的。接着,在他们初期的尝试中,我得花费比前一阶段更多的心力和时间去改正他们所做的。这需要不小的耐心与毅力,我相信您会理解这些。①

1843年12月底,麦都思携带其在巴达维亚印刷所铸刻的所有活字及石印、木刻等印刷机具,又从印刷所10名工匠中选出两名青年,抵达上海,创办墨海书馆。这两名青年印刷工大约已有4年印刷经验,是上海最早的新式印刷技术工,他们分别是巴达维亚土生华人邱天生(Kew Teen-sang,K'hew T'heen-sang)、荷兰人费斯保(William Velsberg)。到1845年10月,墨海书馆已经有木刻印工2人、中文活字排版工及英文排版工各1人、压印工3人、折纸工2人。②

1847年9月,英华书院印刷所引进了技术精湛的专业印刷工柯理,柯理在离职前为英华书院印刷所培养了李金麟等印刷技术人员。1852年年初,印刷所有排版工2人、压印工1人、装订工至少1人。柯理夸赞印刷所中国籍排版工"动作迅速而熟练,是英华书院重要的一员,总是令人非常满意";又夸赞中国籍压印工"勤奋善良",装订工们也很敬业,"通常不需要监督他们的工作"。③ 到1872年年初,英华书院印刷所转售给华人出版家黄胜和王韬等人所办的中华印务总局时,华人高管和工匠均随转至中华印务总局,成为我国近代史上第一家民族资本的印刷出版机构的专业技术员工。

---

① 苏精.铸以代刻:十九世纪中文印刷变局[M].北京:中华书局,2018:312.

② 苏精.铸以代刻:十九世纪中文印刷变局[M].北京:中华书局,2018:167.

③ 苏精.铸以代刻:十九世纪中文印刷变局[M].北京:中华书局,2018:233-234.

土山湾印书馆里走出了中国籍的印刷专业人才邱子昂、顾掌全、许康德。邱子昂是土山湾印书馆负责人、法国传教士翁寿祺的助手,后来被点石斋印书局聘为石印技师。顾掌全则转入中国图书公司负责制铜锌版。许康德于1908年进入商务印书馆负责教科书的照相制版。①

1860年年底,美国基督教北长老会将宁波的华花圣经书房迁至上海,并将之更名为美华书馆。随迁的除了印刷设备之外,还有华花圣经书房的大部分中国员工,包括后来被正式按立为牧师的宁波人鲍哲才。鲍哲才从宁波崇信义塾毕业后曾在华花圣经书房做过排字工人,被姜别利称为"我们最好的排字工"。后来鲍哲才一度还曾主持过美华书馆。在姜别利、鲍哲才等的共同努力下,美华书馆发展成当时上海设备最全、技术最新、规模最大的出版印刷机构,并成为我国优秀出版人才的摇篮。如1861年和1865年,姜别利曾经亲自培训来沪难民,使之学会了线装书装订技术、西式折纸和缝线技术、裁切和压平工艺等。1861年,姜别利从美国圣公会上海布道站的寄宿学校毕业生中雇用3名会说英文的中国少年,和他们订立5年的学艺合同,亲自教他们排印技术。第一年,这3名少年工匠的工资标准是月薪3000文钱,之后逐年提高为4500文钱、5000文钱、6000文钱,到第五年已经增加到7000文钱。学习了不到两年,这三人的手艺就已经能够应付工作需要了。②

美华书馆的西式印刷技术在当时中国处于领先地位,其工匠经过姜别利的培训指导,技术大有长进,有的工匠或者被教会调任他职,或者被其他印刷机构挖去。如1863年姜别利在给娄睿的信中提及此事道:

> 现在我要谈谈雇用工匠的大困难,我必须训练每个进美华的人,但是训练完后他们可能就离开了,我们最可靠的工匠,如果是基督徒的话,肯定会被布道站叫去当助手,哲才③是我们最好的排版工,被叫去了布道站,还有屈先生(Cü Sen Sang)本来由我训练照顾一般事务的,也被浸信会要去了。④

① 胡国祥.近代传教士出版研究[M].武汉:华中师范大学出版社,2013:149.

② 苏精.铸以代刻:十九世纪中文印刷变局[M].北京:中华书局,2018:462-463.

③ 指后来参与创办商务印书馆的鲍氏兄弟之父鲍哲才。

④ 苏精.铸以代刻:十九世纪中文印刷变局[M].北京:中华书局,2018:466.

除了被教会挖走之外，姜别利培养的工匠中有的人还被中国官办的印刷机构挖走。1869 年 3 月，姜别利在给教会的报告中反映了这一情况：

> 值得一提的是中国政府开办了一家印刷所，使用和我们一样的金属活字和电镀铜版，他们雇用来负责的那个人是美华书馆训练出来的。我希望他们会成功，虽然我觉得如果他们不是暗中来挖走我们的人，我会比较高兴些。①

除了通过出版机构培养排印工之外，传教士们还通过在校职业培训来培养排印工。1860 年 3 月，美国基督教北长老会在上海大南门外陆家浜创办清心书院（Lowrie Institute），传教士范约翰兼任院长一职。次年，又创办清心女塾（the Mary Farnham Girls' School）。这两处学校招收的学生多为躲避战乱逃至上海的难民儿童。当时，由于办学经费紧张，范约翰遂将清心书院改为半工半读的职业训练学校，学生可学习园艺或者印刷技术。不少学生在毕业后凭借良好的英语基础和印刷技术，被西人所办报馆聘为印刷工人。鲍哲才有三子三女，均在清心书院读过书，并且都曾在美华书馆工作，长子咸恩学刻字，次子咸昌学排字，三子咸亨学印刷。鲍咸恩的妻弟郁厚坤自宁波崇信书院毕业后，即跟随鲍咸恩从宁波到上海，在美华书馆学习印刷技术，后来以扎实的英文功底，在美华书馆担任英文排字工。1897 年，商务印书馆成立，鲍咸恩、鲍咸昌、郁厚坤是创始人，鲍氏兄弟并先后担任商务印书馆印刷所所长，在商务印书馆创业过程中及之后相当长时间里负责印刷技术方面的工作，不仅商务印书馆出类拔萃的印刷质量有他们的功劳，他们积极引进国外先进的印刷技术也为中国近代印刷技术向现代转型做出了重要贡献。

（二）为中国近代出版培养了新的出版经营人才

来华传教士的出版活动为民族性质的近代出版机构培养了出版经营人才，最为杰出的代表有王韬、黄胜、伍廷芳、夏瑞芳、高凤池、鲍咸昌、郭秉文等。

"新出版第一人"②王韬亦成长于墨海书馆和英华书院。王韬

① 同上.

② 汪家熔.商务印书馆史及其他——汪家熔出版史研究文集[M].中国书籍出版社，1998：296.

(1828—1897),江苏苏州人。初名利宾,后改名为瀚,因受太平天国的牵连而遭清廷通缉,改名为韬,字子潜(紫诠)。1848 年,王韬到上海看望父亲,其间在租界结识墨海书馆的麦都思。在宴请王韬后,麦都思又引导王韬“观印书车床,以牛曳之,车轴旋转如飞,云一日可印数千番,诚巧而捷矣。书楼俱以玻璃作窗牖,光明无纤翳,字架东西排列,位置悉依字典。与麦君在一处者,曰美魏茶,曰雒颉,曰幕维廉,曰艾约瑟,咸识中国语言文字”。王韬认为麦都思“以活字版机器印书,竟谓创见”①。1849—1861 年,王韬受墨海书馆之聘,从事编辑工作,主要是润色宗教读物。1867—1870 年,王韬受英华书院院长理雅各之聘,担任理雅各英译“中国丛书”的助手。因与英华书院印刷所主任黄胜相投合,1872 年年初,王韬与黄胜及粤地的陈言等人筹资共同创办了中华印务总局。次年又创办我国第一份资产阶级革命报纸《循环日报》。中华印务总局和《循环日报》都是中国人以民族资本创办而成,它们的创办标志着中国近代出版在民族化方面迈出了一大步。

美国基督教北长老会创办的清心书院和美华书馆不仅培养了鲍氏兄弟、郁厚坤这样优秀的印刷技术人才,还培养出了夏瑞芳、高凤池这样优秀的出版经营管理人才。曾任清心中学校长的薛思培曾撰文《清心中学堂二十年之历史》褒扬其为商务印书馆培养人才之众:“至于其张显隆名于绅商学界亦颇有其人,即商务印书馆之中,自总经理夏君粹芳以下,前曾在此肄业者亦有二十余人之多。”②

夏瑞芳是上海青浦人,11 岁时投奔在范约翰家做帮佣的母亲之后,在范约翰的帮助下,进入清心书院读书,其间学到了印刷技术。从清心书院毕业一年后,夏瑞芳到《文汇西报》(*The Shanghai Mercury*)做英文排字工,后来又转入颇有影响力的《字林西报》(*North China Daily News*)以及新创建的《捷报》(*The China Gazette*)报馆,并做到了排字部主任的职位。但他对近代出版的贡献远非排字工主管这么简单。由于不满捷报馆英国籍总经理兼总编辑 Mr.O’Shea 的傲慢,夏瑞芳与鲍咸恩兄弟、郁厚坤等筹资创办了商务印书馆。创业伊始,商务印书馆主营印刷业务,夏瑞芳、鲍

① 转引自熊月之.稀见上海史志资料丛书(第 7 册)[M].上海:上海书店出版社,2012:20.

② 陈学恂.中国近代教育史教学参考资料(下册)[M].北京:人民教育出版社,1988:210.

氏兄弟、郁厚坤等都亲自动手排字和印刷,鲍咸恩还兼做文字工作。

商务创办不久,夏瑞芳就开始关注利润丰厚但有风险的图书出版领域。一开始,夏瑞芳是通过"搭印"的方式增加利润,这样有利于降低成本、减小风险。包天笑曾回忆说,他在商务印1000册谭嗣同的《仁学》,商务就"搭印"了500册。① 1898年,夏瑞芳策划的《华英初阶》一书"行销极广,利市三倍"②,为商务印书馆向图书出版领域拓展赚得了第一桶金。之后,为了扩展业务,自主出书,夏瑞芳自办编译所,并聘请名人主持图书内容的生产。夏瑞芳既善于识人,更善于用人。1902年,夏瑞芳延揽张元济加盟商务,由此打开了商务通向近代中国上层知识精英和政治精英的通道。"在夏瑞芳的总调度下,商务印书馆编译业务由张元济负责,印刷由富有经验的鲍氏兄弟负责,财务则由高凤池、张桂华分掌,推销由夏瑞芳聘请的3位'老书坊里的杰出人才'——俞志贤、吕子泉、沈知方全权办理,由于有这样一个合理、可靠的管理队伍,商务印书馆业务发展很快,其营业额和利润额像涨潮的海水一般向上猛涨,在很短的时间里迅速走向辉煌"③,成为世界一流的出版机构。

高凤池与夏瑞芳一样是上海郊县人,也曾就学于清心学堂,21岁进入美华书馆工作,31岁升任华人经理,在美华工作时间长达20年。在合资创办商务印书馆时,合伙人之一的高凤池已创办了一所"亭子间式的小厂"——华英印刷所。其在美华书馆习得和积累的经营管理经验对早期商务发挥了积极作用,比如商务在创业前的"可行性研究"决策人就是高凤池。对于出版、新闻和银行以及三者的经营方向与社会进步的关系,高凤池有极深刻的理解,他认为这三者"力足以移转国家、社会的成败、兴衰,或进退"。④

值得注意的是,商务印刷馆的创办,得到了美国传教士、美华书馆经理费启鸿(George F.Fitch,1845—1923)的支持。经与费启鸿协商,商务印书馆"购置了9部简单的印刷机器,其中有三号摇架2部,脚踏架3部,自

① 汪家熔.近代出版人的文化追求[M].南宁:广西教育出版社,2003:70.

② 《商务印书馆120年大事记》编写组.商务印书馆120年大事记:1897—2017[M].北京:商务印书馆,2017:2.

③ 谢振声.鄞县鲍家、郁家与初创时的商务印书馆[J].宁波大学学报(人文科学版),2010(5):1-6.

④ 高凤池.本馆创业史.商务印书馆九十五年[M].北京:商务印书馆,1992:11.

来墨手扳架3部,手揿架1部,还购买了中西文铅字工具等”①,美华书馆共有16人跳槽至商务印书馆,费启鸿承接的不少业务也委托商务印书馆印刷②。

鲍咸昌也是一位优秀的出版经营人才。1910年,鲍咸昌接替哥哥鲍咸恩主持商务印书馆印刷所。其间,他在印刷所推行了一整套有效的管理制度,奖勤罚懒。1913年,鲍咸昌赴英、法、德、美、日等国考察学习,引进了不少新的印刷机械和印刷技术,使商务的印刷质量和印刷所规模跃升至东亚首位。1920年4月,鲍咸昌接掌商务之后,创办了香港商务印书馆印刷局,并将涵芬楼改组为东方图书馆。

在夏瑞芳、鲍氏兄弟、高凤池等的精心经营下,初创时期的商务印书馆在印刷技术、经营管理、编译图书等方面均遥遥领先于国内同行,成为当时出版行业中的佼佼者。

---

① 谢振声.鄞县鲍家、郁家与初创时的商务印书馆[J].宁波大学学报(人文科学版),2010(5):1-6.

② 薛理勇.西风落叶——海上教会机构寻踪[M].上海:同济大学出版社,2017:220.

3 第三篇 从通商口岸城市到上海租界：中国近代出版转型的孵化器

出版史学家叶再生在《现代印刷出版技术的传入与早期的基督教出版社》一文中如是说："最早的一批出版社是基督教出版社。它首先出现在澳门和南洋一带城市，然后迁移或发展到香港、广州，并从这些地方扩展到上海、福州、宁波等沿海港口城市，最后深入中国内地，并逐步向上海集中。"①确切地说，它们是向上海租界集中，并形成以上海租界为出版高地和中心、由上海租界向其他口岸城市辐射的格局。

① 中国近代现代出版史编纂组.中国近代现代出版史学术讨论会文集[M].北京：中国书籍出版社，1990：48.

通商口岸城市与中国近代出版转型

翻开晚清时期中国及其周边地区的地图，再仔细分析我国近代出版的转型进程，我们会发现，广州、澳门、香港、宁波等沿海通商口岸城市及上海租界是我国近代出版转型的孵化器。中国近代出版转型的启动在时间上以马礼逊1807年登陆广州为标志，在空间上则以广州为首站，继而由广州向澳门及中国周边的南洋一带发散，《南京条约》签订后则由南洋一带和中国澳门向中国的香港、宁波等通商口岸城市迁移，第二次鸦片战争后又向上海租界集聚，形成以上海租界为出版高地和中心、上海租界向其他口岸城市辐射的格局。

一、近代通商口岸城市的定义及分布

（一）近代通商口岸城市的定义

在鸦片战争发生以前，我国就有设立通商口岸的历史。比如唐宋时期，朝廷辟为对外通商口岸的有广州、泉州、明州（宁波）、杭州、洪州（南昌）、扬州、镇江、江宁（南京）等城市。在这些通商口岸城市，历朝历代的外国商人以尊重我国独立主权为前提，遵守我国的法律法规，自由经商、自由居住。通商口岸的设立促进了中外文化和经济的交流，也促进了我国经济和文化的发展。

而在近代中国，通商口岸即条约口岸（Treaty Port），是指“近代中国由条约规定、受西方列强控制、被迫开放的口岸”①。它是西方列强凭借不平等条约强加

① 商务部国际贸易经济合作研究院.中国对外贸易史（中卷）[M].北京：中国商务出版社，2016：3.

给中国的，是对中国进行殖民侵略的结果，其目的是利用通商口岸对华实施经济侵略。

（二）近代通商口岸城市的分布

第一次鸦片战争结束后，在英国坚船利炮的威逼下，1842 年 8 月，腐朽昏聩的清政府被迫与英国政府签订丧权辱国的《南京条约》（又名《江宁条约》）。该条约第二条规定：

> 自今以后，大皇帝恩准英国人民带同所属家眷，寄居大清沿海之广州、福州、厦门、宁波、上海等五处港口，贸易通商无碍；且大英国君主派设领事、管事等官住该五处城邑，专理商贾事宜，与各该地方官公文往来。

自此，英国殖民者以来华通商为名，入侵上述 5 处通商口岸城市，并派设领事、管事等官，在当地创办学校、医院、传播宗教等。很快，美国、法国等西方列强也援例入侵这 5 处通商口岸。

1858 年，清政府被迫与英国、法国签订《天津条约》。根据该条约，中国的潮州、琼州、台南、淡水、登州、天津、牛庄、镇江、南京、汉口、九江等 11 座城市被增辟为通商口岸。1876 年 9 月 13 日中英签订《烟台条约》，西方列强将资本扩张的触角伸向了我国内河航运，并在那里增设通商口岸。条约第三款规定：

> 所有现在通商各口岸，按前定各条约，有不应抽收洋货厘金之界，兹由威大臣议请本国，准以各口租界作为免收洋货厘金之处，俾免漫无限制；随由中国议准在于湖北宜昌、安徽芜湖、浙江温州、广东北海四处添开通商口岸，作为领事官驻扎处所。又四川重庆府可由英国派员驻寓，查看川省英商事宜。轮船未抵重庆以前，英国商民不得在彼居住，开设行栈。俟轮船上驶后，再行议办。至沿江安徽之大通、安庆，江西之湖口，湖广之武穴、陆溪口、沙市等处均系内地处所，并非通商口岸，按长江统共章程，应不准洋商私自起下货物，今议通融办法，轮船准暂停泊，上下客商货物，皆用民船起卸，仍照内地定章办理。

从 1842 年至清朝覆亡前夕的 1910 年，在不到 70 年的时间里，中国通过签订条约的形式，被迫开放或自行开放的口岸达到 81 个[①]，再加上 4 个租借地（胶州、旅顺口和大连湾、威海卫、广州湾）以及香港和澳门，中国可供外国人通商贸易的口岸有 87 个之多。这些口岸的分布“呈现由南向北、由沿海到沿江、由东部到西部递次推进的趋势”[②]。

由于得风气之先，近代通商口岸城市比非通商口岸城市具有更强的资源集聚力，这些口岸城市在新式出版机构建设、新出版人才、出版资金、出版文化资源等方面形成共振，汇聚成推动近代出版转型的合力：一方面，通商口岸城市的出版机构向当时的经济中心上海集聚，并在上海租界呈现出爆发式发展的态势；另一方面，通商口岸城市又将出版的早期现代化因素向各自的周边城镇辐射，从而推动中国近代出版的转型。

二、近代通商口岸城市的法制环境

（一）中国政府在通商口岸城市丧失司法独立性

自《南京条约》始，列强即以通商口岸城市为据点在法制上侵犯中国主权，践踏中国的立法和司法主权。由于《南京条约》除了割让香港、战争赔款、五口通商等条款较为具体之外，还有不少内容只是原则性规定，还需要加以细化和补充，1942 年 9 月 1 日，也就是《南京条约》签订后的第三天，为了防治英军重燃战火，清廷钦差大臣耆英、伊里布和两江总督牛鉴联名向英国璞鼎查发布照会，要求就《南京条约》中未尽事项继续交涉。在照会第八条，对法律愚昧无知的耆英等主动提出“此后中英民人交涉事件，由各自国家分别处理”，并在照会后解释：今后如有中英民人纠纷，“曲在内地商民，由地方官究治，曲在英人，由领事官究治”。这就将中国对在华英人的审判权从中国司法体系中割裂出去，中方司法权遭到了严重损害。9 月 5 日，璞鼎查复照耆英等人：“完全同意英方接管在华英人的司法审判权”；“中英混合案件由中国地方官和英国管事官‘会同查办’”；“遇有重案，英人交其本国总管审判，华民交内地大官究惩”；“英人和定居香港的华人由英方管辖，暂住港岛的华民和往来香港的华商仍由中国管辖”。[③] 清廷对耆英等的相关奏报没有表示异议。9 月 20 日，耆英等在《详议善后事宜章程折》中向道光皇帝呈递《江南善后章

---

① 朱振.中国口岸开放的政治经济学分析［M］.北京：中国经济出版社，2016：150－154.

② 王文泉、刘天路.中国近代史（1840—1949）［M］.北京：高等教育出版社，2001：22.

③ 姚远.上海租界与租界法权［M］.上海：上海三联书店，2016：5－6.

程》,该章程规定:"英国商民既在各口通商,难保无与内地居民人(等)交涉狱讼之事,应即明定章程,英商归英国自理,华民由中国讯究,俾免衅端。他国夷商,仍不得援引为例";"内地奸民犯法,应行究办,若投入英国货船兵船,必须送出交官,不可庇匿"。①《江南善后章程》以法律文书的形式确立了列强的在华领事裁判权。

1843年7月22日签订的中英《五口通商章程》更加详细具体地规定了领事裁判权的内涵:

> 英人华民交涉词讼一款,凡英商禀告华民者,必先赴管事官处投禀,候管事官查察谁是谁非,勉力劝息,使不成讼。间有华民赴英官处控告英人者,管事官均应听诉,一例劝息,免致小事酿成大案。其英商欲投禀大宪,均应由管事投递,禀内倘有不合之语,管事官即驳斥另换,不为代递。……其英人如何科罪,由英国议定章程、法律发给管事官照办。华民如何科罪,应治以中国之法。均应照前在江南原定善后条款办理。②

1843年10月8日,中英订立《五口通商附粘善后条款》。该条约第七条规定:

> 允准英人携眷赴广州、福州、厦门、宁波、上海五港口居住,不相欺侮,不加拘制。但中华地方官必须与英国管事官各就地方民情,议定于何地方,用何房屋或基地,系准英人租赁;其租价必照五港口之现在所值高低为准,务求平允,华民不许勒索,英商不许强租。英国管事官每年以英人或建屋若干间,或租屋若干所,通报地方官,转报立案。

该条款比《南京条约》更为详细,允许英国人在条约口岸城市租地建屋和租赁房屋。

该条约第九条又规定:

> 倘有不法华民,因犯法逃在香港,或潜住英国官船、货船避匿者,一经英官查出,即应交与华官按法处治;倘华官或探闻在

① 郭卫东.《江南善后章程》及相关问题[J].历史研究,1995(1):136-144.

② 姚远.上海租界与租界法权[M].上海:上海三联书店,2016:6-7.

先，或查出形迹可疑，而英官尚未查出，则华官当为照会英官，以便访查严拿，若已经罪人供认，或查有证据知其人实系犯罪逃匿者，英官必即交出，断无异言。其英国水手、兵丁或别项英人，不论本国、属国，黑、白之类，无论何故，倘有逃至中国地方藏匿者，华官亦必严行捉拿监禁，交给近地英官收办，均不可庇护隐匿，有乖和好。

1844年4月，英政府颁布枢密院令，要求英驻华领事实施领事裁判权。至此，英国成为在华建立这一特权的第一个西方国家。

1844年7月13日，中美订立《望厦条约》，美国获得领事裁判权，并对领事裁判权做了更为明确具体的规定，如：对于美国人与其他国家人士的贸易争讼，按照各自所属国家之间订立的条约处理，中国官员不得过问；取消中国地方官对美国人的捉拿权。之后，从中法《望厦条约》《黄埔条约》（1844年10月24日）、中俄《伊宁条约》（1851年8月6日）、中俄《天津条约》（1858年6月13日）、中美《天津条约》、中英《天津条约》（1858年6月18日）、中法《天津条约》（1858年6月27日）直到中日《马关条约》（1895年4月17日）、1901年清政府与英、法、美、德、意、奥、西等11国签订《辛丑条约》，列强以所谓条约为"依据"，利用"永租""永让"等方式及凭借强权夺占，大肆侵夺我国土地所有权，在我国领土上建立起独立于中国统治权力以外的行政、警察与司法机构，并驻扎"租借"国的正规军队和其他武装，从而加深了近代中国殖民地化的程度。如果外国人在中国的国土上犯了罪，中国政府不能依照中国的法律进行处置，而是交由列强在华设置的领事进行审理。

领事裁判权使得中国政府失去了对涉外事务的司法权，怀着中国政府不至于轻易破坏和约的心理预期，来通商口岸从事贸易和传教活动的外国人渐渐多了起来。

（二）通商口岸城市的出版法制环境

1. 双轨的出版管理

"在中国漫长的封建主义社会里，文化专制是统治阶级管理文化事业的基本手段，为了巩固自己的统治，当政者对已不利的言论、报刊、图书等都采取严禁的政策。实施这种政策时没有什么客观标准，完全凭当政者的好恶随意处置。”①

“古无报纸专律也,惟律例尔。”②与前朝历代类似,在 1906 年 7 月之前,清朝并没有制定专门的出版法,也没有相应的司法程序,对于出版的各种管理主要根据《大清律》相关条款、中央政府所颁上谕、地方政府公文等来实施。清顺治四年(1647)所颁《大清律》“造妖书妖言”条规定:“凡造谶纬妖书妖言,及传用惑众者,皆斩。……若(他人造传)私有妖书隐藏不送官者,杖一百,徒三年。”直到 1906 年 7 月之前,中国政府对国人的出版管理都是以这一条为主要法律依据。

鸦片战争爆发之前,清王朝禁止外国人在华从事出版活动。第一次鸦片战争结束之后,中英《南京条约》第二条规定:“自今以后,大皇帝恩准英国人民带同所属家眷,寄居大清沿海之广州、福州、厦门、宁波、上海等五处港口,贸易通商无碍;且大英国君主派设领事、管事等官住该五处城邑,专理商贾事宜,与各该地方官公文往来;令英人按照下条开叙之列,清楚交纳货税、钞饷等费”,英国传教士可进入广州、上海等口岸城市居住。列强通过一系列不平等条约获得的领事裁判权标志着中国政府的完整法权被侵夺,在当时的通商口岸城市实际上形成了对国人和外国人(包括传教士)的双轨法制环境:凡不牵涉外国的诉讼案件,均按照中国法律处置;没有与中国缔约的国家,其人民与中国人发生诉讼,适用中国法律,并由中国政府处置;凡是缔约国人与中国人发生诉讼,无论是刑事案件还是民事案件,均适用缔约国人所属国家的法律,由其所属缔约国的法庭来审理——晚清政府失去了对外侨(包括来华传教士)的法律管辖和制裁权,列强在通商口岸城市的“治外法权使传教士不受中国法律的管辖,而传教士之在内地工作尽管仍然不合法,但也没有多大危险了”③。在这样的背景下,虽然没有明文允许,通商口岸城市的外侨(包括来华传教士)实际上已经拥有了超越中国政府出版管理的新闻出版自由。

① 马光仁.中国近代新闻法制史[M].上海:上海社会科学院出版社,2007:8.

② 宋原放主编,汪家熔辑注.中国出版史料·近代部分·补卷(上册)[M].武汉:湖北教育出版社,2011:3.

③ [美]费正清,刘广京编,中国社会科学院历史研究所编译室译.剑桥中国晚清史(1800—1911)(上卷)[M].北京:中国社会科学出版社,1985:534.

2. 迁到中国去：外侨专享新闻出版自由的直接成果

外侨（包括来华传教士）在通商口岸城市专享新闻出版自由带来的客观结果是，传教士们很快将在中国周边地区如巴达维亚、新加坡创办的西式印刷所搬迁至中国的上海、香港等地。

“在东南亚各地建立布道站与印刷所，原是传教士无法进入中国的不得已之计，因此，当鸦片战争双方胜负已定，中国开放五口通商”，英国伦敦会传教士戴尔、合信、麦都思、美魏茶、施敦力·亚历山大、施敦力·约翰等 7 人便于 1843 年 8 月在中国香港开会，会议决定结束原有布道站的工作，在香港、厦门、福州、宁波或上海（二者选其一）设立印刷所。① 8 月 16 日，戴尔在给妻子谭马莉的信中写道：

> 从 10 日开始，我们每天开会，我们已讨论许多事；而且因为我是大会书记，我有很多事要处理。
>
> 我们未来的工场是福州（Fuh-chow，也就是我们一向所称的 Hok-chiu）。这是我们的选择，也是弟兄们同意的。施敦力亚历山大先生与杨先生，将前往厦门；麦都思、美魏茶与雒魏林，将前往上海〔或宁波〕；理雅各与合信，将留在香港。
>
> 新加坡印刷所与设备将随我们迁往福州，称为伦敦会福州印刷所，槟城印刷所则迁来香港，称为伦敦会香港印刷所，巴达维亚印刷所则迁上海或宁波，称为伦敦会上海或宁波印刷所。②

会议决议还明确“授权上海、宁波、福州等地方委员会，能以建造、购置或改变建筑，作为印刷所、书店之用”。这次会议后不久，由于戴尔的猝死，伦敦会不得不取消在福州建立布道站和印刷所的计划。实际上，在这一年的 6 月，巴达维亚印刷所创办人、英国伦敦会传教士麦都思就已经着手把巴达维亚印刷所的设备搬迁至刚开埠的上海。1843 年 12 月底，麦都思以出售巴达维亚布道站换得的 2571 元西班牙币，从巴达维亚印刷所搬迁至上海的 1 台哥伦比亚手动印刷机、全部活字和大量图书，以及他从巴达维亚印刷所挑选出的两名年轻印刷工匠为基础，在上海县城东门外创办了墨海书馆。19 世纪 40—50 年代，墨海书馆是最具规模的在华

---

① 苏精.铸以代刻：十九世纪中文印刷变局［M］.北京：中华书局，2018：155.

② 张陈一萍、戴绍曾.虽至于死：台约尔传［M］.桂林：广西师范大学出版社，2015：229-230.

传教印刷所①,其先进的印刷技术和设备以及经营对当时中国的出版业起到了示范和引领作用。

香港于 1841 年被清政府割让给英国,很快这里便成为欧美传教士的“根据地”。1844 年初,按照伦敦会的工作计划,理雅各和合信在香港中环购置土地建立香港布道站。1846 年 6 月 6 日,传教士亚历山大·施敦力按照伦敦会的指示,在香港布道站创办英华书院印刷所。英华书院印刷所的设备多承继自传教士在中国周边地区所设印刷所。1 台手动印刷机是马六甲印刷所的创办人米怜从印度购买的,大小两副中文活字的字范、字模和活字及铸字设备和工匠是戴尔“先后在槟榔屿、马六甲和新加坡的辛苦累积,他过世后又由施敦力兄弟接手两年多的成果”。② 后来英华书院印刷所发展成为当时中国金属中文活字最主要的生产和供应机构,并于 1873 年年初被中国人黄胜和王韬等人集资购得。黄胜等人在其基础上成立了中国近代第一家民族资本性质的新式出版机构——中华印务总局。

搬迁到中国的新式出版机构虽然不多,却好比星火,以所在通商口岸城市为基地,向其他通商口岸城市辐射,最终形成燎原之势,从多个方面共同推动中国近代出版的转型。

三、近代通商口岸城市是新出版的孵化器

纵观近代中国的通商口岸城市,它们中的大多数是位于沿海或沿江的港口城市,这一独特的区位优势使得这些城市成为近代中国与西方文明连接的关键点。而且“中国太大了,士大夫们墨守成规、思想闭塞,对外界情况麻木不仁”③,因而西方文明的影响一开始只是局限在广州、澳门这两处通商口岸。五口通商后,西学东渐的潮水由通商五口涌入。随着西学东渐的时代大潮,新的出版因素不断被引入中国并影响中国近代出版的转型进程。

由于近代出版转型的起点时间与中国近代史的起点时间不重叠,为了更准确地呈现通商口岸城市对于近代出版转型的意义,特将这段时期

① 苏精.铸以代刻:十九世纪中文印刷变局[M].北京:中华书局,2018:163.

② 苏精.铸以代刻:十九世纪中文印刷变局[M].北京:中华书局,2018:215.

③ [美]费正清著,张沛、张源、顾思兼译.中国:传统与变迁[M].长春:吉林出版集团有限责任公司,2013:249.

分成三个时间段来分别予以阐述:第一次鸦片战争前、从《南京条约》签订到第二次鸦片战争结束、第二次鸦片战争结束后。

(一)第一次鸦片战争前

在中英订立《南京条约》之前,中国有两处通商口岸,一处是中国政府指定的唯一开放口岸——广州,另一处是被葡萄牙非法取得居住权而实际上开放的岛城——澳门。凭借区位优势,它们成为来华传教士创办新式出版机构、引介新式印刷技术和出版内容最早的"根据地",也是中国近代出版转型的起点城市。

1. 广州

(1)广州的区位特色

在近代中国所有沿海城市中,广州有着独特的区位优势——中国政府唯一指定的通商口岸。鸦片战争爆发之前,清政府禁止西人在华传教并实行严格的对外贸易限制政策。1759年,两广总督李侍尧颁布《防范外夷章程》。该章程规定:外国人只能在规定的时间(每年的五月至九、十月间)在规定的唯一地点——广州进行贸易,期满必须离去;外国人在广州只能住在公行设置的"夷馆"内,由行商负责管束稽查;外商在华只能雇用翻译和买办,中国人不得向外国人借贷资本;外商不得雇人向内地传递信件;等等。① 根据该章程,"欧洲人、美国人、日本人和俄罗斯人被明确限制在特定的范围内——首先是广州"②。随着中外贸易在广州的日益频繁,来广州进行贸易和秘密传教的人士开始增多,广州于是成为晚清时期西学传入中国大陆的第一突破口,中国近代出版转型即由广州开始启动。据熊月之先生统计,1811年至1842年,来华基督教传教士共在广州出版中文书刊11种。③

(2)广州与中国近代出版转型

揭开中国近代出版转型序幕的英国传教士马礼逊也是将广州作为来华传教的首选目的地,并于1807年9月7日抵达广州,在英国东印度公司的庇护下,以美国人、该公司中文秘书和翻译的身份从事秘密传教及出

① 吕厚轩.中国近现代外交史[M].济南:山东大学出版社,2015:20.

② [法]弗朗索瓦·吉普鲁著,龚华燕、龙雪飞译.亚洲的地中海:13—21世纪中国、日本、东南亚商埠与贸易圈[M].广州:新世纪出版社,2014:156.

③ 熊月之.西学东渐与晚清社会(修订版)[M].北京:中国人民大学出版社,2011:74.

版活动。1810 年,也是在广州,马礼逊出版了他的第一部中文图书——完全按照中国人的阅读习惯和审美心理印制的 1000 册《耶稣救世使徒行传真本》。之后,马礼逊又翻译出版了《神道论赎救世总说真本》(1811)、《圣路加氏传福音书》(1811)、《问答浅注耶稣教法》(1811)、《使徒书信》(1812)。1814 年 3 月和 6 月,马礼逊先后印刷出版了《古代如氏亚国历代略传》《养心神诗》。

马礼逊在广州的出版活动,就印刷技术而言,仍处于木刻雕版印刷阶段;就出版内容而言,虽然图书品种非常有限,而且以宗教读物为主,但是已经有了现代性的内容,如在《古代如氏亚国历代略传》中,马礼逊写到了创世记、大洪水,以色列的后代来到埃及、离开埃及等重大历史事件。

由于清政府严禁刻印传教士的书籍,广州的“中国官员经常给外国人找麻烦,他们事先不予任何通知就进入家中查看”①,马礼逊在广州的出版活动只能在“最秘密最小心而且不易被追踪到自己”的情况下进行。为了“翻译并出版一部高质量的中文新约(以及旧约)《圣经》”,完成这件“世界上最令人期待的事情”②,马礼逊决定离开广州,以免受中国政府官员的“干扰”。

这一时期,在广州从事出版活动的西人并非只有马礼逊等人。1834 年 11 月 29 日,英、美两国部分传教士和商人在广州成立了翻译出版机构益智会。该会的宗旨是:“在力所能及的范围内,以一切手段和廉价的方式,介绍适于中华帝国现状和条件的有用知识,用中文编写简明易懂的文章,予以印刷出版。”③益智会出版的书刊并不多,其出版的代表性读物有郭实腊所编《古今万国纲鉴》(1838)、《万国地理全集》,裨治文所编《美利坚合省国志略》(1838)、节译《伊索寓言》、中英文版《广东方言撮要》(1841,在广州编写,于澳门印行),梁发协助美国公理会杜里时翻译的《新加坡栽种会敬告中国务农之人》(1873);1833 年发刊的《东西洋考每月统记传》也于 1837 年改由益智会印行。其中,《美利坚合省国志略》《东西洋考每月统记传》不仅是当时国人了解世界的重要参考,更是后来林则徐、魏源等人“睁眼看世界”出版活动重要的资料来源,在近代出版

---

① [英]艾莉莎·马礼逊编,杨慧玲等译.马礼逊回忆录(上)[M].郑州:大象出版社,2019:165.

② [英]艾莉莎·马礼逊编,杨慧玲等译.马礼逊回忆录(上)[M].郑州:大象出版社,2019:174.

③ 转引自梁碧莹.近代中美文化交流研究[M].广州:中山大学出版社,2009:313.

的内容转型方面意义重大。

鸦片战争爆发前夕,国人也开始通过出版书刊引介西方文明。1839年,林则徐以钦差大臣的身份在广州禁烟,与西人多有接触,他深感中国必须多了解世界,于是招募袁德辉、梁进德等受过英文教育的华侨,以及通晓中文的西方传教士收集、翻译了一批西人著作,具体主要有根据英国人慕瑞所著《世界地理大全》编译的《四洲志》,英国僧侣地尔洼(A.S. Thelwall)所著《对华鸦片贸易罪过论》(*The Iniquities of the Opium Trade with China*),瑞士法学家滑达尔(Emerich de Vattel,今译作瓦泰尔)所著《万国律例》(*Law of Nations*),以英国人唐宁(Charles Toogood Downing)所著《番鬼在中国》(*The Fan-Qui in China, in* 1836-7)为底本翻译而成的《华事夷言》①。这些图书后来成为魏源编撰《海国图志》的重要素材,并对中国近代思想史产生了重要影响。

除了对出版内容转型的贡献之外,作为近代出版转型的起点城市,广州在印刷技术方面对中国近代出版转型也有所贡献。

石印技术是中国出版由近代向现代转型过程中的过渡性印刷技术,它被引入广州出版业是因为受到近邻城市澳门的辐射。1831 年,美国海外传教会在广州成立了印刷所。受马礼逊等人在澳门运用石印机印制传教单张的触动,美国传教士裨治文敦促美国海外传教会购置石印机,以更有效地传教。1832 年 10 月,美国海外传教会运送一台石印机到广州,供裨治文印刷传教之用,广州因此成为近代中国大陆地区第一个引入石印技术的城市。1832 年,麦都思也在广州设立了采用石印技术的印刷所。1838 年,中国第一份石印版中文报刊《各国消息》即在这家印刷所诞生。1833 年 10 月,英国商人马地臣(J.W. Matheson,1796—1878)购置一台石印机放在停靠在广州附近洋面的海船上,并雇用一名技术熟练的孟加拉国印工操作,马儒翰和屈亚昂曾对其提供技术帮助。1834 年 1 月,受澳门天主教的排挤,马礼逊将石印机搬至广州。5 月,马礼逊父子采用石印技术为美国商人印制了可能是船货单之类的商业档。这是马礼逊父子在广州最后一次使用石印技术生产印刷品。

---

① 苏精.林则徐看见的世界:《澳门新闻纸》原文与译文[M].桂林:广西师范大学出版社,2017:491.

第一次鸦片战争爆发之前，作为中国大陆地区唯一的通商口岸城市，广州承担着西学东渐门户的功能，这也使它成为外侨在中国大陆地区创办新式出版机构、引介新的出版内容和印刷技术的基地。第一次鸦片战争结束后，广州成为传教士向其他通商口岸城市输入新的出版内容和印刷技术的桥头堡，并很快被新兴的通商口岸城市上海和宁波取代。

2. 澳门

(1) 澳门的区位特色

澳门成为中国近代出版转型的起点城市与其独特的历史和地理位置有关。自明代嘉靖十四年(1535)起，澳门就是“大西洋人贸易根据地”①。1557年，葡萄牙以向清政府“租借”澳门的方式获得在澳门的居住权。“由于澳门的特殊地位，以及葡萄牙的特殊宗教背景”，在葡萄牙人的经营下，澳门“逐渐成为西方宗教、技术、文化在东方的汇聚地，基督教传教士则是穿梭其中的最主要和最活跃的角色”②。

明末清初，澳门对当时的中西文化交流发挥了重要作用，以利玛窦为代表的天主教耶稣会传教士以澳门为始发点，展开了西学东渐活动。到19世纪初，澳门依然是一座对传教士和外国商人有着强烈吸引力的口岸城市，并且依旧是西方传教士来华的首要落脚点。1807—1842年，由于基督教传教士“在华尚无传教权”，因此，“尽管天主教当局对他们不友善，澳门仍然成为他们居住或事工暂时落脚的所在”。③ 除了上述原因外，澳门还是清政府统治尤其是出版管理比较薄弱的地区，因此，传教士们更倾向于选择澳门作为在中国出版传教的根据地。据熊月之先生统计，1811年至1833年，来华基督教传教士在澳门出版的中文书刊总数为0(广州为11种)，1834年至1842年则增加到7种(广州减少为0种)。

(2) 澳门与中国近代出版转型

在中国出版史上，澳门是最早引入西式印刷机的地方。1588年8月11日，因日本禁教，日本“天正少年使节团”带着从欧洲订购的一部西式活字印刷机滞留澳门。10月，基督教传教士范礼安利用这部印刷机成立了澳门第一个西式印刷所。1765年7月，华籍耶稣会神父杨执德

---

① 侯厚培.中国国际贸易小史[M].上海:商务印书馆,1929:74.

② 冯震宇.明末西方传华火器技术研究[M].太原:山西经济出版社, 2016:54.

③ 张陈一萍、戴绍曾.虽至于死:台约尔传[M].桂林:广西师范大学出版社, 2015:223.

(Etienne Laforest)和高仁(Aloys Kao)将1台西式印刷机从法国里昂带到中国澳门。18世纪末到19世纪初,澳门天主教圣若瑟修道院也购入一台西式印刷机。不过,这3台西式印刷机印刷的都是外文读物。在中国,第一个采用西式印刷机印刷中文读物的是英国伦敦会传教士马礼逊。马礼逊创办的澳门印刷所"对于引介西方印刷术来华,促进澳门乃至整个中国出版业的现代化都起到重要的推动作用"①。

经过4年多的筹划,马礼逊于1814年转至澳门继续翻译出版工作。实际上澳门对于马礼逊而言并不陌生,1807年9月,马礼逊在抵达广州前就曾经在澳门有过短暂的停靠,彼时他的朋友、东印度公司驻广东商馆译员乔治·托马斯·斯当东爵士和查默斯先生(Mr.Chalmers)也在澳门。

马礼逊是带着出版大型工具书《汉英词典》的使命来到澳门的。鉴于通晓中文对于英国人而言非常重要,而中文学习又相对困难,并且缺乏工具书,应马礼逊的多次申请,在东印度公司驻广东商馆主席益花臣的大力支持下,东印度公司决定资助马礼逊出版其所编《汉英词典》。1814年9月1日,汤姆斯受东印度公司派遣,带着1台印刷机、若干英文活字和其他印刷所材料抵达澳门,与马礼逊一起创办澳门印刷所。由于中文木活字与金属英文活字材质不同,同页排印的质量非常不理想,马礼逊建议用中英文金属活字同页排印,而彼时尚无符合要求的金属中文活字,在得到广州商馆和澳门印刷所管理者斯当东的同意后,马礼逊便和汤姆斯在澳门印刷所开始了金属中文活字铸刻技术的创新和尝试,并研发出了由制造铸模到浇铸金属小柱体再到人工逐字雕制的金属中文活字铸刻技术,中国近代印刷技术的新芽由此萌发。

在铸刻出一套金属中文活字后,1815年2月,澳门印刷所出版了马礼逊译自嘉庆皇帝上谕的《中文原本翻译》(*Translations from the Original Chinese*)、德庇时(John F.Davis)所译李渔小说《三与楼》(*San-Yu-Low*),这是澳门印刷所最早的两部出版物。从1815年2月起,马礼逊的《汉英词典》(共3卷)开始印刷出版第一卷(名为"字典"),1822年出版了第二卷(名为"五车韵府"),1823年出版了第三卷(名为"英汉字典")。《汉英词典》从第一卷开印到第三卷正式出版,历时8年之久,这是中国出版史上

① 谭树林.英国东印度公司与澳门[M].广州:广东人民出版社,2010:162.

第一本汉英字典，为后来编写语言类工具书提供了重要参考。《汉英词典》更是“中国最早的用铅活字机械化印刷的出版物，标志着凸版机械化印刷术传入中国”①。

澳门印刷所的出版活动一直延续到 1834 年东印度公司对华贸易垄断权终结，历时长达 20 年，它是中国近代出版史上第一个具有现代意义的中文出版机构。澳门印刷所铸刻的金属中文活字除了用于印刷马礼逊的《汉英词典》之外，还用于印刷其他世俗书刊。据统计，1815—1834 年，澳门印刷所共出版了 22 种图书和代印书刊，主要是为中西文化交流服务，如《中文原本翻译》《中国大观》(*A View of China for Philological Purposes Containing A Sketch of Chinese Chronology, Geography, Government, Religion & Customs Designed for the Use of Persons Who Study the Chinese Language*)、《英国文语凡例传》(*A Grammar of the English Language: for the Use of the Anglo-Chinese College*)、《广州杂录》(*The Canton Miscellany*)等。②

在澳门印刷所完成印刷《汉英词典》的使命关闭之后，闲置的金属中文活字还曾被美国传教士卫三畏借去印刷麦都思编著的《闽南语字典》。第一次鸦片战争结束后，英国驻华公使兼香港总督璞鼎查将这批活字赠与设在广州的美国海外传教委员会印刷所。遗憾的是，1856 年，在广州动乱中，这批活字毁于十三行大火。

澳门印刷所的创办及其出版活动较大地推动了澳门出版业的发展。因为根据 1737 年葡萄牙政府颁布的禁止葡萄牙海外属地出版法令及 1768 年葡萄牙政府开始实施的新闻审查制度，除了葡萄牙本土之外，包括澳门在内的葡萄牙人居留地一律不得有出版活动。所以，可以说澳门印刷所是在突破澳葡当局印刷禁令的情况下创办的。受此影响，澳门圣若瑟修院多次向葡萄牙国王若奥六世申请出版许可。1820 年，葡萄牙政府终于解除出版禁令，澳门的出版业由此进入了新的时期，出现了一些新式出版机构，如 1832 年 11 月马礼逊在澳门家中创办的马礼逊英式印刷所、1835 年 12 月由广州迁至澳门的美部会澳门印刷所。1833 年，中国总

① 谭树林.英国东印度公司与澳门[M].广州：广东人民出版社，2010：191.

② 谭树林.英国东印度公司与澳门[M].广州：广东人民出版社，2010：347-352.

共有 5 家英文报社，其中有两家就设在澳门。①

澳门还是西方石印技术被引入中国的首站城市。1826 年 9 月，马礼逊带着自购的一部石印机从英国回到中国澳门，这标志着石印技术被引介到中国。当年 11 月 14 日，马礼逊之子马儒翰尝试用石印机印出了一幅山水画，并印刷了一些传教单张。1829 年 12 月，东印度公司运了一部石印机到澳门，这部石印机比马礼逊的那部还要精良。1830 年，马儒翰回到澳门，继续用石印机印制宗教传单。也是在澳门，中国刻工屈亚昂跟从马礼逊父子学得了石印技术，并将石印传教单张携往各地散发。由于澳门天主教对马礼逊的出版传教活动非常不满，在广州担任翻译的马儒翰往来于广州和澳门也多有不便，1834 年 1 月，马礼逊将石印机搬至广州，马礼逊父子在澳门的石印出版活动宣告结束。

虽然石印技术在我国出版的历史长河中只有短短 100 余年的生命期，但是它的操作简便易行，制版也比较简单，在铅活字印刷技术普及之前，它一度曾经取代传统的雕版印刷技术，成为当时中国最主要的印刷方式。由澳门始发，半个世纪后，石印技术在中国多点开花并走向兴盛，它在客观上促进了中国近代民族资本出版机构的纷纷建立，并使近代出版人在编辑、印刷、发行上积累了许多宝贵的经验，这也是澳门作为通商口岸城市对中国近代出版转型所做的贡献。

（二）从《南京条约》签订到第二次鸦片战争结束

1842 年 8 月 29 日中英《南京条约》的签订，打开了中国的门户。五口通商和香港被迫割让给英国更是打破了清朝自乾隆二十二年（1857）开始实行的“广州一口通商”贸易体制，“十三行”和《防范外夷章程》被废止。由于《南京条约》及其后一系列条约对西方传教士在通商五口的活动既没有明文禁止也没有明文允许，传教士们便开始公开“合法”地进入中国。同时，由于未来的中外关系充满了不确定性，为了防止可能的被驱逐，传教士们并没有将出版业从澳门撤离，而是利用美国北长老会中文印刷所的基础，在澳门新设了华英校书房。这一时期，通商五口及澳门、香港出版业的发展并不均衡，上海和宁波后来居上，这两座城市新出版的

---

① 汤开建.天朝异化之角：16—19 世纪西洋文明在澳门（下卷）[M].广州：暨南大学出版社，2016：828.

发展比其他几座口岸城市都要快速和高效。

据熊月之《西学东渐与晚清社会》(修订版),自1843年至1860年,来华传教士在广州共计出版了42种中文书刊,其中有14种为非宗教类书刊,具体为:历史类书刊1种,天文类书刊1种,医学类书刊5种,年鉴类4种,科学类1种,地理类1种,道德类1种;在福州共计出版了42种中文书刊,其中有16种为非宗教类书刊,具体为:道德类书刊8种,天文类1种,风俗类3种,经济类1种,地理类1种,社会类1种,历书1种;在厦门出版中文书刊13种,其中1种为非宗教类(《厦门话拼写书》);在宁波出版中文书刊106种,其中20种为非宗教类书刊,具体为:经济类书刊1种,道德类4种,地理类2种,风俗类1种,历史类2种,天文类2种,科学类3种,旅游类1种,语言类1种,历书1种,杂志2种;在上海出版中文书刊171种,其中33种为非宗教类书刊,具体为:道德类1种,科学类3种,天文类2种,年鉴类9种,地理类1种,数学类4种,医学类4种,语言类2种,历史类1种,物理类2种,植物类1种,教科书2种(英译中本《蒙童训(上海方言)》《蒙养启明(上海方言)》),杂志1种。① 传教士们在这5个通商口岸城市总计出版中文书刊374种,其中非宗教读物有84种,约占总出版数的22.5%。其代表性书目有《亚美理驾合众国志略》(裨治文,1844),《地球图说》(袆理哲,1848),《天文问答》(哈巴安德,1849),《天文略论》(合信,1849),《全体新论》(合信,1851),《平安通书》(麦嘉缔,1850—1853),《博物新编》(合信,1855)等。

1843年至1860年,传教士在香港共出版中文书刊58种,其中非宗教出版物21种,占比为36.2%。具体分类为:年鉴类10种,年历1种,数学类1种,地理类1种,语言类1种,教科书类4种,日用类1种,字典类1种,杂志1种。具体书目有《华英和合通书》《华番和合通书》《算法全书》《遐迩贯珍(1853—1856)》《地理新志》《初学粤音切要》《智环启蒙塾课初步》《千字文》《幼学诗释句》《往金山要诀》《英粤字典》《四书俚语启蒙》等。②

需要予以关注的是,这时通商五口和香港都出版了以蒙童为读者对

① 熊月之.西学东渐与晚清社会(修订版)[M].北京:中国人民大学出版社,2011:129-165.
② 熊月之.西学东渐与晚清社会(修订版)[M].北京:中国人民大学出版社,2011:122-123.

象的幼儿教科书。它们可以被视为近代中国新式教科书之滥觞。

1. 澳门

在英、法等老牌帝国主义国家利用一系列不平等条约公然侵夺中国政府各种利权的同时，美国作为新兴的帝国主义国家，也不甘落后。1844年7月，美国依仗强大的军事力量，强迫中国政府与其签订了不平等的《望厦条约》，美国由此获得了在中国五口通商及其他各项权利。在条约的庇护下，美国基督教各长老会海外差会董事会纷纷派遣传教士从通商口岸入境中国创办布道站，开展传教活动。

1844年2月23日，在美国北长老会（American Presbyterian Mission, North）传教士娄理华（Walter Macon Lowrie，1819—1847）的协助下，来自美国印第安纳州印第安纳波利斯的印工柯理带着已经在美国学习过印刷技术的华人少年谢玉（Chea Geck）、1台西式印刷机和活字字模在澳门创办华英校书房。在中国被迫对外开放、五口通商后，娄理华之所以选在澳门设立中文印刷所，有两个原因。一是出于对中外关系的担忧，因为《南京条约》并没有明文允许外国人在华传教，“传教士不无在五口遭到驱离而居无定所的可能”[①]；二是美国北长老会在澳门有出版基础——华英校书房的前身是设在澳门的美国北长老会中文印刷所（The American Presbyterian Mission Press）。这家印刷所由娄理华之父、传教士娄睿（Walter Lowrie，1784—1868）创办于1836年。娄睿“坚持以铸造的金属活字印刷中文必然胜于中国传统木刻的信念”，在印刷所成立当年即花费5000多元订购了法国铸字师李格昂研制的一套3000个拼合式中文活字字模。1844年，这套活字字模送达由北长老会中文印刷所转设的澳门华英校书房，用于印刷宗教书籍。后因以拼合字排版印刷的书刊质量与预期相去甚远，且拼合排字工作难度较大，这套字模被弃用。其子娄理华又花500元向伦敦会订购了戴尔研制的金属中文活字。与此同时，柯理也在按照娄理华的要求用活字字模铸制金属中文活字。1845年7月，华英校书房带着包括金属中文活字在内的资产迁至宁波。

华英校书房在澳门仅仅存在了不到一年半的时间，所出版的书籍也不过区区5种，但是它是鸦片战争后最早在通商口岸城市建立的两个西

① 苏精.铸以代刻：十九世纪中文印刷变局[M].北京：中华书局，2018：301.

式中文印刷所之一(另一个是位于上海的墨海书馆);而且由于墨海书馆的印刷技术是传统雕版印刷、石印、金属活字印刷混合使用,而华英校书房自创设之日起即坚持使用金属中文活字印刷,因此,它又是“中国第一家专以西式印刷术生产中文产品的印刷所”①,这就是它在中国近代出版史上的意义所在。

2. 香港

香港位于珠江出海口,依山面海,鱼盐资源丰富,水上交通便利,吸引了不少移民和拓殖者前来开发。1841 年 1 月,英国殖民者在占领香港后不久,即宣布香港为自由港。觊觎香港已久的英国殖民者汹涌而入,纷纷在香港办设英资洋行、银行和轮船公司。经过数年的建设,香港的经济水平、市政建设水平均有了较大的提升,逐渐呈现出繁荣的景象。

1843 年 8 月,英国伦敦会传教士会议决定在香港建立布道站,并附设印刷所。1846 年 6 月 6 日,英华书院印刷所在香港成立,其所拥有的生产资料主要有从新加坡运过来的 1 台已经用了 30 年的手动印刷机,大小两副中文活字的字范、字模与活字——将近 3900 个中文活字钢模;还有随迁至香港的铸字设备及工匠。英华书院印刷所以出售其所铸中文金属活字和印刷宗教读本为主要业务,且更偏重于前者。

英华书院印刷所对近代出版转型的意义主要有以下两个方面。

第一,英华书院印刷所生产的中文活字对西式印刷机在中国的推广和应用起到了重要作用。英华书院印刷所的基础设备如大小两副中文活字字范、字模和活字以及铸字设备等有两个来源,一是新加坡布道站印刷所负责人戴尔的多年积累,二是戴尔的继任者施敦力兄弟的成果。之后历经“香港传教士、柯理、黄木及黄胜等多人经手铸造或督导,并由伦敦会投注大量经费于此,英华书院的两副活字才能达到实用的程度,也获得世人的称赞,并于 1857 年时累积到 5584 个字的规模”。②

国门已开的中国,中西文化交流日益频繁而深入,由于外国人需要用中文活字印刷书刊,中国人“或感于学习西方长技的必要,或觉得有商业上的利益可图,也逐渐有人利用西式的中文活字,展开了中国图书文化的

① 苏精.铸以代刻:十九世纪中文印刷变局[M].北京:中华书局,2018:321.
② 苏精.铸以代刻:十九世纪中文印刷变局[M].北京:中华书局,2018:244.

新时代”，因此当时和中国有关联的传教团体、报纸杂志、外国政府团体，以及中国政府及民众迫切需要中文活字。英华书院印刷所所铸中文活字的印刷质量在同行中首屈一指，这使得“英华书院成为1850与1860年代主要的中文活字供应者”。最早使用滚筒印刷机的墨海书馆自1850年开始向英华书院订购活字，是英华书院印刷所最主要的顾客；美部会广州布道站分别于1848年和1851年向英华书院印刷所订购大小活字各一副，并补足了先前所购大活字续增的部分；美国长老会宁波布道站也于1858年和1859年间向英华书院印刷所购买了若干活字，用于电镀复制活字出售。香港《德臣西报》的中文活字也是由英华书院印刷所供应，并且双方还曾签订以优惠价格长期供销活字的合同。1857年、1860年，法兰西学院东方学教授兼皇家印刷所主管莫勒（Jules Mohl，1800—1876）曾向英华书院订购中文活字。1858年初，俄国政府派海军上将普提雅廷（Evfimiy V.Poutiatine）一次性付清2000元买下英华书院印刷所的大小两副字模，运回俄国用于铸造中文活字。1858年，荷兰东印度殖民部中文与日文翻译官霍夫曼（Johann J.Hoffmann，1805—1878）从英华书院印刷所购得一副小活字，计有5503个，回国后又以电镀方式翻铸成字模，并生产出字样，用于排印自己的中文和日文著作。到19世纪60年代，中国政府和民众开始向英华书院印刷所订购中文活字。1861年1月，太平天国干王洪仁玕曾来函订购两副中文活字，只是在英华书院印刷所完成过半的铸字订单之后，干王没了音讯。1864年2月，广东巡抚郭嵩焘之子曾来观摩并购买了一些大活字。1865年9月，上海道台丁日昌亦曾预付1524元向理雅各订购大小两副中文活字。①

特别值得一书的是，1872年5月，为开办西法印书馆，总理各国事务衙门经由海关总税司赫德和京师同文馆总教习丁韪良预付半数价款2000多元，向英华书院印刷所订购大小两副铅活字，并请英华书院代为从英国进口整套印刷机具。1873年，黄胜克服铸字原料严重短缺的困难，带领工匠们赶工，终于按照工期完成铸字任务，并亲自将这批重达4吨的金属活字送至京师，呈于总理衙门，为中国人开办自己的新式出版机构做出了贡献。

① 苏精.铸以代刻：十九世纪中文印刷变局［M］.北京：中华书局，2018：264-274.

第二，英华书院印刷所是中国第一家民族资本性质的新式出版机构中华印务总局的前身。1871 年，由于传教士兼汉学家理雅各的《中国经典》英译工作已经完成，加之美华书馆姜别利取巧地以电镀技术复制英华书院的金属活字，其在活字生产和价格上的优势给英华书院的业务造成了不小的冲击，伦敦会便决定停办并出售英华书院印刷所。英华书院印刷所主任黄胜便和王韬商议承购英华书院印刷器材。其时，王韬不仅是英华书院的编辑，还是理雅各翻译工作的助手，其所著《普法战纪》正在《香港华字日报》连载并大受欢迎，在港爱国华商冯明珊、陈桂士等迫切希望由中国人自己来出版这部书稿。但是由于经费有限，1872 年，冯明珊等人便“委托王韬好友、广东南海人梁鄂撰成《征刻王紫诠先生〈普法战纪〉启》，在《香港近事编录》刊出，为之筹措资金”①。到 1873 年年初，资金问题终于得到解决——由黄胜发起，王韬以及著名华商香港和记洋行买办梁安、有利银行买办冯明珊、瑞记洋行买办陈桂士等共同出资组建中华印务总局，收购英华书院印刷所的计划随之正式启动。

承购方派出的谈判代表是香港爱国文人陈蔼廷（即陈言，字善言，Chun-A-yin），经过几次协商，最终买卖双方约定：中华印务总局以 10000 墨西哥银圆的价格购下英华书院所有机具、存货、生意及权利等；黄胜自己所拥有的 3 副字模，也以 1700 墨西哥银圆的价格出售给中华印务总局；“英华书院雇用的学徒、压印工及铸字工等等，全部由中华印务总局承受。因此，这些中国西式活字印刷初期的工匠，得以继续奉献于这项事业，未因书院易手而星散四方”②。自此，中国第一家民族资本性质的新式出版机构正式诞生，并成为西式金属活字印刷术在中国本土化的里程碑③。

3. 上海

上海的开埠时间是 1843 年 11 月 7 日。

开埠以后，在经济方面，上海不仅是长江沿岸各省货物集散的总枢纽，还迅速发展成为近代中国对外贸易的最重要港口。当时上海的进出

① 萧永宏.中华印务总局与《循环日报》的创办——《循环日报》创办者问题辩证[J].新闻大学,2007(2):42.

② 苏精.铸以代刻:十九世纪中文印刷变局[M].北京:中华书局,2018:236.

③ 苏精.铸以代刻:十九世纪中文印刷变局[M].北京:中华书局,2018:225.

口贸易量常年居于全国首位，对外贸易额占到全国对外贸易总额的30%～40%。19世纪50年代，上海取代广州的地位，成为中国对外贸易的中心。从文化传播的角度而言，开埠后的上海是传教士们传播新学新知的中心城市。以上海为中心的江南士人追求新知识，而来到上海的传教士又有传播新学新知的计划和动力，双方通力合作，掀起了明末以来传教士在华从事西学传播之后的又一波高潮。①

正是因为看到了上海独特的区位优势，1843年，英国传教士麦都思在上海城北大境阁创办墨海书馆。“这是外国人在中国设立的最早的近代出版印刷机构，也是中国近代第一家铅印出版机构”②，还是“西方科学第二期东传的头一个据点”③。它不仅为中国近代出版引入了极具现代意义的印刷技术等，也为中国近代出版培养了人才，有着划时代的意义。

关于上海在中国近代出版转型中的独特作用，本书的《缝隙之花：上海租界与中国近代出版转型》一文将有详述，此处不赘。

4. 宁波

宁波位于中国海岸线中部，自古就是东南沿海重要港口城市，其地理位置优越：坐拥浙江及周边腹地，既可循沿海平原与温台地区相通，又可经陆路交通与浙中盆地相连，进而深入江西和安徽；还可通过浙东大运河与京杭大运河相连，从而将内陆腹地向钱塘江两岸甚至长江流域拓展。在上海港崛起之前，宁波通过北洋航线与上海、青岛、烟台、营口等口岸城市进行贸易，南洋航线上则与福州、泉州、厦门、广州等港口进行贸易。它还是中国与东南亚、日本、朝鲜等国家和地区进行贸易往来的重要口岸。

宁波的开埠时间为1844年1月1日。“由于江北岸位于甬江沿岸，对外贸易极为便利，且商业发达，有广阔的发展余地”，开埠当年12月，英国政府根据《南京条约》《五口通商附粘善后条款》相关条款，在江北岸选址建立领事馆，并指定江北岸为外国商人的通商居留地。④ 之后，西方其他国家来宁波建领事馆也择址在江北岸，其传教士和侨民亦多在江北岸。

① 唐力行.江南社会历史评论(第9期)[M].北京:商务印书馆,2016:133.

② 周远廉、龚书铎.中国通史(19第11卷 近代前编1840—1919)(上册)[M].上海:上海人民出版社,2015:894-895.

③ 尚智丛.传教士与西学东渐[M].太原:山西教育出版社,2008:127.

④ 苏利冕.近代宁波城市变迁与发展[M].宁波:宁波出版社,2010:58.

太平军占领宁波之后，1862年1月13日，英国驻宁波领事夏福礼、美国领事孟恩威理及法国“孔夫子号”舰长等人开会，会上共同决议在江北岸大致划定了外国人居留地的明确界址：东起甬江北，西至余姚江边，南至三江口，北抵北沙河和寺庙一线。会后即发布三国合议书，申明外国人居留地的明确界址，并规定“外国人自由居住，不受干涉”。“外国人居留地的设立，对宁波城市的结构、功能以及宁波城市的政治、经济、文化、社会都产生重要影响，不仅给宁波城市发展带来先进技术和管理经验，而且因华洋杂居，促进了江北的繁荣和中西文化的交流。”①

开埠后的宁波，吸引了美国、英国、法国、意大利、比利时等国的侨民前来工作和生活，这些侨民主要在各国驻宁波的领事馆、海关、洋行任职。1843—1850年，宁波即有传教士27人（其中1850年为19人），如玛高温（1843）、麦嘉缔（1844）、娄理华（1844）、罗尔梯（1847）、倪维思（1854）等，其中丁韪良曾在宁波居住长达10年之久。1855年，宁波有外国人22人，其中传教士14人、外交官3人、商人5人；1859年有外国人49人，其中大多数是外交人员，也有传教士和商人。②

1844年3月12日，美国北长老会海外传教部的在华传教士经过讨论，决定除了在澳门设置临时布道站以外，还要在中国的香港、厦门、宁波建立布道站，而宁波由于“人口众多、居民善良、社会安定、周围环境有益健康”（当时宁波已有200余万人口），“显得比其他地方是更为宽广而有效的传教区域”，被娄理华选为长老会在中国的主要据点，并在宁波布道站配置较多的传教士。③ 不久，在宁波布道站附设印刷所亦被提上议事日程。

1845年7月5日，印工柯理夫妇带着澳门华英校书房的两名工匠及机具、活字从香港乘船出发，于15日抵达宁波附近的舟山，“三天后改搭中国帆船于19日抵达宁波”。刚搬到宁波的印刷所设在江北岸的一个外国商行里。据近代出版史学者苏精教授考证，华花圣经书房“应当是在1845年9月10前后开张的”。9月11日，宁波布道站在年度会议上将“华英校书房”更名为“华花圣经书房”（Chinese and American Sacred

① 苏利冕.近代宁波城市变迁与发展[M].宁波：宁波出版社，2010：59.
② 苏利冕.近代宁波城市变迁与发展[M].宁波：宁波出版社，2010：228.
③ 苏精.铸以代刻：十九世纪中文印刷变局[M].北京：中华书局，2018：326-327.

Classic Book Establishment)。1846 年 4 月 9 日,华花圣经书房迁至距离江岸不到 100 米的卢家祠堂。

在近代出版由传统向现代转型的过程中,华花圣经书房的意义在于,它是一家具有早期现代企业意义的出版机构。其现代意义主要表现在两个方面。

第一,在华花圣经书房的组织架构方面,其由出版委员会掌握出版业务,委员会常年维持在 3 人(其中 1 人为印刷部主任;其余 2 人为宁波布道站的传教士,他们分别担任委员会司库和秘书)。印刷所主任负责印刷技术与书房日常事务。如果印刷所主任是专业印工,“还得负责铸造活字、修补改善字模、指导训练华人印工操作等等技术”。印刷所分设有印刷室、铸字室、装订室等科室,并有主任宿舍、工匠宿舍、书库等。

第二,在具体管理方面,1845 年,华花圣经书房制定了一套相对系统而规范的操作流程:“(一)选择拟出版的书;(二)决定印量、版式与费用;(三)校对排印中的书;(四)管理本站以外对象的赠书;(五)建议印刷所各相关事项。”“每个月第一个星期三集会,必要时得临时召集。每月定期会议时,由主任就前个月华花圣经书房的工作或者相关重要事务提出报告,其次由司库报告该月经费支出情形。接着进行审查或推荐拟出版的书,处理来自其他方面的印刷订单并决定接受与否,以及其他事务。每次会议纪录由委员会秘书记载于纪录簿。”1859 年,上述规章制度进一步被细化,如在《长老会宁波布道站规则》“印刷所管理”部分被细化为:“(一)报关维护所有活字与印刷器材;(二)管理工匠并拟定其工资与工时;(三)照料印刷所与铸字房日常事务;(四)运用印刷所经费;(五)在年度会议时提出印刷所报告;(六)登记印刷所所有信件内容或摘要、概算、重要记事、通知、年度报告,以及可供了解印刷所运作情形的所有资讯;(七)编制每年印刷所出版目录,包含书名、作者姓名、印量等。”①这样的流程管理对于新式出版机构有着较高的示范意义,诸如选题论证、版式设计、成本管理、印数管理、样书赠送等有价值的管理经验被沿用至今。

第三,华花圣经书房采用的黄杨木刻字电镀技术,这是电力被应用到

① 苏精.铸以代刻:十九世纪中文印刷变局[M].北京:中华书局,2018:329-334.

中国出版业之始。黄杨木刻字电镀技术的发明人是传教士、华花圣经书房的印刷负责人姜别利。1858 年年底，姜别利采用电镀方式复制购自香港英华书院的小活字，实验获得成功。他于是从美国订购电镀器材如电池等，又向英华书院购买小活字，以每星期制造 200 个字模的速度生产电镀中文活字字模。到 1860 年，华花圣经书房已经完成了 900 个电镀字模。后这项工作因华花圣经书房要异地搬迁而中断。与此同时，姜别利还雇用中国工匠刻制黄杨木材质的阳文字坯，“排版后以蜡板打出阴文字样，将蜡板字样涂上石墨，放入置有铜片的电池中导电，即在蜡板字样表面镀出金属阳文，逐字锯开后，嵌于条状黄铜中即成阴文字模”。用这种方法制作中文活字不仅省时省钱，而且由于写工和刻工都是中国人，因此“字形之美为巴黎活字或柏林活字无法相提并论”。①

从 1845 年 9 月由澳门迁至宁波，到 1860 年年底搬迁至上海，华花圣经书房在宁波一共存续了将近 15 年的时间，出版书刊 200 余种、300 多个版本，印刷数量达 160 余万部、7000 万页②，其中：1848 年出版的书籍数量最多，有 16.4 万册，所刊页数达 399 万页；1859 年所刊页数最多，为 739 万页③。华花圣经书房出版的书刊品种和数量是除上海以外其他通商口城市的出版机构无法比拟的。其具有现代意义的印刷技术、金属中文活字生产技术、印刷所管理等不仅为它的后身美华书馆打下了良好的基础，也有力地促进了新出版的兴起。

5. 广州

1843 年 7 月 27 日广州开埠。这一时期，随着上海和宁波经济的崛起，基督教传教士的布道和出版事务北移，上海和宁波的新出版迅速壮大。1843—1860 年，基督教传教士在广州出版的中文书刊品种数为 42 种，在上海则有 171 种，是广州的 3 倍强；宁波有 106 种，是广州的 2.5 倍强——广州在当时中国大陆地区出版中心的地位被上海取代。

6. 福州

福州于 1844 年 7 月 3 日开埠。它“南望交、广，北睨淮、浙”，拥有近海贸易航线，有着较强的海外交通实力，并且是参与环中国海贸易的重要

① 苏精.铸以代刻：十九世纪中文印刷变局[M].北京：中华书局，2018：371.

② 苏精.铸以代刻：十九世纪中文印刷变局[M].北京：中华书局，2018：408.

③ 陶静秋.浙江出版史话[M].杭州：浙江工商大学出版社，2013：226.

口岸，但是在首批5个通商口岸城市中，它是最弱的，“无论是地理位置、运输条件还是商品经济发展程度以及市场潜力等条件相对而言处于劣势”。①

在通商五口中，福州新出版的发展明显滞后，主要有两方面原因。

第一，缺乏专业的新式出版机构。在当时的福州，鸦片是最畅销的西方商品。截至1863年12月31日，福州进口货物总价值有1000多万美元，却有一半要被用于购买鸦片。鸦片贸易给福州社会带来了严重的后果，对当地的经济发展造成了一定的冲击。甚至有报道说，1850—1851年，“英国政府考虑到福州微不足道的商业地位，曾打算放弃福州或考虑起用其他的港口”。② 也正是因为福州的经济发展没有达到预期，伦敦会在取消设立福州印刷所的计划后，再也没有过在福州创办印刷所的想法。

第二，用福州方言编译的出版物存在先天的市场局限。福州开埠后，在福州出版界活跃的主要是美国传教士，如美以美会传教士柯林（Judon Dwight Collins, 1822—1852）、麦利和（Robert Samuel Maclay, 1824—1907），美国公理会传教士弼利民（Lyman Birl Peet, 1809—?）、卢公明（Justus Doolittle, 1824—1880）、摩怜（Caleb Cook Baldwin, 1820—1911）等。当时，福建方言的使用人口在2000万左右，其中至少有五六百万人使用福州方言，福州的传教士在来华之前所学的中文也是福建方言，到福州后更是积极学习当地方言。比如麦利和于1848年4月到达福州，次年1月他就能用福州话与福州郊区的农民交谈。这导致他们出版的书籍多有用福州方言者。如弼利民、摩怜各自在福州出版的4种宗教读物都是福州方言版，温敦（W.Welton，? —1858）则于1856年用福州方言编译出版了《圣经新约福音平话》。为了便于在福州方言区的传播，传教士们用稍加变更的罗马字母为这些福建方言版书籍做了拼音，读者只需稍加学习即可掌握阅读方法。1843年—1860年，传教士在福州共出版中文书刊42种，其中至少有10种是以福州方言编写而成。③ 福州方言版书籍的读者只能局限于以福州为中心的一部分地区，缺少广阔的市场支撑，这使得当时福州的出版业缺乏引入新出版的动力。

---

① 福州闽都文化研究会.闽都文化与开放的福州[M].福州：海峡文艺出版社，2019：149.

② 苏智良.海洋文明研究（第三辑）[M].上海：中西书局，2018：41-42.

③ 熊月之.西学东渐与晚清社会（修订版）[M].北京：中国人民大学出版社，2011：131-132.

7. 厦门

厦门是近代中国对外贸易的重要口岸，它的开埠时间为 1843 年 11 月 2 日。厦门地处福建省东南部、九龙江入海处，背靠漳州、泉州平原，濒临台湾海峡。整个厦门岛的海岸线蜿蜒曲折，全长达 234 千米。厦门港港阔水深，终年不冻，是条件优越的天然良港，历史上就是著名的港口城市。

在厦门活跃的传教士主要有美国公理会传教士雅裨理、打马字（Rev. John Van Nest Talmage，1819—1892）、苏格兰长老会传教士宾威廉（William Chalmers Burns，1815—1868）、英国伦敦会传教士施敦力兄弟等。除了在厦门开设医院和传教布道外，编译出版图书也是他们工作的重要内容。

和福州的情况类似，传教士在厦门并没有设立专业的印刷所，出版的中文读物数量更是有限。1843—1860 年，传教士在厦门共出版中文书刊 13 种，其中至少有 3 种是以厦门方言写成。因为当时厦门的通用语言是闽南话，闽南、潮汕、浙南、台湾一带也以闽南话为通用语言，使用厦门方言的人口有 700 万～1000 万，因此，传教士们到厦门之后很快就掌握了闽南话，以厦门方言闽南话来编译出版书籍也就是情理之中的事了。因厦门"教育未兴，识字者少"，1850 年，打马字等人将罗马字母稍加变更，创造出了简明易晓的白话字。"凡是厦门语言，均可拼成白话字，无论男女老幼，只须学习一二个月，就可读写纯熟，而聪颖者数天便可通晓，洵便利也。"①最先出版的白话字书籍是宾威廉翻译的《天路历程》上半部（1853），这本书是英国清教徒作家约翰·班扬所著，被译成中文在厦门出版后，在中国广为流传。1852 年，打马字编写的《厦门话拼写书》出版。这是一本闽南语白话字教科书，也是闽南语拉丁字母的正字法教材。

在 13 种中文书刊中，只有《厦门话拼写书》是世俗类书籍，其余均为宗教读物，而且这 13 种书籍根据吴炳耀《百年来的闽南基督教会》所载，"白话字虽学者甚易，而创者则殊难，盖新字之法虽创，苦无印刷机器，无从推行。教师不得不躬亲其劳，将字母制成模型令手民刻诸骨角，逐字拼

① 厦门市政协文史和学习宣传委员会.鹭江春秋[M].北京：中央文献出版社，2003：639.

合而印成章名，然后再模诸木片，雕成印版。每著一书，多费时日”①，可见这一时期，厦门的出版业仍在传统的雕版印刷阶段，尚未引入新式印刷技术。

但是，首位来厦门的传教士雅裨理与福州布政使、福建通商事务督办徐继畬的一段交往却为中国近代出版的内容注入了现代性元素，并对中国近代思想史产生了巨大影响。1844 年 1 月，通晓中文和闽南方言的雅裨理应邀担任徐继畬与英国领事记里布的翻译。当年 1 月、2 月和 5 月，雅裨理与徐继畬先后有过几次会晤，徐继畬向雅裨理了解世界各个国家的真实情况，雅裨理则赠给徐继畬一些西方宗教书籍和世界地理书籍，包括地图册等。徐继畬在其所著《瀛寰志略》（亦作《瀛環志略》）一书的序中记述道：

> 地理非图不明，图非履览不悉。大块有形，非可以意为伸缩也。泰西人善于行远，帆樯周四海，所至辄抽笔绘图，故其图独为可据。道光癸卯，因公驻厦门，晤米利坚人雅裨理，西国多闻之士也，能作闽语，携有地图册子，绘刻极细。苦不识其字，因钩摹十余幅，就雅裨理询译之。粗知各国之名，然匆卒不能详也。明年再至厦门郡，司马霍君蓉生购得地图二册，一大二尺余、一尺许，较雅裨理册子尤为详密，并觅得泰西人汉字杂书数种，余复搜求得若干种。其书俚不文，淹雅者不能入目。余则荟萃采择，得片纸亦存录勿弃。每晤泰西人，辄披册子考证之，于域外诸国地形时势稍稍得其涯略。乃依图立说，采诸书之可信者，衍之为篇。久之，积成卷帙。每得一书，或有新闻，辄窜改增补，稿凡数十易。②

1848 年，《瀛寰志略》甫一出版即引起中外人士的关注。闽浙总督刘韵珂为之作序，赞该书“慎机杼于一室，恢磅礴于万里”③；福州夷务委员鹿泽长则在序中评价其“于国家抚驭之策、控制之方，实有裨益”④。魏源

① 厦门市政协文史和学习宣传委员会.鹭江春秋[M].北京：中央文献出版社，2003：639.
② 徐继畬.瀛環志略（上册）[M].北京：朝华出版社，2018：17-18.
③ 徐继畬.瀛環志略（上册）[M].北京：朝华出版社，2018：5-6.
④ 徐继畬.瀛環志略（上册）[M].北京：朝华出版社，2018：15.

编撰《海国图志》时，从《瀛寰志略》中辑录的资料有近4万字、33处，占了《瀛寰志略》全书的四分之一。1859年，《瀛寰志略》被日本引进出版，成为日本有识之士了解世界的必读书。1866年，京师同文馆重印《瀛寰志略》并将之定为教科书。它还是中国官员如郭嵩焘等出使外国时的手头必备书籍。变法维新领袖人物康有为、梁启超也深受这本书的影响。梁启超将《瀛寰志略》与《海国图志》并行评价道："此两书在近日诚为刍狗，然中国士大夫稍有世界地理知识，实自此始。"①当代学者曾燕、涂楠认为《瀛寰志略》是"撬动中国向近代转型的一个坚实支点"。

综上，澳门、香港、广州、上海、宁波等通商口岸城市具有早期现代因素的出版机构将中国近代出版推进到一个新的阶段，并创造了近代中国西学传播的诸多第一。1849年，在广州出版的哈巴安德（Andrew Patton Happer）所著《天文问答》、合信所著《天文略论》是近代中国第一批介绍西方近代天文学的著作。1851年，英国传教士、医师合信所著《全体新论》在广州出版，这是我国近代正式出版的第一部西医著作。1858年，上海墨海书馆出版李善兰（1810—1882）与韦廉臣合译之《植物学》一书，是近代中国第一部介绍西方近代植物学的著作。1853年，上海墨海书馆出版英国传教士、汉学家伟烈亚力所著《数学启蒙》，该书出版后一版再版，是中国近代较有影响力的数学入门读物。中国近代"第一次介绍物质不灭定律，第一次介绍万有引力定律，第一次介绍化学元素，第一次介绍近代光学知识，第一次介绍电的知识"②的书刊都是在通商口岸城市出版的。

可以说，通商口岸城市是中国近代最早借助出版传播新学新知的所在，而这又反过来使通商口岸城市的出版业得风气之先，成为新出版的先发地区。

（三）第二次鸦片战争结束后

近代史学者水海刚这样描述近代中国各通商口岸城市之间的互动关系：第一次鸦片战争后兴起的"通商口岸城市是中国广袤内陆与外部国际市场连接的关键点，大量新的社会经济因子由此进入并日益影响整个

① 转引自熊月之.西学东渐与晚清社会（修订版）[M].北京：中国人民大学出版社，2011：196.
② 熊月之.西学东渐与晚清社会（修订版）[M].北京：中国人民大学出版社，2011：165.

中国”，而且由于这些“通商口岸都是位于沿海或沿江的港口城市，它们的兴起必定会形成对其腹地的‘强力辐射’，从而带动腹地经济发展，特定区域的发展是港口与腹地形成良性互动的必然结果”。[①] 中国近代各通商口岸城市出版业的发展也符合这一规律。

1860 年之前，中国的新式出版机构主要分布在澳门、香港、广州、上海、宁波这 5 个通商口岸城市。中英《天津条约》和中法条约使得这一格局发生了改变。1858 年 6 月 26 日签订的中英《天津条约》规定：“英国民人准听持照前往内地各处游历、通商”，“雇船、雇人、装运行李、货物，不得阻拦”；“长江一带各口，英商船只俱可通商。惟现在江上下游均有贼匪，除镇江一年后立口通商外，其余俟地方平靖，大英钦差大臣与大清特派之大学士尚书会议，准将自汉口溯流至海各地，选择不逾三口，准为英船出进货物通商之区”；“广州、福州、厦门、宁波、上海五处，已有江宁条约旧准通商外，即在牛庄、登州、台湾、潮州、琼州等府城口，嗣后皆准英商亦可任意与无论何人买卖，船货随时往来；至于听便居住、赁房、买屋，租地起造礼拜堂、医院、坟茔等事，并另有取益防损诸节，悉照已通商五口无异”；“英民任便觅致诸色华庶，勷执分内工艺，中国官毫无限制拒阻”；“英国属民相涉案件，不论人、产，皆归英官查办”。1860 年 10 月 25 日签订的中法《北京条约》第六款规定：“应如道光二十六年正月二十五日（1846 年 2 月 20 日）上谕，即颁示天下黎民，任各处军民人等传习天主教、会合讲道、建堂礼拜，且将滥行查拿者，予以应得处分。又将前谋害奉天主教者之时所充之天主堂、学堂、茔坟、田土、房廊等件应赔还，交法国驻札京师之钦差大臣，转交该处奉教之人，并任法国传教士在各省租买田地，建造自便。”[②]“1858 年和 1860 年的中法条约使所有传教士在华传教的地位发生了革命性变化，大体上确定了该世纪余下年代里传教活动的合法前提”[③]。美国、俄罗斯等国援例享受《天津条约》《北京条约》等的规定。

---

① 水海刚.口岸贸易与腹地社会：区域视野下的近代闽江流域发展研究[M].厦门：厦门大学出版社，2019：311.

② 北京师范大学历史系中国近代史组.中国近代史资料选编（上册）[M].北京：中华书局，1977：183.

③ 唐惠虎、朱英.武汉近代新闻史（上下卷）[M].武汉：武汉出版社，2012：117.

第二次鸦片战争结束后，外国侵略势力扩张到中国沿海各省和长江中下游地区，中国社会半殖民化的程度进一步加深。随着来华传教士出版活动的日益活跃，他们开始在新辟通商口岸城市兴办新式出版机构；与此同时，在来华传教士出版活动的示范下，洋务派在自救运动中也兴办了一些新式出版机构——中国近代出版向现代转型的步伐再次提速。以下择取汉口、天津为样本，展示 1860 年以后通商口岸城市新出版的发展样貌。

1. 汉口

在《天津条约》和《北京条约》的庇护下，西方传教士在中国的活动范围进一步扩张。他们以第一次鸦片战争后新兴的贸易中心上海为桥头堡，“沿长江而上，以华中重镇汉口、武昌为根据地，向长沙、岳阳、沙市、宜昌等区域中心城市渗透。西方传教士凭借列强不平等条约的庇护，在汉口、武昌等沿江城市设立教堂、学校、医院、出版机构等，印刷出版宗教书籍，设报办刊，掀起近代传教士在武汉地区的出版高潮”①。

“英国伦敦会在获悉《天津条约》和《北京条约》签订的消息后，除在英国国内开始动员更多的传教士前来中国外，还迅速指示在上海的伦敦会传教士，赶紧前往内地开辟新的传教据点。”②1861 年，武汉开埠。同年，原在上海传教的杨格非（又名杨笃信，Rev. Griffith John，1831—1912）受英国伦敦会派遣，乘船沿江而上，于 8 月 19 日抵达汉口，在汉正街建立布道站。杨格非等的传教活动得到了外国资本家巨大的经济支援。在汉口的外国商人还集资捐赠了一条轮船给杨格非，以便于其在长江和汉水两岸扩大活动范围。

杨格非非常重视基督教读物的出版和发行。在上海期间，杨格非就已经编译出版过《人有三要问》（*Three Important Questions*，1860）、《圣教举隅》（*Essential Truths of Religion*，1862）等书籍，有一定的出版经验。1876 年，杨格非在汉口设立“中国基督圣教书会”（Religions Tract Society），负责编辑出版布道传单和书籍。这是来华传教士在汉口设立的第一个出版机构。但是这时的书会依旧采用中国传统的木版印刷，直到 1885 年，才

① 李静霞.武汉图书馆[M].天津：天津大学出版社，2017：36.
② 顾长声.从马礼逊到司徒雷登：来华新教传教士评传[M].上海：上海书店出版社，2005：179.

采用铅字印刷。到 1913 年,书会已拥有两架电动平压印刷机和 1 架手摇印刷机,在武汉同行中遥遥领先。

中国基督圣教书会在成立的第一年就散发了 10000 册福音书。之后的 6 年间,共计发行 35 万册。到 1903 年,在华中各省的书刊发行总量已经达到 220 万册,仅湖南、湖北两省就在一年内售出 33 万册福音书。而且据 1884 年汉口布道站书报部统计,在该部出版的 50 种新书中,有 31 种是杨格非亲自撰写的①,如《宗主诗章》(*Hymn Book*)、《天路指明》(*Clear Indication of the Heavenly Way*,1862)②。

杨格非在汉口创办的“中国基督圣教书会”是中国内地最早的新式出版机构,它的开办和出版活动使得新出版得以传播到中国内地。在它的示范下,湖北的出版业开始由传统向现代推进。

2. 天津

在众多通商口岸城市中,紧邻北京城的天津在出版方面也不乏亮点。

天津于 1860 年开埠,1866 年 10 月 6 日,洋务派代表人物、三口通商大臣崇厚奉清政府之命,筹设机器局。1867 年 5 月,正式开局,局址分设于贾家沽道和海光寺两处。初名“天津军火机器局”,1870 年正式称为“天津机器局”。天津机器局是北方军工制造、教学和翻译人才比较集中的地方,其附设印字房是天津最早的新式出版机构,承印译自西洋的兵书和教学用书籍。③ 光绪四年(1878)印字房出版《克鹿卜小炮简易操法》《德国炮队与操法》等书,光绪十年(1884)出版《船阵图说》铅印本。1885 年,天津机器局印字房用自有印刷设备以活字印刷法出版了《机锅用法》,书上还标有“天津机器局摆印”字样。

1885 年,李鸿章在天津创办北洋武备学堂,又于 1886 年购入西洋石印机及印石、印铜器具,供武备学堂附设印刷室印刷之用。1886 年 5 月 17 日,醇亲王奕𫍽视察天津武备学堂,其间还曾到印刷室巡视机器设备等。

1895 年在天津成立的北洋西学学堂也曾编辑出版过教科书,有的书

① 顾长声.从马礼逊到司徒雷登:来华新教传教士评传[M].上海:上海书店出版社,2005:181-182.

② [英]伟烈亚力著,赵康英译,顾钧审校.基督教新教传教士在华名录[M].天津:天津人民出版社,2013:289.

③ 万启盈.中国近代印刷工业史[M].上海:上海人民出版社,2012:227.

目还被梁启超收入《西书书目表列例》。

四、通商口岸城市推动近代出版转型的有利条件

由于通商口岸城市得风气之先，随着近代工业化在中国的逐步展开，通商口岸城市的经济实力不断增长，在诸多方面形成了助力近代出版转型的有利条件。

（一）通商口岸城市的新式学校培养了新的出版人才

通商口岸城市是中国最早开设新式学校的地方，这些新式学校为新出版培养了专业人才。当时的新式学校主要有两种：传教士创办的教会学校，官府创办的洋务学堂。

1. 教会学校

以澳门的马礼逊纪念学校为开端，传教士们在通商口岸城市创办的教会学校为近代出版由传统向现代转型培养了专业人才。

澳门是中国新式学校的首发地。为纪念首位来华传教士马礼逊，1836 年，马礼逊教育会在澳门成立。1839 年 11 月 4 日，德国传教士郭实腊的夫人温斯蒂（Warnstail）与美国传教士、耶鲁大学毕业生布朗（Samuel Robbins Brown，1810—1880）在澳门创办马礼逊纪念学校（Morrison School）。这是中国近代史上第一所传播西学的新式学校。第一次鸦片战争结束后香港被英国侵占，因为马礼逊的长子马儒翰是首任港督璞鼎查（Sir Henry Pottinger，1789—1856）的翻译，同时又是香港首任华民秘书，璞鼎查便在港岛拨地供马礼逊纪念学校使用。1842 年 11 月 1 日，校长勃朗带领容闳、黄胜等 11 名学生从澳门迁至香港继续办学。彼时，该校已经比较注意西学的教学。据马礼逊纪念学校毕业生容闳回忆，在澳门时，"校中教科，为初等之算术、地文及英文。英文教课列在上午，国文教课则在下午"①。学校迁到香港后规模有所扩大，课程设置更趋完善，比如英文科就包括了天文、历史、地理、数学、作文等课程。教材也选用比较优良的版本，如 1842—1843 年，算术、代数教材用的是 *Colburns*，历史教材则采用 *Keightly's History of England*；至于英语阅读和写作教材，1844—1845 年用的是 *Goodrich's Third Reader*，1845—1846 年用的是《圣经》。以上教材均为英文版，主要来自英、美教会人士的捐赠。

① 容闳.西学东渐记[M].长沙：岳麓书社，2015：6.

黄胜就是从马礼逊纪念学校走出的一位新式出版家。该校6年的西式教育“为黄胜的英语打下了坚实的基础,也使他受到了良好的新型知识的训练”①,更给了他“开眼看世界”的机会,为他后来在香港成长为爱国出版家做了准备。

随着通商五口的开埠,传教士们纷纷来华开设教会学校。据近代史学者熊月之统计,1860年之前,仅基督教新教在通商五口和香港开设的各式学校就有50所,学生有1000余人。1842年至1860年,澳门、香港、通商五口有确切校名可考的学校为37所,其中:澳门有1所,香港有6所,宁波有3所,福州有6所,厦门有2所,广州4所;上海最多,有15所。如澳门有男子寄宿学校,香港有宏艺书塾、英华女学、圣保罗书院等,宁波有宁波女塾、崇信义塾、女子学校等,福州有福州男塾、福州女塾、毓英女校等,厦门有厦门男塾、真道学堂,广州有男子日校、女子日校、寄宿学塾等,上海有怀恩小学、徐汇公学、英华学塾、裨文女塾、清心男塾等。②

第二次鸦片战争结束之后,随着通商口岸的增辟,教会学校数量迅速增加。据1877年和1890年在上海举行的两次“在华基督教传教士大会”的大会报告,1876年,全国共有教会学校350所、学生总数5975人;1877年,全国各类教会学校已达347所、在校学生有5917人;1889年,全国教会学校学生总数为16836人。1898年,美国传教士在华所办初等学校有1032所、学生16310人,中等以上学校74所、学生3819人。③ 1900年之前,天主教教会在华北四省(直隶、山西、山东、河南)办有中等学校30余所、学生400余人,初等学校500所、学生万人以上。④ 自1873年起,教会办学层次开始提高,诞生了中国早期的现代大学,如1879年在上海创办的约翰书院于1905年升格为圣约翰大学,1881年林乐知在苏州创办的中西书院于1900年升格为东吴大学等。

在近代教会学校中,有一些学校如宁波的崇信书院,上海的清心男塾(1880年改为清心书院)、圣约翰大学,苏州的东吴大学等对中国近代出版转型有着直接的重大影响——既为新出版培养了专业的出版经营人

① 邹振环.疏通知译史[M].上海:上海人民出版社,2012:199.
② 熊月之.西学东渐与晚清社会(修订版)[M].北京:中国人民大学出版社,2011:226-227.
③ 陈景磐.中国近代教育史[M].北京:人民教育出版社,1983:65.
④ 陈景磐.中国近代教育史[M].北京:人民教育出版社,1983:66.

才，又为新出版培养了新式编辑和作者。

第一，教会学校为近代出版培养了专业的出版经营人才。

有的教会学校的师生直接参与了新出版在中国的创办和发展，如宁波崇信义塾。这家义塾由美国长老会传教士麦嘉缔创办于 1845 年，校址设在宁波江北岸槐树路。崇信义塾与宁波华花圣经书房有着较深的渊源关系。崇信义塾第一届学生毕业于 1850 年，在总计 8 名毕业生中就有 4 人到华花圣经书房工作。① 1853 年至 1858 年 9 月，原在崇信义塾参与管理的美国传教士祎理哲担任宁波华花圣经书房负责人。其间，祎理哲的妻舅、同为传教士的卦德明（John W. Quarteman，1821—1857）一度曾协助祎理哲管理华花圣经书房，并曾在崇信义塾教授勾股、天文地理等课程，还在华花圣经书房出版其所编写的《圣经图记》《圣书问答》等书。崇信义塾与商务印书馆的渊源更深。商务创始人鲍咸恩、鲍咸昌的父亲鲍哲才，以及郁厚坤的父亲郁忠恩都曾就读于该校；商务业务骨干谢洪赉、谢宾赉的父亲谢元芳也是该校学生。鲍哲才从崇信义塾毕业后曾在华花圣经书房做过排字工人，被姜别利称为“我们最好的排字工”。鲍哲才转到上海工作后，一度还主持过美华书馆。凭借在崇信书院打下的扎实英文功底，郁厚坤到上海《捷报》报馆担任的是薪水相对较高的英文排字工。

清心书院更是直接为商务印书馆培养了专业的出版经营人才。清心书院的前身是清心学堂，由美国北长老会传教士范约翰创办于 1860 年，鲍哲才曾参与创办其后身清心书院。鲍哲才的长子鲍咸恩、次子鲍咸昌及三个女儿都曾就读于清心书院，而鲍哲才的长女鲍大姑（商务印书馆名称的命名者）则嫁给商务印刷馆经济开支复核人张桂华、次女嫁给商务主要创始人夏瑞芳、三女嫁给后来加盟商务的业务骨干郭秉文。商务的另一位创始人高凤池也是清心书院毕业生。

清心书院注重半工半读，大量培训铅印技术人才，并将他们推荐到美华书馆工作②。而且由于清心书院与美华书馆是同一差会开办的，范约翰还曾经担任过美华书馆的经理，因此，学生在美华书馆可以得到较多的实践机会。清心书院自身亦有印刷设备，范约翰 1880 年创办的《花图新

① 陈宏雄.潮涌城北：近代宁波外滩研究[M].宁波：宁波出版社，2008：127.

② 上海宗教志编撰委员会.上海宗教志[M].上海：上海社会科学院出版社，2001：506-507.

报》、1876年接编的《小孩月报》均由清心书院自印。[1] 在清心书院就读其间,鲍咸恩、夏瑞芳、鲍咸昌、高凤池都曾学过新式排版和印刷技术。鲍咸恩毕业后曾在《捷报》报馆做过排字工。夏瑞芳毕业后曾在《文汇西报》做英文排字工,后转入颇有影响力的《字林西报》以及新创办的《捷报》,并做到了排字部主任的职位。商务印书馆创办之后在相当长时间里都是由鲍氏兄弟负责印刷技术工作,在鲍氏兄弟的努力下,商务的印刷技术在当时"曾一度在世界同行业中居一流地位"[2]。

第二,教会学校为近代出版培养了新的编辑和作者。

和前述马礼逊纪念学校一样,所有的在华教会学校其课程设置都有着鲜明的现代性和中西结合的特点:"十分重视西学教育,特别是西方的科学技术","兼及中学教育,当时的中国传统官学、私塾的一般课程,除了做八股文的技巧以外,都兼顾到了","教学内容由浅入深,循序渐进"。[3] 如镇江女塾的课程设置,除了宗教课之外,"西学一直是重要的教学内容,有算术(笔算、心算)、代数、几何(形学)、动物学、植物学、科学基础知识(格物入门)、人体解剖知识(全体入门)、生理卫生、地理学、世界通史、哲学(性学举隅),几乎涵盖现在中小学的所有课程"[4]。再如上海中西书院所设课程,第一年有"认字写字""浅解词句""讲解浅书""习学琴韵",第二年为"讲解各种浅书""练习文法""翻译字句""习学西语""习学琴韵",第三年为"数学启蒙""各国地图""翻译选编""查考文法""习学西语""习学琴韵",第四年为"代数学""讲求格致""翻译书信等""习学西语""习学琴韵",第五年为"考究天文""勾股法则""平三角""弧三角""习学西语""习学琴韵",第六年为"化学""重学""微分""积分""讲解性理""翻译诸书""习学西语""习学琴韵",第七年为"航海测量""万国公法""全体功用""翻书作文""习学西语""习学琴韵",第八年为"富国策""天文测量""地学""金石类考""翻书作文""习学西语""习学琴韵"。"在当时清政府极少重视西方科学的情况下,这些课程的开设与

① 王中忱.新式印刷、租界都市与近代出版资本的形成——商务印书馆创立的前前后后[J].中国现代文学研究丛刊,1999(1):162-174.

② 谢振声.鄞县鲍家、郁家与初创时的商务印书馆[J].宁波大学学报(人文科学版),2010(5):1-6.

③ 熊月之.西学东渐与晚清社会(修订版)[M].北京:中国人民大学出版社,2011:230.

④ 熊月之.西学东渐与晚清社会(修订版)[M].北京:中国人民大学出版社,2011:229.

一些科学实验机会的提供，使学生学到了在传统旧学中很难学到的近代科学知识"，不仅"具有意义较大的启蒙作用"①，也为近代出版培养了兼通中西的编辑和作者。

教会学校培养的最杰出编辑和作者是谢洪赉，他曾就读于美国基督教监理会所办博习书院(Buffington Institute，东吴大学前身)，是博习书院院长潘慎文的得意门生和翻译助手。肄业之时，谢洪赉"已助潘公夫妇笔述各种书籍"，如曾协助潘师母雅丽女士用中文著成《动物新编》一书②，又协助潘慎文翻译出版了不少现代科学读物，如《八线备旨》《格物质学》《代形合参》《微积分》等教科书。商务印书馆1904年发行出版的物理教科书《最新中学教科书・物理学》就是谢洪赉翻译的。在商务出版的"最新教科书"系列中，《最新中学教科书・代数学》《最新中学教科书・几何学立体部》《最新中学教科书・瀛寰全志》《最新高等小学理科教科书》《最新高等小学地理教科书》等都是谢洪赉参与编写的。实际上，初创时期商务印书馆出版的教科书几乎都由谢洪赉审阅过③。此外，谢洪赉还被认为是商务印书馆早期推出的收词量达10万个的《华英音韵字典集成》的编者。④ 据内务府档案记载，光绪皇帝曾要求内务府购呈谢洪赉的《华英进阶全集》《华英音韵字典集成》等书。⑤

商务在刚创办时的定位是一家印刷机构，1898年，夏瑞芳决定涉足出版业。就在这一年，他聘请谢洪赉编译出版的《华英初阶》为商务掘得了第一桶金。此后，该书一版再版，至1921年一共发行了77版，是当时中国最流行的英文教科书。胡适、周作人、梁漱溟、叶圣陶等初学英文时用的就是这本教材。紧接着，商务趁热打铁，改编出版了《华英进阶》，及《华英进阶》二集、三集、四集、五集等，"行销极广，利市三倍"。⑥ 可以说，谢洪赉是商务印书馆从印刷机构转型为出版机构的关键人物。

---

① 苏利冕.近代宁波城市变迁与发展[M].宁波：宁波出版社，2010：257.

② 史拜言.妹丈谢君洪赉行述[J].兴华，1916(41)：7.

③ 陈云奔、刘志学、王枭等.中国第一本现代意义物理教科书[J].科普研究，2018(5)：79-111.

④ 汪家熔.《商务书馆华英音韵字典集成》——国人编纂的第一部大型英汉双解词典[J].出版科学，2010(4)：103-106.

⑤ 叶晓青.光绪帝最后的阅读书目[J].历史研究，2007，(2)：180-183.

⑥ 蒋维乔.创办初期之商务印书馆与中华书局[C]//《商务印书馆120年大事记》编写组.商务印书馆120年大事记.北京：商务印书馆，2017：2.

再如香港皇仁书院4名学生和圣约翰书院（Saint John's College）12名学生——严鹤龄、徐善祥、周贻春、曹庆五、俞庆恩、赵国才、陈达德、谢昌熙、周森友、徐铣、张文廷、吴遵潮等，在圣约翰书院教授兼商务印书馆英文编辑颜惠庆的带领下，按照张元济的要求，重新编辑出版了百科全书性质的双语词典《英华大辞典》。

在近代中国，类似谢洪赉、严鹤龄这样有教会学校背景、兼通中西学、集编辑与作者于一身的人才还有很多，他们共同推动着近代出版内容由旧学向新学的转型。

2. 洋务学堂

洋务学堂是第二次鸦片战争后洋务运动的产物。为了"师夷长技以制夷"，学习西语、西国国政、西方近代技术和军事技术是洋务学堂的主要内容。设在通商口岸城市的洋务学堂有上海广方言馆（上海，1863）、广东同文馆（广州，1864）、江南制造局（上海，1865）及其附设机械学校、福建马尾船政局（福州，1866）及其附设船政学堂、天津电报学堂（天津，1879）、天津水师学堂（天津，1881）、上海电报学堂（上海，1882）、天津武备学堂（天津，1886）、广东陆师学堂（广州，1886）、湖北自强学堂（武汉，1893）等。

这些洋务学堂在课程设置方面的共同特点是：中西学术的同时并重，并对西学予以特别的重视，根据办学目标对西学的内容给予针对性的调整。如上海广方言馆。在其创办早期，广方言馆要求学生在"学习西语西文之暇仍以正学为本，并分正学为经、史、算、词章四类，以讲明性理、敦行立品为之纲领的规定"①。1870年正月底并入江南制造局后，广方言馆重拟新学规，其第九条、第十条规定：

> 学生分为上、下班，初进馆者现在下班学习外国公理、公法，如算学、代数学、几何学、重学、天文、地理、绘图等事，皆用初学浅书教习。若作翻译者，另习外国语言文字等书。诸生每日于午前毕集西学讲堂专心学习，阅七日课以翻译一篇，评定甲乙，上取者酌给奖赏，至年底考试可取者，察其性情相近并意气所向，再进上班专习一艺。（第九条）上班分七门：一辨察地产、分

① 苏精.清季同文馆及其师生[M].福州：福建教育出版社，2018：85.

炼各金，以备制造之材料。二、选用各金材料，或铸或打已成机器。三、制造或木或铁各种。四、拟定各汽机图样或司机各事。五、行海理法。六、水陆攻战。七、外国语言文字风俗国政。生徒学此各事之时，仍需兼习下班之学以兼精深。（第十条）①

由于洋务学堂学生所学知识兼通中西，又接受过规范的翻译技能训练，不少学生毕业后成长为新式出版机构的编辑和作者。如广方言馆学生的译作就曾由设在其楼上的江南制造局翻译馆出版，有些学生在毕业后还成为江南制造局翻译馆的译员。如广方言馆的钟天纬，其于33岁时入广方言馆，跟随林乐知学习英文。1882年进入江南制造局翻译馆任译员，曾参与《西国近事汇编》的译编，并担任傅兰雅译《行船免撞章程》《船坞论略》《铸钱工艺》《工程致富》《考工纪要》《英国水师考》《美国水师考》的笔述。此外，钟天纬还是英国伯拉西撰、罗亨利口译、瞿昂来笔述《法国水师考》一书的校对。瞿昂来，1872年入广方言馆学习，是傅兰雅译《东方交涉记》、罗亨利译《英俄印度交涉书》《格致小引》、林乐知译《列国陆军制》的笔述。② 刘式训，1879年（11岁）十月考入广方言馆法文班学法语，1904年在参赞任内编译有《法国国制考》前三卷，后又分别于1908年、1909年命下属续译该书，并曾将该书寄送清廷外务部供参考。③ 蔡锡勇，广东同文馆第一班（同治三年，1864）4名汉族学生之一，1871年被保送至京师同文馆学习。光绪二十二年（1896）秋，蔡锡勇"参考古今音韵之学，及美籍汉学家卫三畏的《音韵字典》（A Syllabic Dictionary of the Chinese Language）等书"，写成了"中国有史以来第一部速记著作《传音快字》"。宣统二年（1910），这本书被资政院用作教科书，从而奠定了蔡锡勇中文速记创始人的地位。蔡锡勇还著有《连环帐谱》（四卷）一书，主要内容是通过介绍现代簿记发祥地意大利的簿记法，向国人引介西方现代账簿系统。该书于1905年由湖北官书局刻行。④

由洋务学堂求学而成长为作者或者编辑的人员还有朱恩锡、程銮、朱格仁等人，他们都是有意识地将自己在洋务学堂所学应用于引介西学，而

① 苏精.清季同文馆及其师生[M].福州：福建教育出版社，2018：86.

② 熊月之.西学东渐与晚清社会（修订版）[M].北京：中国人民大学出版社，2011：421-429.

③ 苏精.清季同文馆及其师生[M].福州：福建教育出版社，2018：176.

④ 苏精.清季同文馆及其师生[M].福州：福建教育出版社，2018：200-201.

这样的结果完全符合曾国藩在呈给同治皇帝的《新造轮船折》中所设计的目标："拟俟学馆建成，即选聪颖子弟随同学习，妥立课程，先从图说入手，切实研究，不必假手洋人，亦可引伸其说，另勒成书。"①

（二）通商口岸城市提供了足以支撑起图书消费市场的读者

中国近代出版转型的发生和推进离不开读者这一出版活动的目的终端，而通商口岸快速集聚的人口、对新式人才的需求和快速提升的阅读消费能力为近代出版转型提供了足以支撑起图书消费市场的读者。

1. 人口向通商口岸城市集聚为其优先发育图书消费市场提供了可能

随着近代一系列不平等条约的订立，从香港、广州、上海、宁波、福州、厦门开始，中国沿海、沿江以及内陆重要商埠逐渐开放，并被卷入近代资本主义世界体系，成为全球工业革命浪潮的重要组成部分，参与资本主义世界的经济、贸易、文化等活动。在清末民初的100余处通商口岸城市中，有一些城市迅速崛起，它们在空间上不断扩展，在人口方面也形成了明显的集聚效应，城市人口不断增加，逐渐发育成为其所在地区乃至全国的金融中心、商业中心、生产中心和文化中心。通商口岸城市强大的人口吸纳能力"进一步打破了城乡间的围墙，怀抱谋生、求职、晋阶、读书、发财和享乐的人们蜂拥而入，城市人口迅速膨胀"②。

以下一组数字足以佐证通商口岸城市的人口扩张。1841年5月，整个香港岛的人口只有7450人，到1900年，香港已经有25万人，增长了30倍，差不多一年就增长一倍。据《大公报》1902年9月4日第80号的报道，当时广州、汉口、宁波、宜昌等29个通商口岸的总人口为638.4万人。与香港不同，开埠后宁波的人口发展经历了一个曲折的过程。咸丰元年（1851），宁波人口有264.1万，由于天平天国战事，到同治四年（1865），宁波人口减少为174万。随着宁波工商经济的不断发展，到光绪十五年（1889），宁波人口已经回升至183.6万，到宣统二年（1910）则增至204.4万，1920年为271.2304万人。③ 这样的人口变化历程恰恰见证了宁波在开埠后的人口集聚力，也是近代通商口岸城市人口发展的缩影。

---

① 苏子良.上海城区史（下册）[M].上海：学林出版社，2011：1483.

② 焦润明.中国近代文化史[M].沈阳：辽宁大学出版社，1999：471-472.

③ 乐承耀.宁波人口史[M].宁波：宁波出版社，2017：5-6.

快速的人口扩张加快了通商口岸城市城市化的进程。据美国人类学施坚雅对1893年中国各区域(满洲和台湾除外)城市化情况的统计,当时通商口岸城市的数量仅占全国城市总数的1.6%,人口却占了全国城市总人口的28%;通商口岸城市多分布在长江下游地区和岭南地区,19世纪末,这两个地区的总面积虽只有全国总面积的15.8%,人口在2000人以上的城镇却有463个,城镇人口和城镇数量均占全国总数的32.4%;当时长江下游地区城镇人口比重最高时达到10.6%,岭南地区为8.7%,明显高于全国城镇人口6%的比重。①

值得注意的是,各通商口岸城市中产业工人是城市人口的重要组成部分。据统计,1894年,上海工人数为36220人,占全国工人总数的47.75%~46.40%;汉口工人数为12850~1335人,占全国工人总数的16.94%~17.10%;广州为10300人,占13.58%~13.20%;天津3080~4180人,占4.06%~5.35%;福州及其附近为2970~3240人,占3.92%~4.15%;九江为1000人,占1.32%~1.28%;南京为700~1000人,占0.92%~1.28%;汕头为600人,占0.79%~0.77%;厦门为500人,占0.66%~0.64%;其他城市工人数为7630~7670人,占10.06%~9.83%。② 由于近代工业大多设在各通商口岸城市,因此,产业工人也"大多集中在东南沿海各省的大城市,如上海、广州、天津、武汉、青岛等地,而且上海、广州、汉口等三大城市的工人数,就占全国的76.6%,其中上海比重为46.4%"③。随着近代工业的不断发展,产业工人在全国城镇人口中的占比呈逐渐上升的态势。

通商口岸城市产业工人的收入可以满足其对图书的消费需求。以1905年江南制造局工人的平均日工资为例。洋匠平均日工资为11.433银圆,折合中等米178.64千克;委员、提调、帮办的平均日工资为1.773银圆,折合中等米约27.7千克;司事0.886银圆,折合中等米约13.85千克;匠目1.746银圆,折合中等米27.28千克;工匠0.652银圆,折合中等米10.19千克;幼童0.207银圆,折合中等米约3.24千克;小工0.166银圆,

① [美]G.W施坚雅著,王旭等译.中国封建社会晚期城市研究——施坚雅模式[M].长春:吉林教育出版社,1991:70.

② 陈克涛.近代上海高昌庙城区变迁研究[D].上海:上海师范大学硕士学位论文:29.

③ 同上。

折合中等米月2.6千克。[1] 1880年,江南制造局平均每种赛连纸材质的书的价格为477.5文钱,可以买24千克大米。1896年,该局平均每种书的价格为483文钱,可以买21千克大米。[2] 从上述两组数据可以看出,尽管产业工人收入和买办、职员等中产阶层的收入远不能比,但是,他们还是有图书消费能力的。

可以说,通商口岸城市不断增加的城镇人口,尤其是产业工人人数的增加为近代图书消费市场在通商口岸城市优先发育提供了可能。

2. 通商口岸城市对新人才的需求直接催生新的图书消费市场

鸦片战争爆发之前,中国图书市场的消费主流是接受过旧学教育的知识分子,“即购书者、读者和藏书者,一般以官僚、贵族、士绅背景的文人,以及知识分子为主”,这个群体不仅人数较少,知识结构也多局限于旧学框架内,因此,“经史子集”类图书是市场主流;以平民读者为目标人群的图书,其内容虽多彩多姿,质量却多较粗糙,总体而言,“中国图书在自然科学和新的政治思想两方面,则明显较为逊色”。[3]

随着各通商口岸城市的不断开放,列强借助不平等条约,在中国各通商口岸城市享有特殊权益和优惠待遇,在进出口贸易中攫取超额利润,各通商口岸城市也因此迅速发展成为中外贸易中心。这些“通商口岸作为中国对外贸易的中心,集中了西方商人开设的各种工商企业和金融机构,中国最早的一批近代资本主义工业也大都设立在通商口岸,这就使通商口岸城市逐渐发展成为中国的资本主义工商业基地和资本中心”[4]。世界资本主义市场的需求刺激着沿海通商口岸城市的发展,农副产品和初级加工品都经由口岸城市中转,运往帝国主义宗主国,对外贸易成为口岸城市发展的主动力。外商纷纷在通商口岸城市投资开办洋行、百货、出口加工、航运、金融等实业。如清末时宁波江北岸有外国公司及洋行28家,这些洋行以外资投资为主,业务涉及轮船、金融、保险、纺织等;汉口一开埠,半年之内就有22家外国商人开办的洋行开张营业;天津开埠后6年,

① 陈克涛.近代上海高昌庙城区变迁研究[D].上海:上海师范大学硕士学位论文:34.
② 邓吟秋.中国出版业现代化研究:1800—1949[M].北京:国家图书馆出版社,2016:124-126.
③ 李家驹.商务印书馆与近代知识文化的传播[M].北京:商务印书馆,2005:196-197.
④ 王文泉、刘天路.中国近代史(1840—1949)[M].北京:高等教育出版社,2001:23.

洋行数量就从刚开埠时的 4 家增加到 15 家。这些实业对从业者的知识结构提出了新的要求,通西语、了解中外贸易规则、掌握一定工业技术的劳动力成为口岸城市最受欢迎的人群。与此同时,在资本主义经济的长期侵蚀下,中国自给自足的自然经济不断遭到破坏,人口不得不流向有就业机会的城市。

为了适应对劳动力素质的新要求,流向口岸城市的人口热衷于学习新学、新知、新技术,这直接催生了西语、法律和新技术等新知新学类图书消费市场的形成。

"19 世纪八九十年代,当学习外语在北京等地还被士大夫普遍嗤之以鼻的时候,上海各种各样的外语培训班已经多得可以与当铺相比,到 19 世纪末、20 世纪初,已经出现进外语学校要送钱开后门的状况,连龙门书院这样以研习传统文化为宗旨的机构也逐渐为西方文化所浸润"①。前述商务印书馆出版的《华英初阶》一书,就是夏瑞芳针对当时学习英文的巨大社会需求策划的。该书甫一出版就获得巨大成功,之后一版再版,成为商务的品牌畅销书,也是商务涉足图书出版领域的策划杰作,为商务创造了巨大的经济效益和社会效益。

3. 就业价值观的转型为新的图书市场提供了大量有知识基础的读者

随着中国社会的急剧转型,传统的就业价值观发生松动,倾向于到新式机构就业的国人成为新知新学图书的消费主体。

国门洞开之前,中国人的职业价值取向是"万般皆下品,唯有读书高","学而优则仕",通过参加科举跻身士人阶层是国人实现理想和抱负的唯一途径。而通商口岸城市由于得风气之先,传统的职业价值观开始松动,外资洋行、事务所、外资公司等适时出现,进入这些机构就职的国人在薪酬待遇方面有着显著优势。比如洋行职员的薪水要比一般华商商行为高出不少,洋行买办或者销售部主任月薪可得千元,高级职员为 200 元至 400 元,中低级职员为 50 元至 100 元。如果洋行每年都在赚钱,职员还有加薪机会。② 据一位曾在洋行工作的职员回忆,小学肄业的他 17 岁

① 熊月之.上海租界与近代中国[M].上海:上海交通大学出版社,2019:155.

② 汪文君.都市社会的兴起:近代上海的中产阶层与职业团体[M].上海:上海辞书出版社,2017:218.

经亲戚介绍，在通过英语口试后进入一家中等洋行做练习生，几年后成为业务骨干，职务获得升迁，月薪从20元涨至150元，这在当时是很可观的薪酬了。有了这样的薪资待遇，在洋行工作的职员其生活也高于社会平均水平。再如宝顺洋行买办徐润，其在学徒期间的薪水为每月10元，10年后增至50元，1861年升任总买办后，他凭借自己在口岸城市所拥有的种种优越条件，利用自己与外商的密切关系，收取高额的代理佣金、行号利润和资金利息，很快就成为晚清最富有的买办之一。① 这样的成功案例更激发了通商口岸城市平民子弟对新知新学的需求，也使他们成为新知新学图书的消费主体。

1894年，苏格兰裔澳大利亚人乔治·厄内斯特·莫理循（George Ernest Morrison，1862—1920）在《1894，中国纪行》里记述了他从上海到缅甸仰光旅行途经武汉汉口时的经历，其中有段记述反映了口岸城市民众对英语的重视：

> 上午时分，老板给我带来写好的协议，用中文书写并正式签字，一个中国职员在后面替我译成英语。我将其逐字誊写出来：
>
> …………
>
> 用英语写下这份协议的那个华人，英语口语也比很多英国人强。②

20世纪初发生的废除科举更加速了知识分子向新兴职业的转移，这些知识分子也是新学新知图书市场的消费主体。

在科举废除之初，“都市中与各省充满了大批因无法就业而对前途深感失望的青年知识分子”，由于社会地位的不稳定，他们中的一部分“以异乎寻常的速度，急剧地涌入政治领域政治，纷纷竞奔官场，以争取权力、地位与财富资源，成为新政时期与民国初年的‘政治参与膨胀’的巨大力量”③，最终成为清政府腐朽统治的掘墓人；一部分则选择以知识为资本投身新兴职业。而无论是前者还是后者，他们都需要借助新知新

---

① 参见张剑.1840年：被轰出中世纪[M].上海：东方出版中心，2015：278.

② [澳]乔治·厄内斯特·莫理循.1894，中国纪行[M].北京：中华书局，2017：14.

③ 冯林.重新认识百年中国：近代史热点问题研究与争鸣（上册）[M].北京：改革出版社，1998：109.

学，或者将之作为动摇和消解清政府权力的思想武器，或者作为自己谋生的知识资本。结果是，一方面，口岸城市尤其租界以治外法权成为最受前者青睐的活动据点，他们是史地、政论等类书籍的忠实读者；另一方面，口岸城市新兴的业态以相对高的薪资待遇吸引着后者，他们是包括西语在内的新学科、新技能类书籍的忠实读者，二者共同构成了口岸城市新的图书消费主体。

4. 通商口岸城市新兴的中产阶层保障了新图书消费市场的平稳发育

通商口岸城市人口的扩张源自其对劳动力需求的不断增长，诸如香港、广州、宁波、上海、汉口、天津等通商口岸城市不仅成为华人移民的谋生地，还是多人口、多族群、城市化进展迅速的新城。在这些进入发展快车道的口岸城市，出现了人口相对壮大、收入相对稳定的中产阶层，这些中产人士正是新图书市场的消费主体。

《近代宁波城市变迁与发展》一书曾对近代宁波出现的新社会阶层进行分析，这一分析对了解近代新图书市场的消费主体有一定的参考价值。宁波开埠后，经过数十年的发展，到清末民初时，出现了以下新的社会阶层：

(1) 清朝、民国的官吏及后来的高级公务员；

(2) 中外银行、公司的董事及高级职员(经理)，买办，大型工厂、商店、银号的主要投资者、经营者；

(3) 银行、公司、中小型工厂、商店的投资者、经营者，专业职员和高薪雇员；

(4) 小企业主、商人、中间商、教师及一般政府职员；

(5) 个体工商业者，工厂的机匠；

(6) 工厂和手工作坊的工人及运输、建筑、搬运、邮政等行业的工人及店员、季节工、临时工、小摊贩；

(7) 失业工人、无业游民、难民、乞丐、娼妓等贫民。①

上述7个新的社会阶层中，第一类、第二类属于宁波上流社会，“他们

① 苏利冕.近代宁波城市变迁与发展[M].宁波：宁波出版社，2010：242.

有政治势力或经济实力，与政府及外国政治经济势力有各种各样的联系”；第三类、第四类是宁波的中等社会阶层，在人口中占较多比例，“他们有一定的资金，或者有固定的收入，过着比较富裕的生活”；第五类、第六类是宁波社会下层，占城市人口比重最大，有微薄的收入，“一旦失业，生活就没有保障”；第七类是社会最底层，“生活没有任何保障”。在这7类人群中，第一类至第四类收入相对稳定，有一定的文化基础，也有一定的图书消费需求，是比较稳定的图书消费人群。

近代宁波社会阶层分布状况和收入水平是同时期通商口岸城市社会阶层分布状况和收入水平的缩影，从中我们可以了解到近代图书的消费主体主要集中在通商口岸城市新兴的中产阶层。在社会相对稳定的情况下，中产阶层的图书消费能力相对稳定，从而保障了近代图书市场的相对平稳发育。

缝隙之花：上海租界与中国近代出版转型

正如唐振常所言，在近代中国接受中西文化碰撞的考验过程中，上海"犹如一条巨龙的龙头，它首先走出了中世纪的迷雾，首先经历了中西文化的冲突和融合"，"中国人民从近代上海看到了，享受到了比在中国其他地方要多一些的近代文明的利益"，"上海租界的历史与整个上海的近代化和城市开发建设几乎联系在一起，中国人民在这一过程中又付出了勤劳和智慧，显示出中华民族在那样严重的危机面前，所具有的顽强的生命力和自新能力"。①

租界是近代中国之耻，是帝国主义以炮火为后盾，强加给中国人民的侵略产物，被西方列强深深烙上了殖民印记，但是研究中国近代出版转型又绕不开租界这一曾经的客观存在，上海租界以其独有的特质对中国近代出版产生了重要影响。

一、租界的定义、由来及分布

（一）租界的定义

对于"租界"一词的定义，1919 年 1 月巴黎和会期间，由外交总长陆征祥、驻美公使顾维钧、驻英公使施肇基等组成的中国代表团在就归还租界问题进行谈判时向大会指出，租界是各通商口岸"划定专界备外人居住、贸易者"，"租界之地，仍为中国领土。其外人之执有地产者，仍须缴纳地税于中国政府，与中国人民无异。

① 唐振常.当代学者自选文库:唐振常卷[M].合肥:安徽教育出版社,1999:562.

惟治理之权则或属于承受该租界之国所派领事官，或属于纳税外国人民所选举之工部局”①。

1989年版《辞海》则给出了如下定义：“帝国主义国家强迫半殖民地国家（如中国）在其口岸或城市划出的作为外侨‘居留和经商’的一定区域。是帝国主义国家对半殖民地国家进行各种侵略和罪恶活动的据点。”②

（二）租界的由来及分布

1. 近代中国租界的由来

随着《南京条约》《五口通商章程》及《五口通商附粘善后条款》（即《虎门条约》）等一系列不平等条约的签订，西方列强在利用通商口岸城市在华实施经济和文化侵略的同时，为了保护本国商人和侨民的利益，肆意瓜分和掠夺中国而又不受中国法律的制约，先后在一些通商口岸城市强“租”土地，并将之发展成由其直接管理的“租界”。列强在租界内设立工部局作为自己的军事、行政、司法管理机构，在租界内驻扎军队，行使治外法权，使租界成为不受中国政府管辖的“国中之国”。

2. 近代中国的租界分布

1845年11月，英国首任驻沪领事巴富尔故意曲解《五口通商附粘善后条款》中关于英人在通商口岸租地建屋的有关条款，迫使清政府与之签订《上海租地章程》，先后划定830亩土地租给英国人建房造屋，这是近代中国第一块租界。之后，美国、法国等国援例也在上海设置租界。自此至1902年奥匈帝国在天津设立租界，在我国近代史上，英国、日本、法国、德国、俄国、意大利、奥匈帝国、比利时等8个国家共在中国“租借”25块单一专管租界，它们分布在10个城市，分别是上海英租界（1845）、厦门英租界（1852）、天津英租界（1860）、汉口英租界（1861）、广州英租界（1861）、九江英租界（1861）、镇江英租界（1861），杭州日租界（1895）、苏州日租界（1897）、汉口日租界（1898）、重庆日租界（1901）、天津日租界（1902），上海法租界（1849）、广州法租界（1861）、天津法租界（1861）、汉口法租界（1896），天津德租界（1895）、汉口德租界（1895），汉口俄租界

---

① 中国社会科学院近代史研究所《近代史资料》编译室.秘笈录存［M］.北京：知识产权出版社，2013：142.

② 辞海（下册）［M］.上海：上海辞书出版社，1989：4580.

(1896)、天津俄租界(1900),天津意大利租界(1902),天津奥匈帝国租界(1902)、天津比利时租界(1902);两块是列强共管的公共租界,分别是厦门的鼓浪屿公共租界(1843),由英、美租界合并而成的上海公共租界(1863)。

列强在我国强行"租借"的租界分布在我国沿海、沿江的通商口岸或便于贸易活动的城市。其中,天津租界个数最多,曾有9个国家在天津设立租界;上海租界在所有租界中面积最大、存在时间最长,在中国近代出版转型中具有重要作用。

二、上海租界的特质

(一)区位优势突出

上海在近代通商口岸城市中的区位优势最为突出。从经济学的角度而言,它地处中国海岸线的中点,是维系中国沿海各地航运贸易的枢纽,与沿海各省有着密切的商业联系。上海又位于长江入海口,拥有广大而富饶的长江流域腹地,沿长江航道可以抵达南京、芜湖、汉口等地,经运河水路又可以与苏州、杭州、扬州往来。凭借突出的区位优势,在鸦片战争之前,上海就已是东南沿海著名的商业都市和贸易大港。[①] 19世纪50年代,上海正式取代广州,成为中国近代经济和贸易中心。

美国记者、作家欧内斯特·O.霍塞于1940年出版的《出卖上海滩》一书再现了上海作为近代中国经济中心的繁荣。在上海外滩,霍塞看到了"爱多利亚路转角处的亚细亚石油公司大楼",有着世界最长吧台的平庸而豪华的上海总会大楼,日清轮船株式会社、大英银行,中国通商银行和轮船招商局,汇丰银行、海关大楼,英商麦加利银行,汇中饭店,沙逊大厦,华懋饭店,德国总会大楼,中国银行,日本横滨正金银行,意国轮船公司,怡和大厦,怡泰大楼,法国东方汇理银行,日本邮船会社,惠罗公司,别发洋行,沙利文,等等。当然,霍塞也看到了《字林西报》报馆和中美图书公司(American Book Shop)。"那些白色的银行、保险公司的宫殿、办公大楼和饭馆"矗立在那里,"平庸而傲慢地沿着外滩排列成行,以一种赢利和投资的得意之情眺望着浑浊的江流。"[②]

① 戴鞍钢.大变局下的民生:近代中国再认识[M].上海:上海人民出版社,2012:102.

② [美]欧内斯特·O.霍塞.出卖上海滩[M].上海:上海书店出版社,2019:247.

（二）历时最久、面积最大

1. 历时最久

1843 年 11 月 17 日，上海开埠。1845 年 11 月 29 日，清政府苏松太兵备道宫慕久与英国领事巴夏尔共同公布《上海租地章程》（又称“上海土地章程”），设立上海英租界。是为中国近代最早的租界。1943 年 7 月 30 日和 8 月 1 日，上海法租界和公共租界先后交还中国。从 1845 年 11 月 29 日至 1943 年 8 月 1 日，上海租界历时近 98 年，是近代中国历时最久的租界。

2. 面积最大

在近代中国口岸城市的租界中，上海的租界规模最大、范围最广。

1848 年，英租界由设立之初的 830 亩（约为 553278 平方米）扩增至 2820 亩（约为 1879812 平方米）。同年，美国在上海虹口地区购地（没有划定四至），造成租界事实。1849 年 6 月，法国在上海设立占地面积为 986 亩（约为 657267.6 平方米）的租界。1863 年 3 月，英租界与美租界合并为“公共租界”。1893 年，公共租界面积增至 10676 亩（约为 711.8 万平方米）。1899 年，扩大至 33503 亩（约为 2233.6 万平方米），是 1893 年的 3 倍强。

上海两个租界的总面积最多时有 48653 亩（约为 3243.7 万平方米），是天津、汉口、厦门、广州、镇江、九江、杭州、苏州、重庆所有租界面积总和（30612.32 亩，约为 2040.9 万平方米）的 1.5 倍以上①，并且几乎覆盖了整个上海城区的核心区域。

（三）华洋杂处

上海租界是殖民者为了保持优越感和所谓优惠特权，而在上海市域内划出的外侨集中居住地，它经历了由“华洋分居”到“华洋杂处”的过程。

在上海租界设立之初，和广州一样，居住其内的华人与外侨之间为“分居”格局：1845 年，公共租界有外侨 90 人，华洋分居；1853 年，公共租界有外侨 200 余人、华人 500 人，华人多为原住民、仆役劳工及买办商人，华洋分居。根据《上海土地章程》，洋泾浜（今延安东路）以北、李家庄（今

① 熊月之.上海租界与近代中国[M].上海：上海交通大学出版社，2019：11.

北京东路）以南、东起黄浦江的一方土地被划定为英租界，“界内居民不得彼此租赁，亦不得建造房屋，赁给华商”；“洋泾浜北首界址内，租主得公同建造市场，使华民将日常用品运来售卖”；“洋商不得私自建造，亦不得建造房屋，租给华民或供华民使用”。① 1853 年 8 月上海城区爆发小刀会起义，百姓纷纷涌进租界内躲避战乱，租界内地价飞涨，外商为牟取暴利，十分乐意把租界内的土地卖给急需避乱的华人，由此，持续了 8 年的华洋分居格局被打破。1854 年修订的《上海土地章程》在其“附件一”中规定：

> 凡华民在界内租地、赁房，如该房系外国人之业，则由该业户禀明领事官；系华民之业，则由该业户禀明地方官，将租户姓名、年、籍，作何生理、欲造何等房屋、作何应用、共住几人、是何姓名，均皆注明，绘图呈验。如地方官及领事官查视其人无碍，准其居住，该租户即出具甘结，将同居各人姓名、年、籍填写木牌，悬挂门内，随时禀报地方官查核，遵照新定章程，并按例纳税。②

该附件以法律文书的形式承认了华人在租界内居住和从事商业等活动的合法性，租界正式进入华洋杂居模式，“公共租界、法租界、华界之间除了在战争时期，一般没有不可逾越的藩篱，人员能够自由流动”③。

1860 年和 1862 年，太平军两次进攻上海，再度引发华人富户和平民涌入租界的热潮。据当时法国公董局的统计，1865 年，上海公共租界和法租界内共有外国居民 2757 人、华民 146053 人。又据 1865 年租界人口普查数据，公共租界有外侨 2297 人、华人 90000 人，法租界有外侨 460 人、华人 50000 人。1880 年，租界有外侨 2504 人，1900 年为 7396 人，1905 年为 12328 人，1910 年为 15012 人。

随着人口的不断涌入，上海租界的工商业日益活跃，当时的租界“南北地广十余里，洋房联络，金碧万状。其间里巷纷纭，行人如蚁，华民多肆

① 姚远.上海租界与租界法权[M].上海：上海三联书店，2016：225.

② 姚远.上海租界与租界法权[M].上海：上海三联书店，2016：229.

③ 熊月之.上海租界与文化融合[C]//马长林.租界里的上海.上海：上海科学院出版社，2003：43.

于中，铺户鳞比，百货山积。茶坊则楼架三层，最上者，一茗需钱五六十，若登酒楼，非费十余金不可……界内之盛，实由华民之铺户杂处其间，商旅咸集故也”①。

自从实行华洋杂处之后，“随华人而来的资金、人力、商机也促进了租界的经济发展，使租界的近代城市轮廓渐趋清晰”，上海租界的司法制度、文化环境等逐渐呈现出迥异于其他租界的特质。

（四）城市管理缝隙：上海租界的司法环境

租界的设立，是对中国主权的严重侵犯和破坏。在领事裁判权的庇护下，租界里的外国人和特定华人群体享有司法特权而不受中国法律的约束。

1. 会审公廨

上海租界的司法制度以 1853 年为界，1853 年之前为华洋分理，即外侨的案件由其所属国领事法庭受理，华人案件则交由上海地方官处理。1853 年之后，随着华洋杂处的实行，情况发生了变化。这时的上海租界，其城市管理呈现出奇特的“一市三治四界”格局，即 1 个城市、3 个管理机构（英租界、法租界、华界，华界又分为南市和闸北），在分治区域内，各有各的政权、交通、能源、卫生等系统，具体在法律方面有如下规定：

> 中国人民居住租界者，中国政府不得施其裁判之权。即如中国地方官欲于租界之内拘捕中国人民，则必须先得该承受该租界之国领事官许可，在公共租界者必先得领袖领事官之许可。若该中国人与任何外国商行或家族有关系者，又须先得该商行或家族所属国领事官之许可。租界之内华人互控之案，虽与外国利益毫无关系，仍须由会审公廨审断。其外国会审员不特从旁视察，且实握判决之权。中国人有因案逃避于租界者，中国官非先请租界外国官许可，发出拘票，则无从拘捕。②

上文中会审公廨制度的合法化始于 1869 年 4 月 20 日。1862 年，针对华洋杂处社会结构下出现的司法问题，英国驻沪领事致函给上海道，要

---

① 转引自史革新.中国社会通史·晚清卷[M].太原：山西教育出版社，1996：342.

② 中国社会科学院近代史研究所《近代史资料》编译室.秘笈录存[M].北京：知识产权出版社，2013：142-143.

求"凡贵国官廨对于居住租界内之华人行使管理权时，须先经本领事同意"。同年，上海道与美领署订立的租界章程第三条规定："有拘票者，必须由美领事签字方可在租界内拘捕。""至此，清政府在租界内对无约国犯人的提管之权完全丧失，英美领事取得租界内无约国人的管辖权"①，"外国陪审官拥有了积极介入诉讼的权力"②。1864 年，在英国领事巴夏礼的主张下，上海租界成立实行中外会审的混合法庭——洋泾浜北首理事衙门。1868 年，《上海洋泾浜设官会审章程》经总理衙门核准。1869 年 4 月 20 日，该章程公布并生效。依照该章程，上海公共租界内成立上海会审公廨（The Mixed Court），洋泾浜北首理事衙门使命终结。自此，外国领事"越来越积极地参与到诉讼中，并从观审、会审的位置渐渐的开始主导诉讼"③。

会审公廨本是中国政府在租界内设立的法院，主审为中国法官，外国领事只有会审权和陪审权，但是，"列强不同的法律体系，不仅代表着不同的利益，还不足以有效应对本地的需求"④，1902 年，《上海租界权限章程》承认"华人居民不能被随意逮捕或移送租界外，除非经过审判并被定罪"。"由于列强的蛮横以及中外法律观念与制度的冲突，常常会引起中外会审官的矛盾。对在租界内的华人'国事犯'，租界当局往往引用国际法上'政治犯不引渡'的条款拒绝将其引渡给清政府，而是已送会审公廨审理，以便由外国会审官按西方法干预审判"，租界当局的这一做法虽然违反了国际法中国家主权不得侵犯的基本原则，也违反了中外约定的有关章程，但在客观上却从司法的角度庇护了在租界内进行反清革命的华人。⑤

2. 缝隙效应

上海"一市三治四界"的城市管理格局形成了独特的效应，近代史学家熊月之将之称为"缝隙效应"，具体表现为：

> 近代上海三个行政实体之间存在管理薄弱地带，包括两租

---

① 姚远.上海租界与租界法权[M].上海：上海三联书店，2016：13.

② ［俄］郭泰纳夫.上海会审公堂与工部局[M].上海：上海书店，2016：132.

③ 姚远.上海租界与租界法权[M].上海：上海三联书店，2016：15.

④ ［俄］郭泰纳夫.上海会审公堂与工部局[M].上海：上海书店，2016：25.

⑤ 武乾.夷夏之间：长江流域的礼制与法制[M].武汉：长江出版社，2014：211-212.

界与华界之间、公共租界与法租界之间，洋泾浜上的各座桥上，一度成为走私贩毒的三不管地带，就是因为桥之两端分属两个租界，走私贩毒者易于逃避管辖；二是因为制度所形成的管理缝隙。租界既是中国领土又不受中国政府直接管辖的特点，使得中国大一统的政治局面出现一道缝隙，无论是在公共租界还是法租界，中国地方官员均不能随意入内捕人。这道缝隙虽然很小，但影响很大。在清朝政府、北洋政府、南京政府统治时期，这道缝隙成为一条力量薄弱地带，成为反政府力量可以利用的政治空间。①

在戊戌变法失败后慈禧太后一党发动的康梁文字查禁中，康有为、黄遵宪等维新派代表即利用上海租界的这道"缝隙"逃离上海，避祸他乡。

戊戌政变发生后，1898 年 9 月 21 日，康有为乘坐英商太古公司"重庆号"轮船逃往上海，两江总督刘坤一密令上海道台蔡钧逐船搜查缉捕康有为，蔡钧照会英国领事，要求允许其登船抓捕康有为；又密购康有为照片在吴淞码头通宵守候。9 月 24 日，英国领事赶在上海道台所派人员前面派士兵用小蒸汽船登上"重庆号"，将康有为转移到英国军舰"埃斯克号"上。英国驻沪总领事派租界工部局秘书濮兰德向康有为确认其有无"杀人"和"进红丸弑上"之罪，得到否定的答复后，9 月 27 日，濮兰德让康有为搭乘英国轮船"巴拉勒特号"，在英舰"巴那文契号"的护送下前往香港。

1898 年 10 月 4 日起，慈禧太后下令继续清算维新派人士。10 月 6 日，清廷以黄遵宪有病为由下旨免去其驻日公使一职，并于 10 月 8 日密电两江总督刘坤一秘密看管黄遵宪。10 月 9 日，刘坤一电告总理衙门已由上海道台蔡钧派人对居住在上海北洋务局的黄遵宪实施监管，并指出，"黄遵宪系三品京堂，现未褫职"，上海道"未敢径拘"，"惟洋务局密迩租界，深虑外人出而干预，转于政体有碍"，刘坤一奏请清廷考虑到上海租界"外人出而干预"这一因素，谨慎行事。曾任日本首相的伊藤博文得知此事后，命令上海代理领事诸井六郎电告在北京的驻华外交官林权助，要求林"采取直接的行动以解救"黄遵宪，"如可能的话即提出抗议"。次日

① 熊月之.上海租界与近代中国[M].上海：上海交通大学出版社，2019：21-22.

上午9时收到电报后，林权助即回电诸井六郎："中国政府正向守旧的老路上回归。近日所有有关改革的谕旨已被取消，报馆将被禁，编辑将受惩"，并表示自己"将立即采取行动"。同时，林权助向大隈重信发电报告："黄遵宪因朝廷之命而被监禁。侯爵忧惧其生命危险，希望我能解救他，如有可能的话，即抗议这种凶暴的方法……我今天下午去见王、大臣交涉此事"。林权助与清廷交涉，表示对于黄遵宪的处理"未免有关本国颜面。惟贵王、大臣熟思而审处之"。10月10日，大隈重信电告林权助要求林"强烈地再次向总理衙门施加压力：有必要抑制过分的举动，这不仅是对黄遵宪，而且包括其它改革派人士"。①总理衙门受到压力后发电给刘坤一，刘坤一于11日回复总理衙门：

> 昨夜据电称，今日有英租界包探四人至局外马路上窥问，情形可疑。英人议论繁多。伯爵柏理盰面告川督奎俊，即朝事若不公，必当干预。又据电称，探得日本人今日会议，约同英人欲干预黄事各等语。上海洋人萃处，近来干预极多，该道所采自系实情。应请旨将黄遵宪迅赐发落，以免另生枝节。②

10月12日，刘坤一又发电报告知总理衙门："昨夜两点半钟，洋务局忽来洋人数十名撞栅栏门不开，即有七人从西越进，手执军械，声称要劫夺黄遵宪父子二人……现在沿路加派西捕，显系蓄意劫夺。"他建议清廷"如果将黄从轻发落，务请谕旨早降，以释群疑。即应治罪亦须阳示宽大，俟至原籍办理。在沪举支，恐于国体有碍。缘西人咸疑中国禁遏新政，即告以事不相涉，决不能信等语"。在电文中，刘坤一又援引前不久康梁文字查禁中"康犯确系英舰接去，梁犯闻由倭人挟逃"的案例，奏请清廷"迅赐定夺，以杜外侮而释群疑"。③ 这时，英国驻沪领事也正在采取行动，而英、德、俄三国军队已经进入北京。在这样的情势下，清廷不得不让步，总理衙门以误以为康有为藏匿在黄遵宪处而饬令访查为借口，照会林权助"并无拘留黄遵宪之说。且已有旨令其回籍矣"。在蔡钧向日本领馆解释并非拘禁黄遵宪、诸井六郎查核黄遵宪回籍属实后，日本对黄遵

① 茅海建.戊戌变法史事考初集[M].北京：生活·读书·新知三联书店，2012：521-525.
② 茅海建.戊戌变法史事考初集[M].北京：生活·读书·新知三联书店，2012：525.
③ 茅海建.戊戌变法史事考初集[M].北京：生活·读书·新知三联书店，2012：524-525.

宪一事的干涉方告结束。

近代出版人正是利用租界与华界、租界之间的这种城市管理缝隙，纷纷涌至上活租界创办出版机构、出版各种书籍，就这一点而言，上海租界无意当中在客观上成了近代出版转型的孵化器。

（五）上海租界的出版管理环境

上海租界不仅是列强在中国进行经济和文化侵略的基地，还是其进行思想渗透的据点，更是中华民族先进分子从事进步活动的中心、西学在中国传播的中转站，[①]这和上海租界在客观上享有一定的新闻出版自由有重要关联。正如近代出版史学者吴永贵所言，"上海出版业确有着国内其他城市难以比肩的较为宽松的政治和文化土壤。上海出版业正是在这种宽松的土壤中得以迅速成长的"[②]。

直到 1919 年 6 月 22 日之前，包括上海租界在内的几乎所有租界都没有制定新闻出版法，这使得租界的出版活动在客观上处于相对自由宽松的状态。

1900 年，上海公共租界工部局发布"准则"表明了对于政治犯和言论出版自由的总体态度：

> 自太平天国以来，严格中立一直受到公共租界和法租界西人社会不惜任何代价的维护，并在几年前庄严宣布了绝对尊重居民各种政治信念和不涉刑事犯罪的政治难民的避难权。这是可以理解的，因为他们的存在和活动不会影响租界的和平与治安，外人社会向他们所提供的庇护不能用于反对中国合法政府的密谋。租界内的居民不论国别，都享有出版和言论自由，却不能用来破坏现有秩序。[③]

工部局认为，"一个中国法庭，如被中国政府当作迫害租界内部分居民的工具，即便他们是华人，也是对租界秩序与和平的破坏"[④]。

1903 年之后，在上海租界，处理与出版相关事务的依据是 1903 年与

① 吴士英.论租界对近代中国社会的复杂影响[C]//刘丽丽.步履维艰：中国近代化的起步.北京：商务印书馆，2019：194-195.

② 吴永贵.中国出版史（下册・近现代卷）[M].长沙：湖南大学出版社，2008：77.

③ ［俄］郭泰纳夫.上海会审公堂与工部局[M].上海：上海书店，2016：128.

④ 同上.

美国签订《中美续议通商行船条约》,日本也与中国签订有相似条款的《中日续议通商行船条约》。《中美续议通商行船条约》第十一款规定:

> 无论何国,若以所给本国人民版权之利益,一律施诸美国人民者,美国政府亦允将美国版权律例之利益给与该国之人民。中国政府今欲中国人民在美国境内得获版权之利益,是以允许凡专备为中国人民所用之书籍、地图、印件、镌件者,或译成华文之书籍,系经美国人民所著作,或为美国人民之物业者,由中国政府援照所允保护商标之办法及章程,极力保护十年。以注册之日为始,俾其在中国境内有印售此等书籍、地图、镌件或译本之专利。除以上所指明各书籍、地图等不准照样翻印外,其余均不得享此版权之利益。又彼此言明,不论美国人之所著何项书籍、地图,可听华人任便自行翻译华文刊印售卖。凡美国人民或中国人民为书籍、报纸等件之主笔或业主或发售之人,如各该件有碍中国治安者,不得以此款邀免,应各按律例惩办。①

宣统三年二月(1911 年 3 月),在美国出版商诉商务印书馆侵权案中,张元济就是将《中美续议通商行船条约》第十一款作为有力的法律依据进行辩护的。美国经恩公司向上海会审公廨控告商务印书馆翻译出版历史教科书《欧洲通史》是侵犯了该公司的版权,美国驻沪领事没有经过司法程序即通知江海关道不得再印售该书,同时通过北京公使馆向清政府外务部提起交涉。会审公廨审理后,援引 1908 年日本斋藤秀三郎诉志诚书局侵权一案的判例,驳回了经恩公司的诉讼请求。美国公使又与英国公使串联,一起以照会的形式向清政府施压,美国公使卫理甚至亲自与清政府外务部交涉,要求保护美国公民在华版权,清政府外务部以版权问题是民间商务问题,外务部无权命令上海道处理此案为由予以弹回。1919 年 4 月 23 日,美国商会又与中国政府交涉,要求各个出版机构停止翻印《欧洲通史》等美国拥有版权的书籍。商务印书馆总经理张元济特向教育部、农商部、外交部呈文,援引《中美续议通商行船条约》中中美之间关于版权的约定条款及 1908 年《欧洲通史》一案的处理情况,说明美

① 奉天交涉署.约章汇要[M].沈阳:奉天关东印书馆,1927:209-210.

国著作权人在中国并不拥有美方控告中所列书目的版权。此时，恰逢五四爱国运动声势高涨，最终美方谈判代表弥勒以支持商务印书馆告终。1920 年 3 月，经恩公司勃林姆斯夫妇还曾在弥勒夫妇的陪同下参观商务印书馆，并与商务讨论合作事宜。

经恩公司版权诉讼案也从一个侧面反映了租界出版环境的相对宽松，之所以能够有这样的出版环境，正如陈正书在《上海租界最早的新闻出版法》一文中分析的，其原因"只是由于上海租界在帝国主义多元统治下，在各国舆论机构之间、在舆论界与租界当局之间、租界当局与公使团之间存在着种种矛盾，一直未能遂其愿而已"①。

1903 年发生在上海的"《苏报》案"是帝国主义与清政府以及进步力量在租界进行权力和利益博弈的生动案例。《苏报》创刊于 1896 年，由创办人胡璋的日本籍妻子生驹悦在驻沪日本总领事馆注册，报馆馆址设在英租界四马路东头。1897 年，由于经营不善，胡璋将《苏报》全盘转让给湖南衡山人陈范。陈有过任知县的经历，他认同改革，但是又与维新变法领袖康有为的意见相左。陈范接手《苏报》后，不仅将馆址迁至汉口路 20 号，报纸内容也大变，转为揭露清廷腐败，主张维新变法。随着革命形势的发展，陈范的思想由支持维新变法转向赞成革命。1903 年 5 月 13 日，《苏报》发表《敬告守旧诸君子》一文："居今日而欲救吾同胞，舍革命外无他术。非革命不足以破坏，非破坏不足以建设，故革命实救中国之不二法门也。"5 月 27 日，《苏报》聘章士钊为主笔，又聘章太炎、蔡元培、邹容等为撰稿人。上任伊始，章士钊即以"第一排满、第二排康"为宗旨，对《苏报》进行了改良。6 月 1 日，《苏报》在醒目位置刊登题为《本报大改良》的"本馆特白"，宣布"今后特于发论精当、时议绝要之处，夹印二号字样，以发明本报之特色，而冀速感阅者之神经"。自此，《苏报》的言论更趋向激进，"排满""仇满"等文辞连篇迭出②，直至 7 月 7 日被封，33 天内，《苏报》发表了不少鼓动反清革命的文章。6 月 9 日《苏报》刊登《读〈革命军〉》一文，热情赞扬邹容的《革命军》："是以排满之见，实足为革

---

① 陈正书.上海租界最早的新闻出版法[C]//唐振常、沈恒春.上海史研究(二编).上海：学林出版社，1988：69.

② 龚书铎.中国通史第十一卷 近代前编(1840—1919)(下册)[M].上海：上海人民出版社，2015：1344.

命之潜势力，而今日革命者所必不能不经之一途也”；“诚今日国民教育之第一教科书也”。同日的“新书介绍”栏还刊登了《革命军》的广告。6月10日，《苏报》发表章太炎的《序〈革命军〉》，呼唤革命，并称《革命军》是“雷霆之声”“义师先声”。6月20日，《苏报》“新书介绍”栏目介绍章太炎的《驳康有为论革命书》；29日又以《康有为与觉罗君之关系》为题摘登《驳康有为论革命书》的内容，不仅驳斥康有为的保皇谬论，还点名讥讽“载湉小丑，未辨菽麦”。“《苏报》迅即成为举国瞩目、独步一时的革命报刊。”①邹容《革命军》和章太炎《驳康有为论革命书》的介绍和刊发，振聋发聩，但也引起了清朝统治者的极端仇视和震惊，极度恐惧革命的清廷电令两江总督魏光焘、江苏巡抚恩寿向租界工商部商议查禁《苏报》，并“严密查拿，随时惩办”。上海道台袁树勋与候补道俞明震与租界当局交涉，要求持票捉拿邹、章等人。6月29日，在清廷的强烈要求下，租界工部局对邹容、章太炎、陈范等人发出了拘票。由于俞明震是该报主笔章士钊在江南陆师学堂的恩师，而且章士钊发表文章都是用化名，章士钊没有被查究。6月30日，巡捕包围爱国学社，章太炎认为有租界的庇护，不会有什么麻烦，遂主动就捕；7月1日，邹容主动到四马路巡捕房投案。7月15日，会审公廨开始审讯。其间，清廷大员张之洞、端方、魏光焘、袁树勋等人积极出面协调，仅是收入故宫档案的往来电文就有近190封。他们的目的是迫使租界当局同意将邹、章引渡到南京，然后将二人按照清律处以极刑，清廷甚至暗派便衣500余人潜伏在公廨周围，意欲劫持邹、章二人。俄国公使和法国公使出于讨好清政府的目的，对清政府的要求表示支持，其他条约国公使则被迫向本国政府请示。② 而租界当局不仅拒绝承认会审公廨实施拘捕的合法性，下令巡捕房不得执行公堂的命令，而且还坚持认为租界享有“治外法权”，发表文章、举行集会、批评政府都在言论自由范围内，即使有证据证明章太炎等是犯罪，由于是“国事犯”，按照国际惯例也应予以保护，拒绝按照清律判决邹、章。英文《字林西报》评论此事道：“外人在租界一日即有一日应得之权利，中国人在租界一日

① 龚书铎.中国通史第十一卷 近代前编(1840—1919)(下册)[M].上海:上海人民出版社,2015:1344.

② [俄]郭泰纳夫.上海会审公堂与工部局[M].上海:上海书店,2016:131.

即有一日应受外人保护之权利，而华官固不得过问也。"①最终，租界当局拒绝了清政府的引渡要求，清廷的劫持图谋也未得逞。7 月 24 日，会审公廨判处二人为永久监禁，其他涉案人员予以释放。《江苏》杂志发表短评《祝苏报馆之封禁》，指出思想、言论、出版这三大自由为"神圣不可侵犯之物"；香港《中国日报》和《上海泰晤士报》也表示如果引渡二人，应予以反抗。英国蓝斯堂侯爵表示，租界拘捕邹、章是为上海道台所迫，不得已而为之，但绝不会将二人移交清廷。美国方面也下令不得将邹、章移交清廷。7 月 31 日，沈荩案当事人、记者沈荩因在报纸上披露清廷与沙俄签订卖国密约一事惨遭杖杀。反对引渡邹、章的呼声日益高涨，清廷迫于压力，放弃了引渡的主张。1903 年 8 月 5 日，英方拒绝交出"《苏报》案"涉事者，上海道台便提出由清政府委派高级官员参与会审公廨的审讯，判处邹、章极刑或者终身监禁，英国驻华公使萨道义未予同意，美国权衡再三后同意上海道台与公使团的协调方案——在租界内审讯和执行。12 月 3 日为审讯第一天，古柏作为原告律师出庭，代表清政府提起控诉，律师琼司和爱立司做无罪辩护。12 月 5 日，外侨李德立和西蒙先后作为辩方和控方的证人出庭作证。12 月 9 日，参与审讯的中方官员汪瑶庭抢先宣判，英国副领事以事先未与其商议且判刑过重为由表示抗议，并否认中方判决内容的效力。1904 年 2 月，公使团表示如果此案再不结案，将释放邹、章。在租界当局、清政府、革命党人、进步舆论等的多方角力下，经过漫长的交涉，"《苏报》案"终于在 1904 年 5 月 21 日结案，章太炎被判三年监禁，邹容被判两年监禁并罚做苦工，刑满后驱逐出境，不得逗留租界。

在处理"《苏报》案"的过程中，清政府、租界当局、媒体、进步群体基于不同的立场和利益，进行了角力。民国初年任甘肃临时军政府都督的黄钺曾撰文回忆"《苏报案》"相关细节：

> 癸卯，邹容著《革命军》一案，波及章炳麟等。时，饶伯亮出入两江督署，侦悉其由，就钺谋所以救者。钺因与华英日报馆经理英人麦士尼为能，缄托其保护。适洪本枬、叶长生侦得沪道有照会，致英领事捕邹、章，亦迳往托麦。麦遂身任其事，联合工部

① 张艳玲.中华上下五千年全知道·探索之路(近代卷)[M].北京，燕山出版社，2009：168.

局总办朴兰德及教士李提摩太，并二三有力之英人，出而干涉。尔时，清政府竭力相争，必欲死邹、章。苏抚恩寿，满人也，恶革命党尤切，而江督魏光焘幕客贺弼、江胜营（营务处夏时济）统领杜俞等，均欲藉此案谋补关道缺，咸劝魏比恩，事益急。贺复因其母舅夏康侯稔麦倚，邀麦至江宁，啖以重利，俾卸肩，麦拂袖去，大骂贺之无耻。后，邹虽毙狱中，而龙积之等之得释章定三年监禁，皆麦之力也。①

在"《苏报》案"中，上海租界当局没有支持清廷的要求，但这并不能理解为在上海租界真的享有思想、言论、出版这三大自由，工部局之所以不同意引渡涉案人员，正如新闻史家胡道静在《上海的日报》中所言，清廷的引渡企图之所以没有达成，是"外人为维护其既得之行政权的缘故"，而"列强在谋求对外联合一致的行动时，实际上内部存在着种种分歧，几乎很难看到各列强在某个问题上整齐划一的步伐"②。

"《苏报》案"发生以后，当年 7 月，为了杜绝中国进步宣传机构利用租界的"自由"宣传进步思想，公共租界工部局向北京公使团领袖公使威尔彭致函，提议将"工部局有权检查管理租界内的华文报纸列入地皮章程③附则第三十四款"。由于北京公使团认为这是越权行为，威尔彭明确拒绝了这一要求，并表示"工部局于这等事是无权干涉的"④。

正是这种"中央政府鞭长莫及的租界所产生的'缝隙效应'，在客观上为各种政治派别、新潮人物提供了张扬自己和相互角逐的空间"⑤，上海的近代出版机构才萌发出勃勃生机，不断译介新知新学，助力中国社会向现代转型。不过，这样享有"新闻自由"的出版环境在五四运动时期发生了重大改变。

在五四运动之前，由于中国资产阶级维新派和革命派及其他进步人士舆论宣传的矛头主要是指向清政府，因此，租界当局对制定新闻出版法

① 陈向科.甘肃临时军政府都督黄钺传[M].长沙：岳麓书社，2017：33.

② 陈冰.莫理循模式：中国报道第一课[M].福州：福建教育出版社，2017：98.

③ 即《上海租地章程》（*Land Regulations*），又名"地产章程""土地章程"，为上海租界的根本法。

④ 陈正书.上海租界最早的新闻出版法[C]//唐振常、沈恒春.上海史研究（二编）.上海：学林出版社，1988：70.

⑤ 邱明正.上海文学通史[M].上海：复旦大学出版社，2005：4.

规并不是太主动和积极。上海的出版机构绝大多数都设在公共租界内，其目的就是“利用租界的治外法权避免中国法律的严酷打击”，“租界对待出版物的态度决定了上海出版业的整个面貌”。总体而言，“公共租界的审查制度是建立在新闻自由和言论自由的基础上的，这也决定了上海审查体制的总体状况是柔和的、适度的，底线是租界的中立性和良好秩序”。“华界的审查在上海处于边缘地位”，“与中国其他省份相比，上海的环境又造就了华界的审查制度相对较为宽松的状态，客观上创设了上海出版业和舆论中心地位形成的有利条件”。①

但是，租界的所谓“新闻自由”，“是一种利益控制、资本控制，是一种价值观念控制，规律控制”，“它根源于资本主义制度，只有与资产阶级利益相吻合时，言论出版自由才存在，但如果违背了他们的利益，言论出版自由就变成了一种假象”。② 辛亥革命期间，层出不穷的革命报刊引起了租界当局的恐惧，为此，工部局以维护治安为借口，再次提出“印刷律例”议案，由于在纳税西人讨论会上各方意见不一致，这个图谋再次流产。自五四运动开始，反帝国主义成为时代主题，租界当局迅速启动法律机器来钳制革命党人和其他进步人士的新闻出版活动。1919 年 6 月 22 日，法国驻沪总领事魏尔登发布《上海法租界发行印刷出版品定章》。该定章规定：

(1) 未经总领事馆批准，任何人不得在法租界开办出版发行杂志、小册子、传单以及华文报纸的机构。

(2) 前一条规定中要求要求批准的申请书上，必须写明打算出版刊物主编的姓名和该刊物的宗旨，如有必要，出版社章程中的保证金数额也应同时作为申请书的内容。

(3) 如果申请已获批准，任何印刷品、传单、杂志或报纸，必须在印刷后立即向法捕房和法国总领事递交一份，否则不得发行。

(4) 若捕房发现任何出版物妨碍公共秩序和道德，主编、作

① 郑潇.民国时期上海租界的新闻审查(1912—1949)[C]//邱延年.民国新闻史研究.2016.南京：南京师范大学出版社，2016：438-439..

② 苏玉娟.从“苏报案”看清末上海租界的言论出版自由[J].东南传播，2007(4)：56-57.

者，如必要，还有印刷商，将在会审公廨受到起诉，并依法惩处。

(5) 捕房将随时查禁违反第一条规定开办的出版社，还可在会审公廨告发违反规定者。

(6) 此令自发表日起实行。

(7) 此令由法捕房总巡执行。①

《上海法租界发行印刷出版品定章》是上海租界史上最早的新闻出版法，它的颁行不仅"标志着法租界新闻法的诞生，而且明确界定了新闻审查的内容、机构等，这就把法租界新闻报刊的创办和内容审查等都纳入了法制化的轨道"②。

6月26日，魏尔登致信公共租界工部局说，这一定章"也同样适用于那些以法商名义注册的中国报刊以及在公共租界出版的中国报刊"③。

1919年7月，上海公共租界纳税西人特别会议通过了公共租界工部局"印刷附律"议案。《印刷律例》规定，经营印刷或者发行报刊，必须先到工部局领取执照，"不得印刷复制或发行煽乱性质或其性质足以煽惑至成破坏治安或扰乱秩序之件"；对于违反规定者，巡捕房可以立即终止或永远吊销其执照，并诉诸法律。

三、上海租界成为中国近代出版中心和高地

(一) 上海租界成为中国近代出版中心和高地的有利条件

开埠后上海工商经济的快速发展增强了上海城区以及上海租界的人口吸纳能力，大量人口涌入城区和租界。大量需要通过技术谋生的移民，尤其是被吸引到上海租界的高素质人口，为上海近代出版业提供了高质量的出版人力资源和图书消费人群。而特殊的司法制度和出版管理环境又使新出版在上海租界获得了优势发展的有利"缝隙"。

1. 移民大潮为上海租界出版业提供了较高素质的图书消费人群和出版人力资源

就城市的历史而言，上海并没有同批开埠的其他4个通商口岸城市

① 郑潇.上海法租界报刊审查制度论述(1919—1943)[C]//马军、蒋杰.上海法租界史研究(第1辑).上海:上海社会科学院出版社,2016:124.

② 郑潇.民国时期上海租界的新闻审查(1912—1949)[C]//邱延年.民国新闻史研究.2016.南京:南京师范大学出版社,2016:434.

③ 同上.

的历史悠久，但是在19世纪中期开始的大规模移民运动中，上海是移民人口流入最多的城市。

据同治年《上海县志》记载，上海开埠之际，全县人口为52.8万余人，其中有15万左右的青壮年客籍人口，他们是当时上海人口中最有活力的群体。① 上海开埠后，"出现船舶修造厂、船厂，轻工业出现面粉厂、汽水厂、制药厂和印刷厂等。19世纪60—70年代，民族资本家创办了发昌机器厂、建昌铜铁机器厂80年代又出现了电厂和自来水厂。19世纪末20世纪初，上海成为近代中国举足轻重的工业中心"；"到20世纪30年代，近代航运、铁路运输也早已发展起来。上海成为名副其实的商业和经济中心"②。成为近代中国工业中心、商业和经济中心的上海对劳动力有着巨大的需求和吸纳能力，外地人口纷纷涌入，上海城市人口迅速膨胀。到1865年，上海人口有69.2万人；1876年为70.5万人，1895年为92.5万人，1910年为128.9万人；1915年为200.7万人，约为开埠时的3.8倍。

与上海城区人口的快速增长同步，上海租界人口也在快速增长。开埠时，在英国领事馆登记的外侨仅有25人。1853年小刀会起义后，上海城区及周边士绅百姓大量涌入上海避难，1855年租界人口增至2万人，1859年达到9万人。太平天国运动发生后，上海人口再次猛增，1862年租界人口激增至50万。太平天国战事结束后，租界人口急速回跌，1865年降至14.8万人，其中：公共租界的外国人有5129人，他们分别来自英国、美国、德国、丹麦、西班牙、法国等21个国家；法租界的外侨人口也已有460人，分别来自法国、英国、德国、美国等10多个国家。③ 1880年，上海租界人口为14.3万人。1880年至1911年，上海人口持续增长。公共租界人口，1865年为9.2万人，1880年11万人，1885年12.9万人，1890年17.1万人，1895年24.5万人，1900年35.2万人，1905年46.4万人，1910年50.1万人，年增加率为1500%；法租界，1890年4.1万人，1895年5.2万人，1900年9.2万人，1910年11.5万人，年增加率为360%。1910年，租界人口有61.6万人，大约占了整个上海人口的占一半。④ 进入民国

① 洪民荣.上海研究论丛(第二十二辑)[M].上海：上海书店出版社，2014：307.

② 余佳丽.品牌影院经营：上海大光明光影80年[M].上海：上海交通大学出版社，2015：27.

③ 王世军.城市社会学研究前沿[M].上海：同济大学出版社，2017：3-4.

④ 樊卫国.论开埠后上海人口的变动(1843—1911)[J].档案与史学，1995(6)：41-46.

后,1915 年,公共租界人口超过 68 万人,法租界有近 15 万人,约占整个上海人口的 41.4%。

大量移民的涌入,使得上海的人口结构趋于多元,传教士、商人、知识分子、淘金者和避难者共同组成了近代上海的人口。更重要的是,由于地缘关系,迁入上海的移民主体是来自当时中国经济和文化最发达的浙江和江苏(当时上海为江苏所辖),约占上海移民人口总数的 70%以上,其中又以苏南人、浙北人为大多数,移民素质总体较高。① 上海租界内出版业的人力资源来源也与整个上海的劳动力来源情况基本一致。据统计,20 世纪 30 年代,上海租界出版机构龙头商务印书馆员工的籍贯覆盖全国 17 个省、市、地区,并有 3 名外籍人士,其中江苏籍和浙江籍员工占到了 90%以上。② 根据 1935 年的上海市书店调查结果,当时"上海出版机构负责人的籍贯比较广泛,除去 6 家出版机构的负责人无籍贯登记,以及 3 名英国人、1 名美国人外,剩余的 251 名中国人中,绝大多数来自江、浙、沪三地,浙江籍高居榜首(有 90 人),江苏籍位列第二(有 87 人),上海本地籍排名第三(有 37 人),共计 214 人,占到总数的 85.26%,剩余 12 个省市、地区只占总数的 14.74%。此外,江、浙、沪三籍人士在上海出版业的负责人中已占绝对优势,而且这些出版人的籍贯仍然相对集中",其中排名前十位的籍贯是宁波籍(25 人)、绍兴籍(17 人)、杭州籍(7 人)、无锡籍(13 人)、镇江籍(13 人)、苏州籍(11 人)、丹阳籍(7 人)、江阴籍(6 人)、南通籍(6 人)、浦东籍(6 人)。③

这样的移民大潮"彻底摧毁了以封建传统专制文化为纽带、以宗族血缘伦理为基础的社会关系,它使上海人少有沉重的历史包袱、封建礼教的思想束缚,因此更容易接受新观念、新事物,从而为现代文明需要组织的社会化大生产提供了优质人力资源,形成具有上海特色的白领与蓝领阶层,他们有较强的组织认同感和归属感。尤其是在社会化生产条件下的产业工人,有较强的接受新事物、新技术的能力,有广泛的职业专技意

① 王世军.城市社会学研究前沿[M].上海:同济大学出版社,2017:3.

② 陈沛雪.20 世纪 30 年代上海图书出版人力资源研究[C]//陈丽菲.上海近现代出版文化变迁个案研究.上海:上海辞书出版社,2016:23.

③ 陈沛雪.20 世纪 30 年代上海图书出版人力资源研究[C]//陈丽菲.上海近现代出版文化变迁个案研究.上海:上海辞书出版社,2016:24-25.

识和组织纪律观念”①。

随着近代工商业的不断发展，上海出现了不少新的职业，如洋行雇员、进出口商店伙计、新式学堂教员，银行、海关、电报、邮局、铁路系统职员等，他们与小企业主、小店主、小商人、科层制管理人员、政府公务员、知识分子等共同构成了上海的中产阶层。虽然“上海中产阶层是一个异质性较大的群体，其职业、地位、收入等相差甚远，但是作为一个群体，其共同的要素已经具备，那就是以拥有的某项专门技能而非体力劳动服务于社会，有一个体面的职业，具有较强的现代性，其产生和发展与现代化造成的社会分工密切相关”②。

在上海中产阶层中，知识分子群体和职员群体的人数最多，他们受过良好的教育和职业培训，其中不乏高学历者，如金融业、交通业、司法、医药行业、政府机关等是高学历人员密集区，作家、教师、律师、记者、编辑、医师、会计师等也都有着良好的教育背景；而大型百货公司店员则多半为中等学历，旧式店员的学历则以初小、高小为多。③ 上海中产阶层的受教育情况表明，这些人正是图书市场的主要消费群体。可以说，移民大潮给集聚在上海租界的出版机构提供了足以支撑起图书消费市场的读者基础。

对于中国城市化进程中人口集聚的意义，近代史学者邓杰博士认为，“大量人口的适度集聚，有可能通过细化分工和创新生产方式而提高生产效率，同时为应用和传播人类文明最新成果提供前提条件”④。集聚在上海租界的出版机构如墨海书馆、美华书馆、商务印书馆等已经初具现代出版企业的雏形，有着适应现代化大机器生产的细化分工和生产方式，这些出版机构里的排版工人、印刷工人、校对员、发行员等人数众多，其中有不少即是来上海寻求发展机会的移民。如前文所述，夏瑞芳、鲍氏兄弟等均为由浙江迁移到上海的移民，他们在西人所办出版机构习得排版和印刷技术后，逐渐成长为近代出版家；由浙江乌镇来沪发展的沈雁冰也曾经

① 苏秉公.新视角下的海派文化[M].上海：上海大学出版社，2019：10.

② 忻平等.危机与应对：1929—1933 年上海市民社会生活研究[M].上海：上海大学出版社，2012：118-119.

③ 参见忻平等.危机与应对：1929—1933 年上海市民社会生活研究[M].上海：上海大学出版社，2012：119.

④ 邓杰.近代以来上海城市规模的变迁[M].上海：上海社会科学院出版社，2017：20.

在商务印书馆担任校对员。再如,在随宁波华花圣经书房迁至上海租界内的宁波工匠几乎全数离职之后,在招募新手时,由于上海本地人索求工价较高,在美华书馆开业的最初3年间,其负责人姜别利从未雇用过上海工匠,他“舍上海人不用”,转而雇用外地来沪者。1861年,姜别利“干脆自行训练因太平军战乱到上海的难民,教他们学习线装书的装订技术,成本既低廉,又能让约二十名男女难民获得生计”,到1863年时,不把装订部计算在内,美华书馆已经有25名工匠了;1865年,姜别利又自己训练工匠,“将西式装订工序分成两段,先教女工学会西式折纸和缝线技术,再教男工学习较费力的裁切和压平等功夫”,结果每部书的装订成本只需两三分钱,只有上海装订工要价的十分之一,而且装订质量还获得了不少人的称赞。① 类似这样的例子还有很多,可以说,移民大潮为上海租界的出版机构提供了丰富而优质的人力资源。

当上海租界的出版机构在市场站稳脚跟之后,随着上海在经济、文化等方面对全国各地辐射的逐渐增强,其图书消费人群也逐渐扩大至全国范围,到抗战全面爆发之前,仅是租界内四马路(今上海福州路)的新旧书店就有300家之多。这反过来又促进了上海租界出版机构的发展壮大,当时资本雄厚的出版机构几乎都集中在四马路。截至1911年4月,四马路已有出版或经售图书的机构68家。20世纪30年代,上海租界的出版业进入最繁荣时期。据1936年英文版《中国年鉴》的调查统计,当年上海出版新图书有5621种,而国内其他地方的图书出版总数仅有464种,上海出版的图书占全国图书出版总量的90%以上,设在四马路上的商务印书馆、中华书局、世界书局这三家出版巨头所出图书就占了上海全市图书总量的60%以上。同年12月,上海市书业同业公会会员登录的出版机构有66家,未参加上海书业同业公会的出版机构也有66家。② 因此,与其说上海租界是中国近代出版中心,还不如说上海租界内的四马路是中国近代出版中心。

2. 上海租界集聚了一批中上层知识分子

中上层知识分子向上海租界集聚主要有两方面原因:租界相对适宜

---

① 苏精.铸以代刻:十九世纪中文印刷变局[M].北京:中华书局,2018:462-463.

② 胡远杰.福州路文化街·概述[M].上海:文汇出版社,2001:2.

人居的环境;租界独特的司法制度和文化环境。

(1)租界相对适宜人居的环境对知识分子群体有较强的吸引力

①租界的物质文明吸引着知识分子群体

上海租界开辟之后,随着外籍人口在租界的不断增加,殖民者开始引入其母国的市政建设经验,着手进行租界内的市政建设。1846年,上海租界成立了市政管理机构"道路码头委员会",这是"工部局"的前身。1854年7月11日,上海租界工部局(The Municipal Committee)正式成立,取代道路码头委员会行使租界管理职能。上海租界市政建设快速与西方先发国家接轨,使租界成为当时中国距离现代文明最近的区域。1886年8月7日的《纽约时报》对上海租界做了如下描述:"租界之内,三国(指英、美、法)享有独立的行政权力。美国和英国的租界联合起来,成立了类似于市政府的工部局,还有由纳税人选举产生的议会。法租界则有法国人建立的公董局。世界上很少有城市的市政管理像上海这样运转良好。"

在公共照明服务方面,租界先是用挂在树上的六角琉璃煤油灯为马路提供照明。1862年,上海煤气公司成立,1865年开始供气,路灯遂改用煤气灯 。1882年5月,英国人在南京路51号建立了上海第一家发电厂,其发电能力可供给16盏2000支光的路灯照明。在最为繁华的英大马路(今南京路),外滩至虹口招商码头之间,铺设有6千米的线路,安装了15盏弧光灯,一到夜晚,15盏灯齐放光明,这是上海正式进入电气时代的标志。之后,工部局建立新中央电站、引进当时世界上最先进的汽轮发动机,使发电厂的产能不断扩容,上海租界的照明服务在全国首屈一指。曾有一首弹词开篇如此描绘上海英大马路:

竿灯千盏路西东,火自能来夺化工。

不必焚膏夸继晷,夜行常在月明中。

租界拥有相对便利的电报、电话通信服务。1868年上半年,美商旗昌洋行在位于虹口该行所在地和法租界金利源码头货栈间建成一条长达4千米的电报线路,供内部通信之用,这是上海最早的电报线路。1870年,大北中日电报公司先后在上海与长崎、上海与香港之间铺设海底电缆,沪港海线不仅接到吴淞口外大戢山岛,而且沿长江直通黄浦江底到达上海租界。同年,英国大东电报公司设置了由香港经广州、厦门、汕头、福州、宁波到上海的海底电缆。1873 年,丹麦大北电报公司重新在吴淞与上海之间架设了电报线。1882 年 3 月 1 日,丹商大北电报公司在外滩 7 号开设上海第一个人工电话交换所。次年,英国商人开设的中国东洋德律风公司上海分公司接手大北电报公司电话交换所的全部产业,合并英商上海电话互助协会开设的人工电话交换所,并将电话业务向华界拓展。德律风公司能够提供境外电话连线服务。而在华界的不少商户为了方便与租界的联络,也与租界的电话线接通。租界内不少洋行和办事处都配置了电话,以沟通业务信息;租界的马路边也安装了电话机,以便于发布火警、沟通警务信息。

租界有便利的交通设施。1908 年 3 月 8 日,英商布鲁斯 · 庇波尔公司在上海投资建设的有轨电车线路正式通车。这条有轨电车线路总长 6.04 千米,从静安寺始发,途经愚园路、赫德路(今常德路)、爱文义路(今北京西路)、卡德路(今石门二路)、静安寺路(今南京西路)向东行驶,最后至上海总会大楼(今中山东一路 2 号)。5 月 4 日,法租界也开始通行电车。1908 年十月二十三日,沪宁铁路的全线通车把上海的交通升级到了火车时代,上海人去外地又多了一个相对快捷的交通方式。

1881 年,英商在黄浦江边的杨树浦建造自来水厂,后又在江西路香港路口建造容量为 1.5 万加仑(682 立方米)的水塔 1 座,以保证连续供水。这家自来水厂的服务区域是公共租界、法租界和越界筑路区,服务人口多达 15 万人。1902 年 1 月 11 日,法租界强占华界董家渡土地建造的自来水厂也告建成,向法租界供水。

上海租界内陆续创办的公用事业所体现的近代物质文明对各阶层的都有吸引力,知识分子也不例外,他们纷纷来到上海租界从事文化事业。

② 上海租界融和的文化环境吸引着知识分子群体

上海租界是近代中国 20 多个租界中移民人口最多、增长速度最快、移民成分最复杂的所在:上海租界的华人以来自江浙一带的移民为主,这些人多半有较好的经济基础和较高的文化修养,有兼通中西者,也有独尊传统文化者;外侨则有传教士、商人、淘金者等,而且来自不同国家,有着显著异质的文化基因。

移民文化基因的复杂导致当时的上海租界并没有一个“一统天下”

的文化，中国传统的精英文化在上海租界也没有占据主导地位。“于是，上海变成传统精英文化空缺、近代精英文化尚未确立、没有文化霸权的城市”，“活跃在上海的许多文化人，本从内地迁来，在移出地本来没有多少功名，也没有多高的社会地位，属于文化边缘性人物，来到上海后，行为更少受传统拘束，也缺乏维护传统文化的内驱力”，①还有一些迁来的文化人因在西人机构里工作，而在价值观上趋向于认同西方文化，因此，“求西学、奔上海成为当时知识界的普遍共识”，上海租界“成为中外文化汇集和交流的基地”，“成为全国的文化中心”②。

（2）上海租界独特的司法制度和文化环境吸引着知识分子群体

上海租界独特的司法制度和文化环境是吸引知识分子群体来租界投身出版事业的最重要因素，对此，前文已有详细分析，此处不赘。

“来自全国的文化人才，从 19 世纪 60 年代起，便是上海文化人才的主体部分”③，并且在上海租界，不同文化特质和政治诉求的知识分子都能够在上海租界找到自己的位置。来上海租界谋求发展的知识分子既可创办出版机构引介新学新知，也可创办报纸杂志为传统文化摇旗呐喊，还可通过书刊发表通俗小说满足市民的需求，可谓“西学中学都有知音，雅俗文化独有市场”。上海租界因此成为近代中国中西文化交流、融合不可多得的“特区”，吸引着知识分子来此从事作家、律师、编辑、教师、会计师、医生等职业。在当时，出版也是颇受知识分子青睐的行业，不少拥有社会声望的知识分子，如梁启超、章太炎、陈独秀、胡适、王韬、严复、张元济等，在上海租界出版业留下了浓墨重彩的一笔，对近代出版转型产生了重要影响。

以商务印书馆为例。博习书院、中西书院及在此基础上发展起来的东吴大学与上海近在咫尺，其师生如谢洪赉（博习书院 1892 年第二届毕业生）、孙明甫、祁天锡、白约瑟、沈伯甫、奚若等都曾经在商务印书馆出版图书或参与编译工作。

据民国八年印行的《东吴大学实录》记载，博习书院早期肄业生姚尔调为商务印书馆干事，博习书院并入中西书院毕业生周承恩为商务印书

① 熊月之.上海租界与近代中国[M].上海：上海交通大学出版社，2019：164.

② 熊月之.上海租界与近代中国[M].上海：上海交通大学出版社，2019：89.

③ 熊月之.上海租界与近代中国[M].上海：上海交通大学出版社，2019：166.

馆总校，中西书院预科毕业生吴元枚为商务印书馆办事，中西书院肄业生鲍咸亨（鲍哲才三子）为商务印书馆总务处办事、陈俊生为编辑、王显华为发行所经理①。中西书院肄业生丁榕（谢洪赉妹丈）长期担任商务印书馆的法律顾问。东吴大学早期的几届毕业生中，参与商务印书馆出版事业的人数占比相当高。东吴大学首届（1907）唯一获得学士学位的毕业生沈伯甫在留校任教的同时曾兼任商务印书馆编辑。《张元济日记》1916 年记载：3 月，沈伯甫因病不能工作；4 月，送去两个半月的兼职薪水，计 200 银元。②

奚若，字伯绶，东吴大学第三届三名毕业生之一，中国近代著名翻译家。早年入博习书院，后与沈伯甫同为东吴大学最早的大学甲班同学（晚两年获得学士学位）。1903 年，尚在攻读学位的奚若就已是东吴大学的教师，为"格致帮教"，也是《雁来红》（东吴大学年刊）的总编次者③。1905 年，参与商务印书馆编译所的工作；1907 年毕业至 1909 年留美期间，正式任职于商务印书馆编译所。其间：奚若翻译了《植物学教科书》（1905 年与蒋维乔合译）、《最新中学计学教科书》（1906 年译）等；参与过《绣像小说》的编译工作，并连载发表了他翻译的《天方夜谭》；此外，还在《小说林》发表过多种小说。回国后，奚若继续编外为商务印书馆编译文献。《张元济日记》在 1912 年 6 月有"奚伯绶增补大辞典，月送 100 元"④的记载。1912 年，奚若与夏瑞芳、张元济、鲍咸昌等一起当选为商务印书馆董事。⑤

东吴大学第六届（1912）毕业生李骏惠（李政道的堂伯）为商务印书馆办事⑥，被张元济评价为"人甚灵敏"⑦的 1916 年毕业生王怀仁为香港商务印书馆经理⑧，1918 年毕业生吴守余为商务印书馆办事⑨。1921 年

---

① 东吴大学实录.1919[A].苏州大学档案馆，3-永-150：85-91.

② 张元济.张元济全集（第六卷）[M].北京：商务印书馆，2010：24-26.

③ 雁来红——东吴大学堂杂志之一.1903[A].苏州大学档案馆，3-永-184.

④ 张元济.张元济全集（第六卷）[M].北京：商务印书馆，2010：2.

⑤ 邹振环.奚若与《天方夜谭》[J].东方翻译，2013（2）：36-43.

⑥ 东吴大学实录.1919[A].苏州大学档案馆，3-永-150：94.

⑦ 张元济.张元济全集（第六卷）[M].北京：商务印书馆，2010：76.

⑧ 民国二十年八月东吴校刊私立东吴大学文理学院一览.1931[A].苏州大学档案馆，3-永-138：153.

⑨ 东吴大学实录.1919[A].苏州大学档案馆，3-永-150：94.

毕业生张原絜为商务印书馆英文编辑[①],1925年毕业生顾祖常为商务印书馆进货科职员[②],1925年毕业生钱红春、1927年毕业生桂裕为商务编译所编辑[③]等。此外,还有法科毕业生夏宪诹[④]、贺圣鼐[⑤]为商务的职员;东吴附中毕业生鲍庆甲为办事,张秉和为西文印务总办事,张耿青、施汉流为办事[⑥]。因为东吴大学与商务印书馆的紧密关系,1926年,在东吴大学25周年校庆纪念典礼上,张元济和东吴大学两位著名校友马寅初、赵紫宸一起被授予荣誉博士学位[⑦]。

其他如中华书局创办人陆费逵、世界书局创办人沈知方、亚东图书馆创办人汪孟邹等都是被上海租界的魅力所吸引,在这个文化"特区"为近代出版做出了重要贡献。

3. 上海租界有着便利灵活的融资环境

上海租界适宜人居的环境和特殊的制度不仅吸引了知识分子,更吸引了华商和买办。在这些华商和买办中,粤商和江浙商人占了相当大比例,他们在上海租界的工商业活动为租界内出版机构的创办与发展提供了融资的便利。

亚东图书馆的经营状况从一个方面说明了融资对于出版事业的重要性。1913年,在陈独秀的支持和鼓励下,安徽绩溪人汪孟邹(1878—1953)在上海租界内的四马路惠福里创办亚东图书馆(后迁至棋盘街平和里,1914年春迁至江西路口的福华里)。亚东图书馆"从成立到停业恰恰是四十年,如果把它的前身芜湖科学图书社的历史也算进去,应该是整整五十年(1903—1953)",这50年间,亚东图书馆"先后进用职工不过五十来人","是一家很小很穷的独资经营的书店"。[⑧] 在新出版迅猛发展的

① 民国二十年八月东吴校刊私立东吴大学文理学院一览.1931[A].苏州大学档案馆,3-永-138:155.

② 民国二十年八月东吴校刊私立东吴大学文理学院一览.1931[A].苏州大学档案馆,3-永-138:160.

③ 东吴法科年刊第二卷.1924[A].苏州大学档案馆,3-I26-001-12:150-151.

④ 东吴法科年刊.1923[A].苏州大学档案馆,3-I26-001-11:117.

⑤ 民国十八至十九年私立东吴大学法律学院院章1929-1930[A].苏州大学档案馆,3-永-7:46.

⑥ 东吴大学实录.1919[A].苏州大学档案馆,3-永-150:99-102.

⑦ 历届毕业生名录,民国十七年私立东吴大学文理学院一览.1928[A].苏州大学档案馆,3-永-5:7.

⑧ 王子野.亚东图书馆与陈独秀·序[M].汪原放.亚东图书馆与陈独秀.上海:学林出版社,2006:1.

时代，为什么亚东图书馆一直“很小很穷”？答案是，资金薄弱，出版各环节投入乏力，严重阻碍了亚东的发展壮大。据汪孟邹的侄子汪原放在《亚东图书馆与陈独秀》一书中回忆，汪孟邹主张节约，把省下的钱大多用于储蓄，这种保守的经营理念对于急需资本来实现扩张的出版企业来说，无疑是失策的“个人偏好”。所以汪原放道：“不怪哩！生意再也做不上去了！又不用银行的钱，又不用钱庄的钱，有余，还要搞长期储蓄，有死无生了！”①汪原放希望把存进银行的钱拿出来用于印书，当叔叔向其讲储蓄的好处时，汪原放便对叔叔道：“你多多印书，比储蓄好。”但是这样的建议并没有发生效用。

亚东也是因为资金问题而与《新青年》的创办失之交臂。1913年，亚东初创不久，陈独秀曾经建议汪孟邹创办一个杂志：“只要十年八年的功夫，一定会发生很大的影响。”②他请汪孟邹想办法把这个杂志办起来，可惜这时的亚东经济基础实在太薄弱，可谓捉襟见肘，加之又有不少力量用在《甲寅》月刊的编行方面，无力实现陈独秀的设想，最终汪孟邹将之介绍给群益书社，群益书社的陈子沛、陈子寿兄弟于1915年9月15日开始刊行《青年》（后因与上海青年会的周报《上海青年》同名，更名为《新青年》），《新青年》在陈独秀的主持下为新文化运动和共产主义运动做出了不朽的贡献。倘若汪孟邹有一些现代融资思想，依靠社会关系向租界内林立的银行或者钱庄融资，《新青年》的出版也不至于花落别家。

其实在亚东图书馆创办之前，上海租界已有融资办出版的案例。上海租界出版机构的创办人和经营者多来自江、浙、粤地区，据在世界书局工作了将近30年的朱联保在《近现代上海出版印象》一书中回忆：“旧上海的书店、出版社的创办人和负责经营管理人的籍贯，就我所知，在177人中，计浙江79人，江苏56人，广东13人，河北10人，湖南9人，福建、四川各3人，安徽2人，江西、云南各1人。”这些创办人和经营人或多或少都能够从同乡那里得到融资的便利。同文书局的创办人徐润就是广东人，他有着丰富的融资经验。1872年，轮船招商局成立，这是我国历史上第一个股份制企业，它“开创了民营资本以发行股票方式吸引社会资金

① 汪原放.亚东图书馆与陈独秀[M].上海：学林出版社，2006：152.
② 汪原放.亚东图书馆与陈独秀[M].上海：学林出版社，2006：33.

创办近代企业的先河。自此，风气日开，'华人皆知股份之益，不但愿附西人之股，且多自设公司，自纠股份，大有蒸蒸日上之势'"①。10 年后的 1882 年，参与筹办轮船招商局的徐润以股份制的形式创办了同文书局。《徐愚斋自叙年谱》光绪八年（1882）"壬午"条有载："从弟秋畦、宏甫集股创办同文书局，余力赞成，并附股焉。"又在"附记"中记道：

查石印书籍始于英商点石斋，用机器将原书摄影石上，字迹清晰，与原书无毫发爽，缩小放大，悉如人意，心窃慕之。乃集股创办同文书局，建厂购机，搜罗书籍以为样本。②

徐润（1838—1911），号雨之，又号愚斋，与从弟徐秋畦、徐宏甫都是广东人，15 岁（1852）时徐润跟随叔父徐荣村从澳门到香港，再乘船到上海，进入英商宝顺洋行学做丝茶生意。由于经营得法，获利甚丰，成为上海富商。其间，上海租界不断发展，地价飞涨，徐润投资租界地产获得了巨额利润。徐润与上海税关副大写唐廷枢是香山同乡，1872 年李鸿章委托徐润与唐廷枢创办轮船招商局，徐润在自己投资 48 万两之外，又利用亲友资源，募集资金五六十万两。到光绪九年（1883），徐润以股票形式在若干近代企业中的投资总额已高达 120 多万两白银。可见，对于招股，徐润有着丰富的运作经验。

同文书局最初设在美租界虹口西华德路（今长阳路），1887 年又在英租界二马路（即杭州路，亦即今九江路）抛球场增设分局。其规模组织相当完备，建筑均仿为西式，书局内的组织架构也是参照西式出版机构，设有账房、提调房、校对房、描字房、书栈房、照相房、落石房、药水房、印书房、火机房等，井然有序，并购置有石印机 12 台，雇用工人 500 名，主营古籍善本、辞书和科场用书的出版与发行。在传统雕版印刷时代，图书往往是按需印刷，投资风险在雕版环节。引入石印和铅印技术后，"有一个备货风险，一次印得少，风险小，但成本高，获利少，甚至亏本；一次印得多，分摊成本低，获利多，但卖不掉连本都会蚀光"③。为了降低风险，同文书局创造出股印制的经营方法，即在开印前在大众媒体上刊登广告，以比定

① 孙逊.城市史与城市社会学[M].上海：上海三联书店，2013：209.

② 赵恒烈、徐锡祺.中国历史资料选（近代部分）[M].石家庄：河北人民出版社，1986：81.

③ 叶再生.出版史研究·第二辑[M].北京：中国书籍出版社，1994：87.

价优惠得多的价格招人预购图书。这种方法对出版者来说，“可以解决流动资金问题，也可以探察市场风向，决定具体印数，减少出版风险，是有效的商业出版方式。对读者来说，则可以用比较低的价格购得想要的书籍”①。如1883年，同文书局在《申报》上刊登了招1500股用于印刷《古今图书集成》的启事，并承诺用两年时间印就这套书，具体办法是：“凡来认股者，先交半价银一百八十两为定，一俟目录告成之日，再登申报通知在股诸君来取目录，即将所余半价缴足，本局并发分次取书单三十二纸，以后各典续出，随出随取，俾臻两便。”1884年，同文书局又刊登《股印二十四史启事》：“本局现以二千八百五十金购得乾隆初印开花纸全史一部，计七百十一本。不敢私为己有，愿与同好共之。拟用石印，较原版略缩，本数则仍其旧。如有愿得是书者，预交英（鹰）洋一百元，掣取收条并分次取书单念四纸。各史随出随取，两得其便。”②1887年，同文书局还采用股印法出版了“经训堂丛书”。同文书局开创的股印制也被其他出版机构所效仿，如1897年邹代钧译印工本浩大的世界地图册，即借鉴了股印制。③

同文书局版图书“纸张坚厚洁白，楷书亦一笔不苟，其小说的插图皆请名手绘成，对于文化传播尽了很大的力量”。高拜石认为，光绪初年，在石印书局中，同文书局的地位仅次于西人所办点石斋石印局。④ 同文书局能够取得这样的成就，利用大众媒体如《申报》发布广告进行印前融资功不可没。

至迟在1885年，徐润又创办了一家名为“广百宋斋”的铅印书局，具体地点不详。光绪十一年乙酉（1885），徐润在其自叙年谱中记道：

> 广百宋斋经理王哲夫先生，并朱岳生，许幼庄，以钢板、铅板选辑朱批雍正上谕，九朝圣训，四书味根录，四书文当，绘图三国演义，聊斋，水浒，石头记，及缩本康熙字典分售于上海，并托抱芳阁寄售。除开销外，所有盈余清还资本，其余书籍，与各书庄

① 陈琳.同文书局的历史兴衰与石印古籍出版[J].成都：成都师范学院学报，2018（6）：114-118.

② 转引自叶再生.出版史研究·第二辑[M].北京：中国书籍出版社，1994：87.

③ 叶再生.出版史研究·第二辑[M].北京：中国书籍出版社，1994：88.

④ 高拜石.古春风楼琐记（第14集）[M].台北：台湾新生报社出版部，1979：286.

相通对调。是年秋金陵乡试，又托抱芳阁鲍叔衡设分局于南京代售各书籍。七月中到宁，开市二十天，各书均已售尽，颇得利息，贪心不足，续来办货二万金，到宁之日，已在二场期矣。十三夜为灯火所误，以致失慎，全肆俱付一炬，荡然无存，时运之否，莫此为甚！得意不宜再往，不然又何至亏蚀耶！①

这段自叙记的是，徐润投资创办铅印出版机构广百宋斋，以铅印技术出版官方文书、通俗读物、辞书及科场用书在上海和南京销售，恰好赶上金陵乡试第一场考试的机遇，他托朋友放在南京代售的图书"颇得利息"，可是徐润追加投资后却错过了第二场考试的销售机会，库存图书"为灯火所误"，徐润亏蚀得血本无归。这段文字详细记录了租界华商资本参与近代出版活动的情况。

类似同文书局这样通过融资创办出版机构的案例在上海租界还有很多，如出版家张静庐于1927年创办的现代书局就曾得到四明银行数万元的信贷，因为其负责人洪雪帆与四明银行的创办人之一虞洽卿是宁波同乡。

光绪二十三年(1897)九十月间，梁启超、康广仁等在公共租界今南京路、河南路口创办大同译书局。梁启超在《时务报》发表《大同译书局叙例》，声明"本局系集股所立，不募捐款"，"然集资仅银五六千两，印出之书多为康有为及其同党的著作"②。

光绪二十四年(1898)，"以子史百家为经，以时务诸书为纬"为经营宗旨的经济书局在上海租界内诞生，欧阳寿珊任总纂修，沈寿康任撰述。经济书局也经历了一个融资的过程。创办人之一欧阳寿珊在《申报》刊登《招股启》云：

本局主人蒿目时艰，扶舆后学，特先筹赀本纹银三千两，延聘中西书院掌教、《万国公报》主笔沈寿康先生，暨各省宏儒主持辑政，成《经济通考》一书，合中西为一贯，综古今而无遗，博采旁搜，刻期竣役。仿特科初例，以内政、外交、理财、经武、格

---

① 高拜石.古春风楼琐记(第14集)[M].台北：台湾新生报社出版部，1979：285-286.

② 茅海建.从甲午到戊戌：康有为《我史》鉴注[M].北京：生活·读书·新知三联书店，2018：280.

物、考工为六总纲，以《廿四史》、《九通》为经，新译各国时务诸书为纬，并兼取时人文集、杂著及中外旬日报，以期支干本末，互为发明。上以副国家纶才之旷典，下以导儒生汲古之先程。①

关于初创资金的来源及筹措，经济书局合伙人、安徽休宁举人程灞(1869—?)在当年十一月二十九日写给汪康年(1860—1911)的信札中有载：

去年面议译书集股一节，刻不去怀，比还武昌，适少周以矿务驰赴河南，遂未力申前议。顷晤敝同年欧阳寿珊兄，四川人，即前合办经济书局者。伊思恢复旧业，筹有款项，缘通考股票已收四元，尚有未收四元，约一竿以外，弃之可惜。先带纹银五百两来申，假贵馆设局合辨，并编刻已译西学各种，此后尚有他款源源而来。惟须已译各种未售移别处方可，候大材裁酌示复，再定行止耳。②

1898年年底，梁启超以入股的形式向北美、澳洲华侨及我国香港、澳门的华人集资，首期募得10万银圆，在南京路同乐里(后迁至棋盘街，再后又迁至江西路)开设广智书局，书局活版部设在上海县城西门外梅林西路顺元里。梁启超以提供文稿作为“技术股”，占书局的三分之一股份。入股的有其广东同乡、南海商人冯镜如(字紫珊，？—1913)，以及香山秀才何澄一等人，冯占六分之一的股份。冯早年曾在日本横滨经营过出版机构文经活版所，梁启超聘任冯为总经理。广智书局在开业头几年经营状况良好，收入也颇为可观，1902年至1903年，梁启超还曾分得上万银圆的红利。当时维新派领袖康有为被清廷追杀，生活困顿，梁启超曾将自己所得1800银圆红利汇给康有为，助其渡过难关。

“晚清民国时期的上海，在闻名遐迩的福州路一带形成了一个出版企业集群；它们中的绝大多数都是民间资本形态的，相互竞争、风云激荡，引领其风骚者无疑属于具有集团性质的商务印书馆”③。商务印书馆是上海租界华人融资创办出版机构的杰出案例。1896年4月，掌握一定印

① 汪家熔.中国出版通史·清代卷(下)[M].北京：中国书籍出版社，2008：177.

② 上海图书馆.汪康年师友书札(四)[M].上海：上海书店出版社，2017：3193.

③ 范军、何国梅.商务印书馆企业制度研究(1897—1949)[M].武汉：华中师范大学出版社，2014：44.

刷技术的夏瑞芳、鲍咸恩、鲍咸昌、高凤池等签了一份简单的契约，确定认股资金为4000元，每股500元。最终集资总额为3750元，夏瑞芳和鲍咸恩、鲍咸昌兄弟俩各1股，高凤池、张桂华、郁厚坤各占半股，家境较好的沈伯芳占2股，徐桂生占1股①。以上就是商务印书馆的原始资本构成。1897年，商务印书馆正式创办。1901年夏，张元济和上海印刷商人印有模入股商务印书馆，经商议，原资本估值增长7倍为26250元，张元济、印有模(1863—1915)入股23750元。1903年，商务印书馆与日本出版机构金港堂各投资10万元，将商务印书馆改为股份有限公司，日方基本不干涉商务的经营，而只取得股权收益。在近代出版史上，商务印书馆是第一家引入外资经营的民族出版机构，而且这次引资取得了成功，这应该是得益于租界的"缝隙"优势。这三次融资是商务印书馆史上的重要事件，第一次融资是以创办为目的；第二次融资是为了吸引张元济和印有模注资加盟，张元济的加盟使商务从一个生存型、牟利型的印刷出版企业跃升为一个拥有远大抱负和文化使命感的出版企业；第三次融资则使商务印书馆在印刷技术、经营管理、教科书编印能力等方面均遥遥领先于国内同行，成为当时中国出版业的龙头企业。

可以说，上海租界出版业的发达，得益于有商务印书馆、中华书局、世界书局这样的大型出版机构，而这些龙头性出版机构所采用的股份制企业形式，"不仅吸引了一般企业家的加盟，同时也得到了外资和金融业的支持，其资金实力和生产规模是前所未有的"，这些企业在上海租界的出现，使上海乃至中国的出版业有了飞跃式的发展。这些企业在此集中，使租界成为上海乃至全国的图书生产中心及图书集散消费重地。②

(二) 上海租界成为中国近代出版中心和高地

1. 上海租界成为中国近代出版中心

(1) 上海租界新出版的诞生

上海最早的新式出版机构是墨海书馆，其前身是传教士麦都思于1823年在爪哇岛上的华人聚居地巴达维亚创办的印刷所。巴达维亚印刷所有较好的印刷设备和技术，在搬迁至上海之前，共出版图书135种，

① 赵俊迈.典瑞流芳：民国大出版家夏瑞芳[M].北京：商务印书馆，2017：39-40.

② 胡远杰.福州路文化街[M].上海：文汇出版社，2001：104.

年印量最多时(1835)达183万余页。① 1843年年底,奉伦敦会之命,麦都思将巴达维亚印刷所迁至上海,地址在上海县城小北门外大境阁,印刷所定名为"墨海书馆"。1844年6月初,传教士雒魏林将墨海书馆迁到上海县城小南门外另租的一处房屋内。

据唐力行《江南社会历史评论》(第9期)载,1845年英租界开辟之后,"伦敦会传教士在北门外的租界、最靠近华界的洋泾浜岸边,购买约20亩地,即今山东路(河南路以南)一带,作为教会基地,称为'麦家圈'。以后在圈中大兴土木,建造教堂、教会办公楼和仁济医院及印刷所(即墨海书馆)书馆等建筑,成为一个集教会活动、印刷出版于一体,医疗生活设施齐全的文化社区中心"②。实际上,麦都思和雒魏林在英租界内购置的土地有两块,第一块面积为13亩3厘1毫,其中有3亩地用于建造墨海书馆,其余用于建造上海布道站;第二块面积为11亩,用于建造仁济医院和雒魏林的住宅。麦都思和雒魏林在选址上也颇为用心:靠近华界,距离上海县城只有800米之遥,附近有两条从上海经嘉定通往苏州的大路;与租界环境既有区隔,在必要时又便于联系租界。③

1846年10月,墨海书馆正式乔迁至新址。新建成的墨海书馆长63英尺(19.2米)、宽22英尺(6.7米)。1848年正月,近代出版家王韬曾撰文记述自己参观墨海书馆的经历:"时西士麦都思主持墨海书馆,以活字板机器印书,竟为创见。余特往访之……后导观印书,车床以牛曳之,车床旋转如飞,云一日可印数千番,诚巧而捷矣。书楼俱以玻璃作窗牖,光明无纤翳,洵属琉璃世界。字架东西排列,位置悉依字典,不容紊乱分毫。"④

作为上海租界第一家新式出版机构,墨海书馆对近代出版转型的意义非同一般。第一,在印刷技术方面,墨海书馆不仅将石印技术带到上海,而且为了防止在技术上对中国木刻工匠产生依赖,便于控制成本,它更注重应用活字印刷技术,"尤其是篇幅较大的书全部以活字生产",这"显示传教士多年来追求以西式活字印刷术取代木刻生产中文书的目

① 苏精.铸以代刻:十九世纪中文印刷变局[M].北京:中华书局,2018:155.
② 唐力行.江南社会历史评论(第9期)[M].北京:商务印书馆,2016:134.
③ 苏精.铸以代刻:十九世纪中文印刷变局[M].北京:中华书局,2018:158.
④ 上海市地方志办公室.上海六千年·千年之城[M].上海:上海人民出版社,2018:239.

标，已经有了初步的成果”；其引入滚筒印刷机，更是使“木刻和西式活字印刷的消长差距，在华人的惊叹声中又拉开了一大步”。[①] 第二，为中国本土的新式出版机构培养了人才（前文已有详述，此处不赘）。第三，译介出版了大量的自然科学方面的书籍，在传播西学的同时，为近代中国培养了一批先进分子。如从墨海书馆走出的近代出版家、改良派思想家王韬，是近代第一个民族资本性质的新式出版机构中华印务总局的主要创办人，中国第一份传播资产阶级改良思想的报纸《循环日报》的主要创办人；墨海书馆还走出了近代著名数学家、植物学家、天文学家、力学家李善兰（1811—1882），以及近代翻译家管嗣复等人。

（2）上海租界内出版机构林立

开埠后，上海的发展速度在通商五口中位列第一。1843 年，上海的外贸总额为 53 万两，1853 年增至 340 万两，1859 年达到 490 多万两，这标志着上海已经超过此前外贸活动最为活跃的广州，成为当时中国最大的通商口岸。上海的飞速发展对各行各业产生了强大的吸引力，传教士们将传教中心转移到上海，并开始酝酿将教会出版机构迁移到上海；与此同时，知识分子群体也向上海集聚。以 1846 年 10 月墨海书馆由上海县城搬迁至英租界内的麦家圈为起点，上海租界逐渐发展成为中国近代出版中心和出版高地。

19 世纪 70 年代，在福州路开业的出版机构有啸园刊书馆、尚义书坊、十乘山房、绿荫阁、奇古斋、古香室、小隐庵、琅嬛小筑书坊等。如 1872 年，英国商人美查在汉口路开设《申报》馆，印售书籍；1874 年，上海徐家汇天主教堂设立土山湾印书馆，以石印技术印刷天主教读物。1877 年，益智书会在上海租界成立，这是一家主要编辑出版初等和高等学校教科书的文化机构，对近代教科书的编辑出版有着重要影响。1878 年，美查又创设点石斋书局，以石印设备出版书刊；同年，英国传教士傅兰雅在汉口路创办格致书室（初名格致汇编社），这家出版机构以出版科学知识类图书为特色。

19 世纪 80 年代，租界新成立了数家出版机构。1882 年，凌佩卿在山东路创办鸿文石印书局，主营石印本经史子集与旧小说等。1887 年，何

① 苏精.铸以代刻：十九世纪中文印刷变局[M].北京：中华书局，2018：183.

瑞堂在福州路开设鸿宝斋石印书局，专出有光纸石印线装的古典诗文集和通俗小说等；扬州富商李盛铎在北京路泥城桥创办蜚英馆石印局，“以巨资向外国购进石印蒸汽机10多部，置厂房数十栋，分设总校处、绘图处、照相房等，规模浩大，足可与‘点石斋’相抗衡。……最早以石印印刷五彩图画的是鸿文石印书局与由魏允文、魏允生创办的中西五彩书局，都是中国人自办的最早彩色石印局之一”。[①] 此外，福州路上还有《申报》馆附属机构申昌书局、上海图书集成印书局，这两家出版机构出版有《申报馆聚珍版丛书》（160余种），以活字版印行《古今图书集成》（1628册），后者被外国人誉为“康熙百科全书”，又以版本精良而被称为“美查版”。1887年11月，英美基督教新教传教士韦廉臣、李提摩太、丁韪良、林乐知等与外国领事、外国商人在江西路创立同文书会，1894年易名为广学会。这是基督教在中国最重要的出版机构，编译出版了不少鼓吹维新变法的书籍，如《泰西新史揽要》（李提摩太）、《基督本纪》（卜舫济）、《五大洲女俗通考》《中东战纪本末》（林乐知）、《万国通史》（瑞思义）、《自西徂东》（花之安）等，对中国的维新变法起到了推波助澜的作用。

19世纪90年代，资产阶级改良派领袖梁启超、康广仁等创办的大同译书局（1897年九十月间）也设在公共租界，该书局出版的《新学伪经考》《孔子改制考》（康有为）等对维新变法运动产生了重要影响，《革命军》（邹容）则是揭露清廷腐朽统治、鼓吹革命的重要著作，这三种图书都遭到清廷查禁，作者亦被清廷通缉。1897年2月21日，商务印书馆正式创办，馆址设在江西路德昌里。1898年，梁启超又在福州路河南路创办广智书局。

20世纪初，有彪蒙书室、群学社、广益书局、新学会社、国华书局、育文书局、神州国光社、文明书局、中国图书公司及日商所办出版机构东亚公司等在福州路、棋盘街、望平街、昭通路等处开业。1902年，俞复、廉泉等创办文明书局，馆址在福州路胡宅。1904年，溧阳狄楚青创办有正书局，地址先是在威海卫路，后迁至福州路山东路口。1906年，张静江等留法学生在巴黎创办世界社，并在租界内的望平街204号设立世界社分社。1912年1月1日，中华书局成立，地址在福州路中段，河南中路福州路口。

① 胡远杰.福州路文化街[M].上海：文汇出版社，2001：95-96.

同年,百新书店在福州路成立。1914 年,股份制出版机构泰东书局成立,其发行所设在福州路山西路附近。1916 年,吕子泉、王幼堂在蒙古路创办大东书局。1918 年,民智书局在河南中路 90~91 号开业,后迁至山东中路转角福州路 310 号。

20 世纪 20 年代,租界内出版机构又新增了不少家。1923 年,传薪书局在福州路 272 弄中和里成立。1924 年,商务印书馆和中华书局合资在河南路、交通路(今昭通路)开设国民书局,专营价格低廉的教科书,目的是打垮沈知方世界书局的教科书业务。同年,光华书局成立,这是第一家纯粹出版文艺作品的出版机构。1926 年 8 月 1 日,绍兴人章锡琛在宝山里 60 号创办开明书店。同年,张静庐、沈松泉、卢芳等在山东路口太和坊海员工报社内创办光华书局。1927 年,光明书局在福州路太和坊诞生,后迁至福州路 296 号。

20 世纪 30 年代,上海租界出版业进入繁荣期,有生活书店、文化生活出版社、合众书店、大众书店、沪新书局、世界出版合作社等 10 余家出版机构在福州路开业。其中一个亮点是,1932 年 7 月 1 日,进步知识分子邹韬奋在法租界的环龙路(今南昌路)环龙别业 2 号创办生活书店,当年 11 月又将其迁至陶尔斐司路(今南昌路东段),还在福州路 378 号和 384 弄 4 号二楼设生活书店门市部。在邹韬奋的主持下,生活书店成为当时中国的进步书刊出版发行中心。1929 年,复旦大学孙寒冰、伍蠡甫、章益等在福州路 254 号创办黎明书店。①

在开埠之初,上海境内书业多集中在上海县城内的四牌楼、大东门、彩衣街、邑庙等处,继墨海书馆迁至麦家圈之后,不少出版机构也迁至上海租界。如 1860 年年底,原在宁波的华花圣经书房迁至上海美租界内,并更名为美华书馆,后于 1875 年迁至北京路 18 号。再如明万历年间创办于苏州的扫叶山房,于 1880 年迁至上海县城内彩衣街(今复兴东路),又在租界内棋盘街开设分号,出版经史子集、字典、尺牍、字帖、中医书、旧小说等。与扫叶山房业务类似的出版机构还有文瑞楼与著易堂,它们是从华界的南市迁至福州路的。1882 年,原在上海县城内香花桥的出版机构醉六堂因邻居失火所累,迁至法租界大马路兴盛街口营业。创办于

① 邹振环.伍蠡甫创办黎明书局[J].民国春秋,2001(4):38-41.

1883 年的千顷堂书局也由南市城内迁入租界内的河南路广东路之南，后又迁至汉口路山东路口，它以出版经史子集及尺牍、医药用书见长。1913 年，汪孟邹在四马路惠福里创办亚东图书馆，其前身为 1903 年创办于安徽芜湖的出版机构科学图书社。1925 年夏，李志云将在北京翠花胡同创办仅三四个月的北新书局迁往上海租界。1927 年，北新书局在租界设立编辑部，将工作重心移到上海。

租界内出版机构的快速集聚和高速发展使上海成为中国近代出版和发行中心。据统计，1860 年至 1896 年，全国有 7 个比较重要的西书翻译出版机构，上海租界就占了 4 个，分别是广学会、美华书馆、益智书会、土山湾印书馆。据 1925 年《上海市商业名录》记载，当年上海市有书店 163 户家，其中有 106 家集中在租界内的福州路及河南路、山东路、昭通路街面和里弄中。① "清末位居全国之冠的大型新式文化企业"和"亚洲最大的出版机构"②都设在上海租界，至迟到 20 世纪 30 年代，在租界出版业的支持下，"上海已发展成为中国的出版中心"③。

2. 上海租界成为中国近代出版高地

从 1846 年 10 月就迁入租界的墨海书馆到 1897 年 2 月中国人自己创办的商务印书馆，再到 20 世纪 30 年代进步人士创办的生活书店，上海租界不仅出版机构林立，而且在印刷技术、出版内容、出版人才、出版机构经营诸方面在全国居于绝对领先地位，引领着中国近代出版向现代出版迈进。

(1) 印刷技术高地

以墨海书馆迁入麦家圈为标志，上海租界出版机构的印刷技术水平开始快速提升，很快就走在全国同行业的前列；姜别利管理下的美华书馆则代表了当时全国印刷技术的最高水平；而民族出版机构商务印书馆在印刷技术方面的不断进取则使其成为上海租界乃至当时中国出版业的龙头。

墨海书馆迁至麦家圈时，有 1 台可用于活字印刷的哥伦比亚手动印

---

① 胡远杰.福州路文化街[M].上海：文汇出版社，2001：102.

② 谢振声.鄞县鲍家、郁家与初创时的商务印书馆[J].宁波大学学报(人文科学版)，2010(5)：1-6.

③ 吴永贵.中国出版史(下册·近现代卷)[M].长沙：湖南大学出版社，2008：78-79.

刷机。在运营中,麦都思尽可能地采用活字印刷,尤其在大批量印刷时。据统计,1846—1847 年,墨海书馆共出版图书 20 种,其中明确采用木刻印刷的有 5 种,采用活字印刷的有 9 种,采用铸版印刷的有 2 种。① 1847 年 8 月 26 日,印工伟烈亚力受英国伦敦会派遣抵达麦家圈。此前,他已在伦敦新闻出版业集中地舰队街"泰勒与瑞德"(Tyler & Reed Co.)印刷公司学习了 3 个月机器印刷技术。和伟烈亚力一起来华的还有英国圣经公会购赠的 1 台滚筒印刷机,墨海书馆从此进入机器生产时代,而这同时又是"所有中文印刷出版进入机器生产时代的开端"②。

墨海书馆最兴盛时拥有 5 台活字印刷机(其中有 3 台为滚筒印刷机)和 1 部石印机。为了适应当时中国的生产力状况,麦都思要求伦敦方面将印刷机由蒸汽动力改装为人力动力,后又改为牛动力。1854 年 6 月,伟烈亚力在给伦敦会的信中写道:"现在我们都从黎明即以牛动力来发动机器,直到翌日清晨二三点方歇,我们必须如此才能使当前的工作赶上令人满意的进度。"③墨海书馆的产量很快就远超同类出版机构,如宁波的华花圣经书房等,成为当时中国出版行业中的佼佼者。如 1859 年宁波华花圣经书房的产量为 739 万余页,而 1858 年 10 月到 1859 年 9 月,墨海书馆的产量大约是宁波华花圣经书房的 3 倍,有 3170 余万页。

在麦都思与伟烈亚力分别于 1856 年和 1860 年离开墨海书馆后,慕维廉治下的墨海书馆急遽衰落,很快被美国北长老会所属美华书馆取代。

1860 年年底,宁波华花圣经书房迁至上海虹口(时为美租界)窦乐安路(今多伦路 59 号),并更名为美华书馆。一年半后,美华书馆迁至上海县城小东门外。13 年后的 1875 年,又迁至公共租界北京路 18 号。1902 年至 1903 年,美华书馆在四川北路扩建了一处印刷厂,并设有排字、印刷装订、装订和照相制版等车间。直至 1923 年被盘给商务印书馆,美华书馆都在公共租界内运营。

从美租界时期到英、美租界合并而成的公共租界时期,经过印刷专家姜别利的苦心经营,美华书馆成为商务印书馆之前上海租界乃至全中国印刷技术最先进的新式出版机构,是当时"中国最具有代表性的西式印

① 苏精.铸以代刻:十九世纪中文印刷变局[M].北京:中华书局,2018:171-172.
② 苏精.铸以代刻:十九世纪中文印刷变局[M].北京:中华书局,2018:193.
③ 苏精.铸以代刻:十九世纪中文印刷变局[M].北京:中华书局,2018:201.

刷重镇”①。同时，它还取代香港英华书院，成为当时中国最大的金属中文活字供应机构。姜别利留给美华书馆印刷方面的财富主要有：多达6000字的整副香港活字（1864）；一整副包含6000个全字、1400个拼合字，共可印出25000个字的上海活字（1865）；以黄杨木刻字为基材电镀翻铸的一副小活字字模；6000个经过优化的柏林活字（1868年或1869年）；以电镀方式翻铸成字模再铸制成的6000个戴尔活字（1866）；一副经过改善的巴黎活字；以电镀方式翻铸字模的活字铸制技艺；电镀铜版印刷技术；元宝排字架；等等。这些宝贵财富使得“美华书馆的中文印刷技术因此遥遥领先当时其他印刷机构，也因此得以扩大生产规模，提升印刷品质与降低生产成本，奠定了美华书馆在此后数十年是中国最大的印刷机构与活字供应者的地位”②，美华书馆也因此而迅速发展成为当时中国最先进也最具规模的印刷机构。

1897年2月11日，在美华书馆工作和学习过的夏瑞芳、鲍氏兄弟、高凤池等人筹资创办的商务印书馆则成为上海租界乃至中国近代印刷技术的高峰。

商务印书馆最早设在英租界江西路德昌里。1900年，经与日本商界有密切关系的印有模介绍，商务印书馆以极低廉的价格买下日本人因经营不善而倒闭的修文印刷局的全部印刷设备，自此商务印书馆“凡大小印机，铜模，铅字切刀，材料，莫不完备”，“宛然成一有规模之印书房”③。商务印书馆是中国印刷企业中第一个使用纸型印书的（1900年出版《商务印书馆华英字典》，其纸型就是修文印刷局留下来的）④。为进一步提高技术水平和生产能力，1902年，设在美租界北福建路的印刷厂建成后，商务新购一批新式印刷机，一跃而为当时上海最大的印刷机构。1903年冬，商务与日本金港堂印刷公司合资，正式成立股份有限公司。商务从日方引进照相石印、图版雕刻（1905）、五色彩印技术（1906）⑤，是中国第一

① 苏精.铸以代刻：十九世纪中文印刷变局[M].北京：中华书局，2018：446.

② 苏精.铸以代刻：十九世纪中文印刷变局[M].北京：中华书局，2018：467.

③ 冰严.本馆创业史 [J].同舟，1934(10)：7-8.

④ 《商务印书馆120年大事记》编写组.商务印书馆120年大事记（1897—2017）[M].北京：商务印书馆，2017：7.

⑤ 《商务印书馆120年大事记》编写组.商务印书馆120年大事记（1897—2017）[M].北京：商务印书馆，2017：17-19.

家从事五彩石印和运用三色版的印刷机构。光绪三十年(1904)夏,商务"在宝山路购地数十亩自建印刷所,——自此以后,每年都有新建筑,宝山路的地产约有百亩,印刷所有五处,各种机器增加到一千三五百部,最大最新式的有滚筒机,每天可印出十余万贴"①。20世纪初的商务印书馆创造了中国印刷史上的多个"第一":1903年聘请外国(日本)专家和技师;1907年采用珂罗版印刷;1912年采用电镀铜版印刷;1913年使用自动铸字机,"商务体"逐渐取代了传教士发明的"英华体";1915年购入海立斯胶版印刷机,为我国胶版印刷之始;1919年,商务开始使用米利印刷机;1922年,购入德国爱尔白脱公司滚筒印刷机和英国乔治门双色胶版机;等等。商务印书馆的印刷品多次在世界博览会上获奖,如民国四年(1915)获得南洋新加坡华人制造品展览会优等奖等奖项。商务只用了十多年的时间,就成为"清末位居全国之冠的大型新式文化企业",随后还成长为"亚洲最大的出版机构"②,上海租界也因为拥有商务印书馆这样的出版机构而成为中国近代印刷技术的高地。

(3) 出版人才高地

中国近代印刷技术向现代转型是因西学东渐而起,作为印刷活动目的的图书内容生产也是基于西学东渐的时代大潮,由于有墨海书馆、美华书馆、商务印书馆、中华书局、世界书局这样的一流出版机构,上海租界集聚了当时中国最优秀的编辑(作者)及出版经营人才,他们不仅引领了那个时代的出版风尚,更在推动近代中国向现代转型方面做出了重要贡献。

① 一流的编辑(作者)与一流的出版内容生产

在近代出版行业中,受生产力的局限,出版各环节的角色分工不像今天这样泾渭分明,当时一人往往兼任数职,可能既是编辑又是作者,也可能既是编辑又是作者,同时还是出版机构的经营人和管理者。处于城市管理"缝隙"中的上海租界吸引和培养了相当数量的一流编辑和作者。他们或者著述颇丰,或者译著颇夥,围绕开眼看世界、维新变法、鼓吹革命、新文化运动等主题,为中国近代出版的内容生产向现代转型做出了重要贡献。

---

① 商务印书馆.商务印书馆九十五年——我和商务印书馆[M].北京:商务印书馆,1992:10.

② 谢振声.鄞县鲍家、郁家与初创时的商务印书馆[J].宁波大学学报(人文科学版),2010(5):1-6.

在上海租界，外籍编辑（作者）资源主要有来华传教士麦都思、伟烈亚力、艾约瑟、合信、慕维廉、傅兰雅、李提摩太、丁韪良、林乐知、范约翰、潘慎文等人，这些外籍人士多通晓中文，有的甚至还掌握了所在地方言。除了译著和出版宗教性书籍之外，世俗读物也是他们译著和出版的重点。据统计，1846 年至 1860 年，来华传教士共在上海出版了 164 种书刊，其中麦都思的著作有 50 种，占比达 34%，虽然均为宗教读物，但也足见其多产；非宗教书刊有 32 种，又其中：崔理时 1 种（《鸦片速改七戒文》），慕维廉 3 种（《格物穷理问答》《地理全志》《大英国志》），艾约瑟 8 种（《咸丰二年十一月初一日日蚀单》《华洋和合通书》、《中西通书》5 册、《重学》），伟烈亚力 9 种（《数学启蒙》《续〈几何原本〉》《六合丛谈》《重学浅说》《代数学》《代微积拾级》《谈天》、《中西通书》2 册），合信 5 种（《博物新编》《全体新论》《西医略论》《妇婴新说》《内科新说》），吉士及其夫人各 1 种（《上海土白入门》《蒙童训》），高第丕 2 种（《上海土音字写法》《科学手册》），庞台物 1 种（《中外通书》），耿惠廉夫人 1 种（《蒙养启明》）。①上述非宗教读物分属物理、医学、史志、语言、天文、数学、历地等学科，是传教士们进入上海之后呈给近代国人的现代性读物，对中国近代图书的内容生产起到了重要启蒙作用。如合信的同行雒魏林从出版的角度如是评价《西医略论》："著作本身的优美，文字和插图都是这样的成功，作者孜孜不倦地不仅从各种英文著作中归纳成这样一套绝好的汇编，而且还把全部材料写成令人佩服易懂的中文。"②这本书也深刻地影响了中国从事医疗工作的每一个人，成为最常用的医学参考书。

又比如由英美新教传教士和外交官、外商共同创办的出版机构广学会，其所出版的图书中，"历史、政治、法律、传记等方面的图书占 58.7%，教育、改革议论等占 16.19%，这两类共占 74.89%，而自然科技方面的图书则只占 12.55%"③，而傅兰雅、李提摩太、慕维廉、林乐知等人正是这些图书的编译者。如 1900 年以前，林乐知在广学会编译出版有《中西战纪本末》（1896）、《文学兴国策》（1896）、《李中堂历聘欧美记》（1896）等，花

① 熊月之.西学东渐与晚清社会（修订版）[M].北京：中国人民大学出版社，2011：160-165.

② 张大庆.《传教士与近代西方外科学的传入——以合信的〈西医略论〉为例》，转引自熊月之.西学东渐与晚清社会（修订版）[M].北京：中国人民大学出版社，2011：157.

③ 胡国祥.近代传教士出版研究[M].武汉：华中师范大学出版社，2013：146.

之安有《自西徂东》(1888)、《性海渊源》(1893)等，李提摩太有《中西四大政》(1892)、《养民有法》(1892)、《泰西新史揽要》(1895)、《地球一百名人传》(1898)等。这类图书使中国近代出版的内容生产从自然科学与技术领域大踏步拓展到意识形态领域，对近代中国的政治文明建设产生了非常重要的影响。如在维新变法时期，《泰西新史揽要》经由翁同龢推荐，成为光绪皇帝的重要参考书。1898 年，康有为曾自述自己之所以主张变法，就是因为受了李提摩太和林乐知译著的影响。梁启超认为《泰西新史揽要》"述百年以来欧美各国变法自强之迹"，是"西史中最佳之书也"。梁氏在其所著《饮冰室合集》中大力宣传泰西政治经济制度，也是因为受了这本书的影响。1896 年，梁启超还将该书作为启蒙读物收入《西学书目表》，推荐给士子。

上海租界集聚了一大批中国籍的一流编辑(作者)，如梁启超、章太炎、邹容、王韬、郑观应、严复、林纾、谢洪赉、陈独秀、胡适、邹韬奋等人，他们都是在学术、翻译等方面卓有建树的知识分子，并且有一个共同特点——关注国家的前途和命运，积极投身于中华民族的救亡图存求变运动。为了引介新学、开启民智、推动社会变革，这些先进知识分子有着明确的编辑观，并著述、译述和编辑出版了不少著作。如梁启超在《时务报》发表《大同译书局叙例》，表达自己创办译书局的目的和编辑思想："本局首译各国变法之事，及将变未变之际一切情形之书，以备今日取法，译学堂各种功课，以便诵读，译宪法之书，以明立国之本。译章程书，以资办事之用。译商务书，以兴中国商学，挽回利权"；"今不速译书，则所谓变法者，尽成空言，而国家将不能收一法之效"，"是以愤懑，联合同志，创为此局，以东文为主，而辅以西文；以政学为先，而次以艺学。至旧译希见之本，邦人新著之书，其有精言，悉在采纳。或编为丛刻，以便购读。或分卷单行，以广流传。将以洗空言之诮，增实学之用，助有司之不逮，救燃眉之急难。其或忧天下者之所乐闻也"。① 梁启超的编辑思想代表了其所处时代中国先进知识分子对中国国情、政情和出版人使命的认识，基于这一认识，云集上海租界的先进知识分子以自己拥有的社会资源和文化资源为资本，展开了以救中国"燃眉之难"为己任的编辑、著述和

① 梁启超.梁启超全集(第一卷)[M].北京:北京出版社,1999:132.

出版活动。兹举其要者简述之。

在开眼看世界时期,苏州文人王韬受麦都思之聘,在墨海书馆任编辑长达 13 年。其间,作为“近代中国第一批参与编著西方科学著作的知识分子”①之一员,王韬参与编译出版了《格致新学提纲》《中西通书》等新学书籍,为西方科学技术在中国的传播做出了积极的贡献。

维新变法时期,梁启超派人从日本采购应译之书,在大同译书局成立当年即译述出版《俄皇大彼得改制考》《瑞士变政记》《意大利侠士传》《日本书目志》《俄土战记》等 10 余种政治性书籍。康有为所著《孔子改制考》《新伪学经考》《中西学门径》等亦在大同译书局出版,这类书籍解放了人们的思想,为维新变法做了重要的思想发动,对中国近代史产生了重要影响。

再如由福建迁居上海租界的著名翻译家严复,著名历史学家柳诒徵先生认为严复的译书几能与晋、隋、唐、明诸时期的译书相拮抗,胡适也认为严复是介绍近世思想的第一人,“这不仅只是他的翻译水平高,更重要的,应该是他独到的译书选题见解,和谨严精审的原书选择主张”②。宣传民主自由、服务现实需要、精选原著是严复译书的三大原则,以此为指导思想,严复翻译的西方名著《名学浅说》(*Primer of Logic*)、《穆勒名学》(*System of Logic*)等,以“严译名著丛书”的形式经由商务印书馆出版后,一版再版,影响了中国几代人的思想。

而到了辛亥革命前夕,上海租界已然是革命党人通过出版活动宣传革命思想的重要阵地。邹容编写的《革命军》与章太炎为之所作的序揭露和抨击了清朝统治者的弊政,并号召进行革命。此事引发的“苏报案”虽然以邹容和章太炎被捕下狱、邹容被虐死于狱中终结,但是由于其社会影响巨大而广泛,推翻清政府的革命思想已经在大众中萌芽。

到新文化运动时期,亚东图书馆的三位扛鼎人物陈独秀、胡适、章士钊为新文化运动立下了功勋,也使亚东图书馆这个小微出版机构在中国近代出版史上留下了光辉的一页。身为新文化运动领袖的陈独秀除了介绍亚东图书馆与北京大学建立合作关系之外,自己的《独秀文存》也在亚

① 蒋传红、杨曙.王韬在墨海书馆的编辑出版活动[J].编辑之友,2014(2):92-96..

② 李明山.中国近代编辑家评传[M].郑州:河南大学出版社,1993:49.

东出版。章士钊则在亚东出版了由其编著的48开本文言小说集《名家小说》，该书中各篇目的作者也是当时有一定知名度的知识分子，如苏曼殊、程演生等。胡适的《尝试集》也是在亚东首发，这是中国文学史上第一部白话诗集，具有划时代意义。胡适还在亚东出版了另外8种图书，如译著《短篇小说》(第一集)、《胡适文存》(初集、二集、三集)等。1933年，胡适的《四十自述》也是由亚东印行。1918年，近代革命先驱孙中山先生的《孙文学说》一书也放在亚东出版。

邹韬奋在生活书店的出版活动为上海租界带来了进步文化之光。自创办到抗战全面爆发，生活书店共出版图书近400种，社会科学类书籍有吴黎平所译《反杜林论》、胡绳所译《新哲学人生观》、邹韬奋所著《事业与修养》、黄炎培所著《新环海游记》等，文艺类书籍有郑振铎、傅东华合编之《我与文学》，鲁迅译《桃色的云》(俄罗斯爱罗先珂著)，黎烈文译《红葡萄须》(法国赖纳著)等。"这些书刊以其鲜明的政治进步性和学术性，在读者中赢得很高声誉"，"生活书店门市部常常是挤满了前来购书的读者，让其他的书店都望尘莫及"。[①]

综上，在中国由近代向现代转型的历程中，云集上海租界的中外一流编辑家和作家勇立潮头，以其著述、编译和出版活动，生产出了引领时代进步的现代性图书内容，对中国的思想界和文化界产生了重大影响。在这些内容的引领下，中国社会发生了深刻的变化。

② 一流的出版经营人才和出版企业制度

出版机构林立的上海租界集聚了当时中国一流的出版经营人才，如夏瑞芳、张元济、王云五、陆费逵、沈知方等，他们以近乎天才般的企业经营才能建立了相对完善的企业制度，使得商务印书馆、中华书局、世界书局等出版机构在较短时间内就得到发展和壮大，并以内容、质量、品种、数量、技术和规模等优势，成为中国近代出版向现代转型的主导性企业。

出版史学者范军认为，囿于生产力水平和图书消费市场的局限，"中国古代的书籍生产、流通与消费，在相当长的时期都不足以构成一个行业，还称不上'出版业'"，直到图书能够"在较快的时间内复制成百上千的一模一样的复制品而渐渐进入流通领域，具有了商品的性质。正是从

① 姚一鸣.中国旧书局[M].北京:金城出版社，2014:233.

这个时候起，出版才作为一种社会的公共事业，一种手工业体系，一种文化的最新积累手段，一种牵涉许多门类的文化分支而相对独立出来，逐步形成了它的独特的形式、机构、格局以及人员建制”，①“显而易见，中国近现代出版的转型，民营出版业的发展，从体制、制度方面得益于传统书业者并不多”②。而上海租界出版业以其相对完善出版企业经营和管理为中国近代出版向现代转型做出了良好的示范和引领。

当时中国书业的经营管理落后欧美和日本很多，著名出版家陆费逵在《我国书业之大概及中华书局之体制》一文中写道：

> 十余年前，余曾以当时之日本为例，推算我国书业，每年应有三万万之营业。然此犹昔日情形，今若以现在之日本为比例，则应加一倍以上，若以美国为例，营业书目之大，更令人惊骇莫名矣。……我国书业如此幼稚，而经营却极复杂。盖欧美各国经营出版业者，恒不自办印刷；营出版业或印刷业者分工复细，‘铅印’‘石印’‘照相’‘制版’‘雕刻’等，固各专其业，即出版者亦复科学、文学、宗教、教科、小说、美术……各营其一二种也。我国则因社会上此种实业尚未发达，故凡关于书业一切之必需物皆须自营，而出版业未大发达，无从分工。
>
> …………
>
> 至于我国书业之组织，规模小而资本微者，实无组织之可言。盖资本小，则无详细分工之可能；无分工，则组织简单，不言而喻矣。③

近代之前，中国出版机构多为业主制，这种情况一直延续到近代，如前述亚东图书馆即为汪孟邹独资私有，所有的经营管理和风险均由他自己承担。到 19 世纪 70 年代初，这种情况开始改变，如黄胜、王韬等在香港创办中华印务总局采用的是集资经营的股份制模式，徐润等创办的同文书局、梁启超等创办的大同译书局和广智书局等与此类似，可以说是早

---

① 范军、何国梅.商务印书馆企业制度研究（1897—1949）[M].武汉：华中师范大学出版社，2014：4-5.

② 范军、何国梅.商务印书馆企业制度研究（1897—1949）[M].武汉：华中师范大学出版社，2014：6.

③ 万安伦.中外出版原著选读（中国卷）[M].北京：北京师范大学出版社，2019：449-450.

期的股份制出版机构。

在我国,建立相对完善的股份制公司制度的出版机构是商务印书馆。商务印书馆本是夏瑞茅等人集股创办而成,其原始资本为3750元,出资人及所出股份分别为:沈伯芬2股(1000元),鲍咸恩1股(500元),夏瑞芳1股(500元),鲍咸昌1股(500元),徐桂生1股(500元),高凤池半股(250元),张桂华半股(250元),郁厚坤半股(250元)。1905年12月,商务呈请商部注册"商务印书馆股份有限公司",由此开始了真正意义上的股份制。[①] 民国二十一年(1932)秋,商务印书馆发布《商务印书馆股份有限公司章程》,该章程第一章"总则"的第一条即申明:"本公司依公司法所定股份有限公司组织,名曰'商务印书馆股份有限公司'。"第二章"股份"第六条规定:"本公司股份总额银元五百万元,因民国二十一年国难损失,减为三百万元分作五万股,每股银元六十元,股票或一股一张、或合并若干股为一张,由股东酌定。"第四章"董事监察人"第十八条规定:"本公司由股东会就股东中选举董事十三人,凡有本公司股份十股以上者皆有被选举之资格,由董事会选总经理一人、经理二人,执行公司一切事务,但遇有重大事件,由总经理、经理请董事会取决办理。"[②]民国十四年(1925)十二月十九日,中华书局发布《中华书局股份有限公司章程》,同样申明:"本公司依公司条例股份有限公司组织,定名中华书局股份有限公司",并规定"本公司股份定为银币贰百万圆,分作四万股,每股银币伍拾圆"。[③] 20世纪30年代邹韬奋创办的生活书店在《生活出版合作社章程》第一章"总则"第一条即说明"本社定名为'生活出版合作社',对外简称'生活书店'";第二条则说明"本社本生产合作之原则,以社员共同投资、共同工作、经营出版事业,促进大众文化为宗旨";第三条说明"本社社员负有限责任"。[④] 实际上,生活书店采取的是股份合伙制。在上海

---

① 范军、何国梅.商务印书馆企业制度研究(1897—1949)[M].武汉:华中师范大学出版社,2014:54.

② 宋原放主编,汪家熔辑注.中国出版史料.近代部分.补卷(上册)[M].武汉:湖北教育出版社,2011:27-30.

③ 宋原放主编,汪家熔辑注.中国出版史料.近代部分.补卷(上册)[M].武汉:湖北教育出版社,2011:108.

④ 宋原放主编,汪家熔辑注.中国出版史料.近代部分.补卷(上册)[M].武汉:湖北教育出版社,2011:112.

租界，采取股份制的还有开明书店等出版机构。

对于出版机构的发展而言，采取股份制较业主制有诸多优势。

第一，灵活融资有利于出版机构的资本积累。

如商务印书馆在成立之后的25年间共增资7次，每次增资数额都比较可观。从1897年创业到1901年，4年的时间，商务的资本已经达到26250元。1901年，张元济和印有模合资入股商务，这是商务的第一次增资。张元济和印有模注资后，商务的资本总额增至5万元。1903年2月，商务与日本印刷公司金港堂各出资10万元，展开合作。"这一次吸收日资，是商务印书馆真正实现企业现代化的开始"，商务的技术和资金实力有了大幅提高。1913年，商务的资本为150万元，是原始资本的400倍。到1914年清退日资时，商务的自有资本已经有200万元，是1901年的4倍多。从1903年与日本合资到1913年，10年零3个月的时间，是商务历史上的黄金发展时期。其间，商务共实得利息309323.1元，平均年利41.85%。"这种早期以股份制形式与日本投资者进行合作并募集资金的方式，不仅使商务印书馆筹得了充足的发展资金，更重要的是为商务未来的发展积累了印刷技术和编辑经验。"[①]1922年，商务的资本已经达到500万元，"遥遥领先于同行，成为民国出版业名副其实的'带头大哥'"。[②] 中华书局情况也大致相似，草创时为陆费逵、戴克敦、陈寅等3人合资，1912年则有沈颐、沈继方加入，原始资本为2.5万元，到1913年增资到10万元，1914年增资到60万元，1916年扩资到160万元，资本增值64倍。[③] 这样的发展速度使中华书局很快赶超国内其他出版机构，并与早于它15年成立的商务印书馆一起成为中国近代出版史上的"双子星"。其他出版机构如世界书局也得到了资本的支持。1917年，沈知方以3000元原始资本出版和销售图书。1921年，沈知方在福州路山东路西首怀远里创办股份制企业世界书局，有资本25000元，"选出了董事沈知方等五人，又设监察两人，其中一人是广益书局老板，其他有金城银行经理吴韵斋、华侨领袖陈嘉庚，还有纸号老板等，可见沈知方在融资方面

① 范军、何国梅.商务印书馆企业制度研究(1897—1949)[M].武汉:华中师范大学出版社,2014:55-56.

② 陈丽菲.上海近现代出版文化变迁个案研究[M].上海:上海辞书出版社,2016:33.

③ 王建辉.教育与出版:陆费逵研究[M].北京:中华书局,2012:18.

的高超水平”；世界书局还特设信托部，并有专人负责该部门工作。① 抗战爆发前，世界书局出版了一批有影响力的书籍，如影印《十三经注疏》《资治通鉴》《诸子集成》，朱生豪译《莎士比亚戏剧全集》，裴小楚主编《青年自学丛书》，郑振铎、王任叔、孔另境主编《大时代文艺丛书》等。

世界书局的快速发展甚至让商务和中华感受到了威胁，为此，商务和中华分别出资30万元和10万元，在河南路开设国民书局，专营廉价教科书，用价格战击垮世界书局。国民书局由于在总体质量上不具备优势，最终所有投资全部赔光，退出了教科书市场，世界书局成功跻身教科书市场前列。

第二，融资有利于出版机构的做大做强。

亚东图书馆就是因为汪孟邹的小农经营思想束缚了其发展壮大，中华书局也曾因为资金捉襟见肘而不得不对排队求购的书商望洋兴叹，在与商务的教科书竞争中很快就丧失了优势，可见资金对于出版机构的发展壮大是多么重要。而以股份制的形式到社会上融资则是解决出版机构资金匮乏问题的有效办法。有了资金的支持，上海租界的几家股份制出版机构在印刷技术、企业运营等方面取得了长足的发展。比如1903年与日本合资之后，商务的印刷技术发展迅速，彩色石印、雕刻铜版、照相铜版、珂罗版都得到较快的引入和应用。企业规模和产能也大幅提升。到1930年，商务的职工总数已经有4800多人；1902年至1930年，图书品种多达8039种、18798册；除了出版事业之外，商务还涉足文具制作、仪器制作、玩具制造、教育、电影等行业，乃至创制中文打印机、自制印刷机器等；商务在北京和香港都设立了分馆和分厂，国内外共设分支机构36处，并办有东方图书馆和尚公小学。② 有了资本的注入，中华书局的规模和品种明显扩张。如：1913年中华书局在国内重要城市设立分局多达13处，1916年分支局有40处③；1935年和1936年出书品种也多达1577种，超过之前10年的总和④。1916年，陆费逵将全部资本投入固定资产建设，建成了静安寺路的总厂和河南路口的总店五层大楼，并将编辑所和印

① 姚一鸣.中国旧书局[M].北京：金城出版社，2014：135.

② 陈丽菲.上海近现代出版文化变迁个案研究[M].上海：上海辞书出版社，2016：29.

③ 王建辉.教育与出版：陆费逵研究[M].北京：中华书局，2012：19.

④ 陈丽菲.上海近现代出版文化变迁个案研究[M].上海：上海辞书出版社，2016：27.

刷所全部迁入。这时的中华书局拥有印刷机器多达数百台,又添置了大橡皮机和铅版机套印彩色,中华书局因此在彩印技术方面跃居全国领先地位。①

第三,有利于克服家族式企业经营的弊端,实行现代意义上的公司经营和管理。

家族式企业是企业的原初形态,经济学家蒲勇健教授对家族式企业与现代企业制度的关系做了如下描述:"在家族式企业内,主管人员及高层经理们相互之间存在由血缘关系决定的'亲和性'",这种"亲和性"关系的优势是有助于"获得企业经济活动所需要的合作均衡"。但是,"随着科技的发展,机器生产代替了体力劳动,而大机器生产所呈现出的大规模经济引出了规模经济潜在收益。一种诱致性制度创新要求企业在规模上需要扩张,但家族人员的有限性制约了这种扩张的可能性","于是吸纳家族外精英才俊就是十分必要的了"。在法治有了一定的基础以后,为了"遏制个人行为中的事后机会主义和约束道德风险","以商业合约而不是血缘关系联系起来的个人合力形成了现代企业制度,以股份制为代表的真正的现代企业随之出现,高效率的经济组织将拥有企业家才能的个人和团体集合起来,并通过法律的承诺力量最大限度地削弱了事后机会主义的动机,使企业内部的协调在最低的协调成本上运行起来","建立在这种现代企业制度上的经济最终以前所未有的速度发展导演了近现代经济发展的奇迹"。"在现代企业制度基础上完成企业内部管理从原始的家族式管理向现代科学管理的转变"有助于"大大提升整个经济的运行效率,从而诱导出我们所期望的经济与社会的长期可持续发展"。②

商务印书馆是从亲缘关系维系的家族式企业转变为现代企业的典型。商务创始人是基于学缘地缘、亲缘姻缘和共同信仰的一个小圈子。学缘关系方面,夏瑞芳、鲍咸恩、鲍咸昌、高凤池等都是清心书院的同窗好友,鲍氏兄弟的父亲鲍哲才则是清心书院的老师,给商务印书馆起名的鲍大姑也是清心书院毕业后留校任教的;地缘关系方面,鲍家、郁家是宁波

① 王建辉.教育与出版:陆费逵研究[M].北京:中华书局,2012:19-20.

② 蒲勇健.家族式企业:血缘对法制的替代[C]//高小勇.经济学视角下的人类社会.贵阳:贵州人民出版社,2017:177-179.

人，夏瑞芳、高凤池则是上海人；他们都是北长老会的信徒。亲缘姻缘关系方面，鲍家则是中心。首先，鲍哲才是这个圈子中第一个掌握西式印刷技术的人；其次，鲍家参与创业的人最多：鲍咸恩、鲍咸昌是鲍哲才的长子、次子，鲍哲才长女嫁给张桂华、次女嫁给夏瑞芳、三女嫁给郭秉文。[①]编译《华英初阶》、为商务涉足图书出版领域掘得第一桶金的谢洪赉与鲍家是姻亲关系。谢洪赉的父亲谢元芳与鲍哲才、鲍哲华兄弟及郁厚坤之父郁忠恩等是宁波崇信义塾的同学，谢洪赉入博习书院师从潘慎文学习乃鲍氏推荐。谢洪赉唯一的妹妹谢罗大嫁给了商务创始人之一鲍咸恩。1903 年，谢洪赉成为商务的股东，后来其唯一的弟弟谢宾赉也加入了商务[②]。1903 年商务与日资合作后，这种情况发生了质的转变，到 1905 年，商务已经建立了一套相对完善的现代企业制度，商务一系列的增资扩股、吸纳外资、企业兼并等都是在现代企业制度的框架下进行。在商务印书馆股份有限公司内，"所有权、经营权、监督权彼此合作又相互制衡"，董事会执行股东的基本权力，但是所有权和经营权相剥离，所有权在董事会，经营权在总经理，"商务印书馆是将股份有限公司制发挥得最为有序、也非常有效的成功企业之一"。[③]

在近代中国，以上诸多有利于近代出版转型的条件只有在上海租界能够同时具备。因为 19 世纪中期之后，上海已经成为全国经济中心，上海租界内集聚了全国最具经济实力的银行和商贾，拥有当时中国独一无二的融资便利，上海租界内新兴的股份制企业也为出版人建立现代意义的企业制度提供了有价值的参照。正是在这样的经济环境下，以商务印书馆、中华书局等为代表的一批出版机构才得以通过建立和运行早期现代企业制度，使自身发展壮大，成为行业翘楚和领军企业，在中国近代出版向现代转型的过程中发挥重要作用。因为有了它们，上海租界成为中国近代出版的中心和高地，更成为中国近代出版向现代转型的孵化器。

① 史拜言.妹丈谢君洪赉行述[J].兴华，1916(41)：7-12.

② 赵晓阳.基督徒与早期华人出版事业——以谢洪赉与商务印书馆早期出版为中心[J].青海师范大学学报(哲学社会科学版)，2009(3)：81-84.

③ 范军、何国梅.商务印书馆企业制度研究(1897—1949)[M].武汉：华中师范大学出版社，2014：41.

参考文献

[美]迈克尔·艾伦·吉莱斯皮著,张卜天译.现代性的神学起源[M].长沙:湖南科学技术出版社,2019.

[英]迈克·费瑟斯通著、刘精明译.消费文化与后现代主义[M].南京:译林出版社,2000.

[英]安东尼·吉登斯著,赵旭东等译.现代性与自我认同:晚期现代中的自我与社会[M].北京:生活·读书·新知三联书店,1998.

汪晖、陈燕谷.文化与公共性[M].北京:生活·读书·新知三联书店,1998.

倪琳.现代中国舆论思想的兴起与演变[M].上海:上海交通大学出版社,2017.

杜艳华、贺永泰.马克思恩格斯现代性思想体系及其影响研究[M].上海:上海人民出版社,2017.

[德]沃尔夫冈·韦尔施著,洪天富译[M].北京:商务印书馆,2004.

罗荣渠.现代化新论:世界与中国的现代化进程(增订本)[M].北京:商务印书馆,2009.

林家有.孙中山与中国近代化道路研究[M].广州:广东教育出版社,1999.

[美]吉尔伯特·罗兹曼主编,国家社会科学基金"比较现代化"课题组译、沈宗美校.中国的现代化[M].南京:江苏人民出版社,1988.

黄福涛.欧洲高等教育近代化——法、英、德近代高等教育制度的形成[M].厦门:厦门大学出版社,1998.

虞和平.试论中国近代化的概念涵义[J].社会学研究,1991(2).

汪家熔.中国现代出版起源散议(一)[J].出版发行研究,2000(4).

汪家熔.中国现代出版起源散议(二)[J].出版发行研究,2000(5).

王余光.中国新图书出版业初探[M].武汉:武汉大学出版社,1998.

简明大不列颠百科全书[M].北京:中国大百科全书出版社,1986.

陈晏清.当代中国社会转型论[M].太原:山西教育出版社,1998.

张雷、程林胜等.转型与稳定[M].北京:学林出版社,1999.

肖东发、杨虎、刘宝生.论晚清出版史的近代化变革与转型[J].北京联合大学学报(人文社会科学版),2008(2).

王建辉.中国出版的近代化[J].华中师范大学学报(人文社会科学版),2002(5).

[美]詹姆斯·弗农著,张祝馨译[M].北京:商务印书馆,2017.

万安伦.中外出版史[M].北京:高等教育出版社,2017.

邓咏秋.中国出版业现代化研究:1800—1949[M].北京:国家图书馆出版社,2016.

张曼玲、肖东发.近代出版史发展脉络之比较研究[J].北京印刷学院学报,2006(1).

[美]费正清、刘广京编,中国社会科学院历史研究所编译室译.剑桥中国晚清史(1800—1911年)(上下卷)[M].北京:中国社会科学出版社,1985.

戴逸.步入近代的历程[M].沈阳:辽宁大学出版社,1992.

[美]迪特尔·哈勒,[新西兰]克里斯·肖尔.腐败[M].北京:中国友谊出版公司,2019.

[美]费正清、赖肖尔.中国:传统与变革[M].南京:江苏人民出版社,1996.

邱涛.中国反贪制度史(中卷)[M].太原:山西人民出版社,2019.

黄远庸.远生遗著·游民政治(卷一)[M].北京:商务印书馆,1984年增补影印.

袁伟时.袁世凯与国民党:两极合力摧毁民初宪政[J].江淮文史,2011(3).

马克思恩格斯选集(第一卷)[M].北京:人民出版社,1995:691-692.

齐海鹏、孙文学.中国财政史(第4版)[M].沈阳:东北财经大学出版社,2018.

贾小叶.晚清大变局中督抚的历史角色——以中东部若干督抚为中心的研究[M].上海:上海书店出版社,2008.

梁启超.李鸿章[M].上海:上海人民出版社,2016.

许纪霖、陈达凯.中国现代化史(第一卷1800~1949)[M].上海:上海三联书店,1995.

梁启超.清代学术概论[M].成都:四川人民出版社,2018.

《鲁迅文集全编》编委会.鲁迅文集全编[M].北京:国际文化出版公司,1995.

李新宇、周海婴.鲁迅大全集[M].武汉:长江文艺出版社,2011.

阿英.阿英全集(5)[M].合肥:安徽教育出版社,2003.

吴永贵.民国出版史[M].福州:福建人民出版社,2011.

宋原放主编,汪家熔辑注.中国出版史料·近代部分·补卷(上下册)[M].武汉:湖北教育出版社,2011.

张运君.晚清书报检查制度研究[M].北京:社会科学文献出版社,2011.

茅海建.戊戌变法史事考初集[M].北京:生活·读书·新知三联书店,2012.

黄明涛.从中日译书纷争看晚清中国的版权保护[J].陕西理工大学学报(社会科学版),2017(3).

奉天交涉署.约章汇要[M].沈阳:奉天关东印书馆,1927.

柳和城.橄榄集:商务印书馆研究及其他[M].北京:商务印书馆,2020.

郭廷以.近代中国的变局[M].北京:九州出版社,2012.

萧公权.中国政治思想史[M].北京:商务印书馆,2017.

[英]艾莉莎·马礼逊编,杨慧玲等译.马礼逊回忆录(上下)[M].郑州:大象出版社,2019.

方汉奇.中国新闻事业编年史(上)[M].福州:福建人民出版社,2000.

魏玉山.关于中国现代出版业诞生的几个问题[J].出版发行研究,1999(5).

朱东安选注.曾国藩文粹[M].沈阳:辽宁人民出版社,2019.

冯桂芬.校邠庐抗议[M].上海:上海书店出版社,2002.

苏精.清季同文馆及其师生[M].福州:福建教育出版社,2018.

熊月之.西学东渐与晚清社会(修订版)[M].北京:中国人民大学出版社,2011.

梁启超.中国历史研究法[M].石家庄:河北教育出版社,2000.

赵炎秋、谢志远.风起青萍:1895~1921[M].郑州:河南人民出版社,2018.

[德]花之安.自西徂东[M].上海:上海书店出版社,2002.

沈福伟.中国与欧洲文明[M].太原:山西教育出版社,2018.

张启祯、周小辉.万木草堂集[M].青岛:青岛出版社,2017.

张静庐.中国近现代出版史料(现代编·下)[M].上海:上海书店出版社,2003.

[美]柯文著,雷颐、罗检秋译.在传统与现代性之间——王韬与晚清改革[M].南京:江苏人民出版社,1994.

陈学恂.中国近代教育史教学参考资料(上)[M].北京:人民教育出版社,1986.

陈景磐.中国近代教育史[M].北京:人民教育出版社,1983.

吴洪成、田谧、李晨等.中国近现代教科书史论[M].北京:知识产权出版社,2017.

蔡元培、陶行知.中国教育[M].合肥,安徽人民出版社,2012.

汪家熔.商务印书馆史及其他——汪家熔出版史研究文集[M].北京:中国书籍出版社,1998.

王建辉.教育与出版:陆费逵研究[M].北京:中华书局,2012.

石鸥、吴小鸥.中国近现代教科书史[M].长沙:湖南教育出版社,2012.

许静波.石头记:上海近代石印书业研究(1843—1956)[M].苏州:苏州大学出版社,2014.

[英]肯尼斯·巴顿著,冯宗宪译.运输经济学[M].北京:商务印书馆,2002.

苏全有.邮传部与清末航运事业的近代化[J].山西师大学报(社会科学版),2006(4).

刘洪权.中国近代新式交通发展与出版业的转型[J].现代出版,2019(3).

夏东元.盛宣怀年谱长编(下)[M].上海:上海交通大学出版社,2004.

严中平、徐义生等.中国近代经济史统计资料选辑[M].北京:科学出版社,1955.

朱福枝.试述中国近代航运的诞生与发展[J].武汉交通管理干部学院学报,1994(2).

樊百川.中国轮船航运业的兴起[M].成都:四川人民出版社,1985.

聂宝璋.中国近代航运史资料(第一辑 1840—1895 年 下册)[M].上海:上海人民出版社,1983.

徐占春.中国近代铁路建设与沪宁杭经济带的形成[J].武汉交通职业学院学报,2008(1).

姜希河.中国邮政简史[M].北京:商务印书馆,1999.

孙健.报刊客观性:一种崇高的理想:民国报刊的客观性思想研究[M].上海:上海社会科学院出版社,2014.

仇润喜.天津邮政史料(第二辑 下)[M].北京:北京航空航天大学出版社,1988.

中国近代经济史资料丛刊编辑委员会.中国海关与邮政[M].北京:中华书局;1983.

刘大军.中国近代图书发行体系的剧变[J].编辑学刊,1996(5).

方旭.中国传统出版业近代转型原因探讨[J].盐城工学院学报(社会科学版),2018(3).

苏精.铸以代刻:十九世纪中文印刷变局[M].北京:中华书局,2018.

吴忠民、刘祖云.发展社会学[M].北京:高等教育出版社,2002.

梁启超.梁启超全集(第一册)[M].北京:北京出版社,1999.

胡国祥.近代传教士出版研究[M].武汉:华中师范大学出版社,2013.

吴永贵.中西相遇:西式中文活字的技术社会史考察[J].中国出版史研究,2019(1).

戈公振.中国报学史[M].长沙:岳麓书社,2011.

罗伟虹.中国基督教(新教)史[M].上海:上海人民出版社,2016.

"中央研究院"近代史研究所编.近代中国对西方及列强认识资料汇编(第1辑第1、2分册)[M].台北,1972.

顾长声.传教士与近代中国(增补本)[M].上海:上海人民出版,1981.

吴永贵.《中国出版史》(下册)[M].长沙:湖南大学出版社,2008.

辽宁大学历史系中国近代史教研室.中国近代史资料选编(上)[C].沈阳:辽宁大学历史系中国近代史教研室,1981.

马克思.机器、自然力和科学的应用[M].北京:人民出版社,1978.

唐惠虎、朱英.武汉近代新闻史(上下卷)[M].武汉:武汉出版社,2012.

王立新.美国传教士与晚清中国现代化——近代基督新教传教士在华社会文化和教育活动研究[M].天津:天津人民出版社,1997.

中国近代现代出版史编辑组.中国近代现代出版史学术讨论会文集[M].北京:中国书籍出版社,1990.

熊月之.上海通史 第6卷 晚清文化[M].上海:上海人民出版社,1999.

张树栋、庞多益、郑如斯等.中华印刷通史[M].北京:印刷工业出版社,1999.

侯杰、赵天鹭.变法图强——近代的挑战与革新[M].南京:江苏人民出版社,2017.

徐继畬.瀛寰志略[M].上海:上海书店出版社,2001.

李栋.鸦片战争前后英美法知识在中国的输入与影响[M].北京:中国政法大学出版社,2013.

梁廷枏著,骆驿、刘骁校点.海国四说[M].北京:中华书局,1993.

汪家熔.中国出版通史·清代卷(下)[M].北京:中国书籍出版社,2008.

胡国祥.传教士与近代活字印刷的引入[J].华中师范大学学报(人文社会科学版),2008(3).

杨丽莹.清末民初的石印术与石印本研究:以上海地区为中心[M].上海:上海古籍出版社,2018.

毛祥麟撰,毕万忱点校.墨余录[M].上海:上海古籍出版社,1985.

谢欣、程美宝.画外有音:近代中国石印技术的本土化(1876—1945)[J].近代史研究,2018(4).

张忠.民国时期成都出版业研究[M].成都:巴蜀书社,2011.

肖东发.中国编辑出版史[M].沈阳:辽宁教育出版社,1996.

叶斌.上海墨海书馆的运作及其衰落[J].学术月刊,1999(11).

[美]丁韪良著,沈弘、恽文捷、郝田虎译.花甲忆记(修订译本)[M].上海:学林出版社,2019.

熊月之.稀见上海史志资料丛书(第7册)[M].上海:上海书店出版社,2012.

汪家熔.近代出版人的文化追求[M].南宁:广西教育出版社,2003.

《商务印书馆120年大事记》编写组.商务印书馆120年大事记:1897—2017[M].北京:商务印书馆,2017.

谢振声.鄞县鲍家、郁家与初创时的商务印书馆[J].宁波大学学报(人文科学版),2010(5).

商务印书馆九十五年——我和商务印书馆[M].北京:商务印书馆,1992.

薛理勇.西风落叶——海上教会机构寻踪[M].上海:同济大学出版社,2017.

商务部国际贸易经济合作研究院.中国对外贸易史(中卷)[M].北京:中国商务出版社,2016.

朱振.中国口岸开放的政治经济学分析[M].北京:中国经济出版社,2016.

王文泉、刘天路.中国近代史(1840—1949)[M].北京:高等教育出版社,2001.

姚远.上海租界与租界法权[M].上海:上海三联书店,2016.

郭卫东.《江南善后章程》及相关问题[J].历史研究,1995(1).

马光仁.中国近代新闻法制史[M].上海:上海社会科学院出版社,2007.

张陈一萍、戴绍曾.虽至于死:台约尔传[M].桂林:广西师范大学出版社,2015.

[美]费正清著,张沛、张源、顾思兼译.中国:传统与变迁[M].长春:吉林出版集团有限责任公司,2013.

吕厚轩.中国近现代外交史[M].济南:山东大学出版社,2015.

[法]弗朗索瓦·吉普鲁著,龚华燕、龙雪飞译.亚洲的地中海:13—21世纪中国、日本、东南亚商埠与贸易圈[M].广州:新世纪出版社,2014.

苏精.林则徐看见的世界:《澳门新闻纸》原文与译文[M].桂林:广西师范大学出版社,2017.

侯厚培.中国国际贸易小史[M].上海:商务印书馆,1929.

冯震宇.明末西方传华火器技术研究[M].太原:山西经济出版社,2016.

谭树林.英国东印度公司与澳门[M].广州:广东人民出版社,2010.

汤开建.天朝异化之角:16—19世纪西洋文明在澳门(下卷)[M].广州:暨南大学出版社,2016.

萧永宏.中华印务总局与《循环日报》的创办——《循环日报》创办者问题辩证[J].新闻大学,2007(2).

唐力行.江南社会历史评论(第9期)[M].北京:商务印书馆,2016.

周远廉、龚书铎.中国通史(19 第11卷 近代前编 1840—1919)(上册)[M].上海:上海人民出版社,2015.

尚智丛.传教士与西学东渐[M].太原:山西教育出版社,2008.

苏利冕.近代宁波城市变迁与发展[M].宁波:宁波出版社,2010.

隗静秋.浙江出版史话[M].杭州:浙江工商大学出版社,2013.

福州闽都文化研究会.闽都文化与开放的福州[M].福州:海峡文艺出版社,2019.

苏智良.海洋文明研究(第三辑)[M].上海:中西书局,2018.

厦门市政协文史和学习宣传委员会.鹭江春秋[M].北京:中央文献出版社,2003.

徐继畬.瀛環志略(上册)[M].北京:朝华出版社,2018.

水海刚.口岸贸易与腹地社会:区域视野下的近代闽江流域发展研究[M].厦门:厦门大学出版社,2019.

北京师范大学历史系中国近代史组.中国近代史资料选编(上册)[M].北京:中华书局,1977.

李静霞.武汉图书馆[M].天津:天津大学出版社,2017.

顾长声.从马礼逊到司徒雷登:来华新教传教士评传[M].上海:上海书店出版社,2005.

[英]伟烈亚力著,赵康英译,顾钧审校.基督教新教传教士在华名录[M].天津:天津人民出版社,2013.

万启盈.中国近代印刷工业史[M].上海:上海人民出版社,2012.

容闳.西学东渐记[M].长沙:岳麓书社,2015.

邹振环.疏通知译史[M].上海:上海人民出版社,2012.

陈宏雄.潮涌城北:近代宁波外滩研究[M].宁波:宁波出版社,2008.

上海宗教志编撰委员会.上海宗教志[M].上海:上海社会科学院出版社,2001.

王中忱.新式印刷、租界都市与近代出版资本的形成——商务印书馆创立的前前后后[J].中国现代文学研究丛刊,1999(1).

史拜言.妹丈谢君洪赉行述[J].兴华,1916(41).

陈云奔、刘志学、王枭等.中国第一本现代意义物理教科书[J].科普研究,2018(5).

汪家熔.《商务书馆华英音韵字典集成》——国人编纂的第一部大型英汉双解词典[J].出版科学,2010(4).

叶晓青.光绪帝最后的阅读书目[J].历史研究,2007(2).

苏子良.上海城区史(下册)[M].上海:学林出版社,2011.

焦润明.中国近代文化史[M].沈阳:辽宁大学出版社,1999.

乐承耀.宁波人口史[M].宁波:宁波出版社,2017.

[美]G.W 施坚雅著,王旭等译.中国封建社会晚期城市研究——施坚雅模式[M].长春:吉林教育出版社,1991.

陈克涛.近代上海高昌庙城区变迁研究[D].上海:上海师范大学硕士学位论文.

李家驹.商务印书馆与近代知识文化的传播[M].北京:商务印书馆,2005.

王文泉、刘天路.中国近代史(1840—1949)[M].北京:高等教育出版社,2001.

熊月之.上海租界与近代中国[M].上海:上海交通大学出版社,2019.

汪文君.都市社会的兴起:近代上海的中产阶层与职业团体[M].上海:上海辞书出版社,2017.

张剑.1840 年:被轰出中世纪[M].上海:东方出版中心,2015.

[澳]乔治·厄内斯特·莫理循.1894,中国纪行[M].北京:中华书局,2017.

冯林.重新认识百年中国:近代史热点问题研究与争鸣(上册)[M].北京:改革出版社,1998.

唐振常.当代学者自选文库:唐振常卷[M].合肥:安徽教育出版社,1999.

中国社会科学院近代史研究所《近代史资料》编译室.秘笈录存[M].北京:知识产权出版社,2013.

辞海(下册)[M].上海:上海辞书出版社,1989.

戴鞍钢.大变局下的民生:近代中国再认识[M].上海:上海人民出版社,2012.

[美]欧内斯特·O.霍塞.出卖上海滩[M].上海:上海书店出版社,2019.

马长林.租界里的上海[M].上海:上海科学院出版社,2003.

史革新.中国社会通史·晚清卷[M].太原:山西教育出版社,1996.
[俄]郭泰纳夫.上海会审公堂与工部局[M].上海:上海书店,2016.
武乾.夷夏之间:长江流域的礼制与法制[M].武汉:长江出版社,2014.
茅海建.戊戌变法史事考初集[M].北京:生活·读书·新知三联书店,2012.
刘丽丽.步履维艰:中国近代化的起步[M].北京:商务印书馆,2019.
奉天交涉署.约章汇要[M].沈阳:奉天关东印书馆,1927.
唐振常、沈恒春.上海史研究(二编)[M].上海:学林出版社,1988.
龚书铎.中国通史第十一卷 近代前编(1840—1919)(下册)[M].上海:上海人民出版社,2015.
张艳玲.中华上下五千年全知道·探索之路(近代卷)[M].北京,燕山出版社,2009.
陈向科.甘肃临时军政府都督黄钺传[M].长沙:岳麓书社,2017.
陈冰.莫理循模式:中国报道第一课[M].福州:福建教育出版社,2017.
邱明正.上海文学通史[M].上海:复旦大学出版社,2005.
倪延年.民国新闻史研究2016[M].南京:南京师范大学出版社,2016.
苏玉娟.从"苏报案"看清末上海租界的言论出版自由[J].东南传播,2007(4).
马军、蒋杰.上海法租界史研究(第1辑)[M].上海:上海社会科学院出版社,2016.
洪民荣.上海研究论丛(第二十二辑)[M].上海:上海书店出版社,2014.
余佳丽.品牌影院经营:上海大光明光影80年[M].上海:上海交通大学出版社,2015.
王世军.城市社会学研究前沿[M].上海:同济大学出版社,2017.
樊卫国.论开埠后上海人口的变动(1843—1911)[J].档案与史学,1995(6).
陈丽菲.上海近现代出版文化变迁个案研究[M].上海:上海辞书出版社,2016.
苏秉公.新视角下的海派文化[M].上海:上海大学出版社,2019.
忻平等.危机与应对:1929—1933年上海市民社会生活研究[M].上海:上海大学出版社,2012.
邓杰.近代以来上海城市规模的变迁[M].上海:上海社会科学院出版社,2017.
胡远杰.福州路文化街[M].上海:文汇出版社,2001.
东吴大学实录.1919[A].苏州大学档案馆,3-永-150.

张元济.张元济全集(第六卷)[M].北京:商务印书馆,2010.

雁来红——东吴大学堂杂志之一.1903[A].苏州大学档案馆,3-永-184.

邹振环.奚若与《天方夜谭》[J].东方翻译,2013(2).

民国二十年八月东吴校刊私立东吴大学文理学院一览.1931[A].苏州大学档案馆,3-永-138.

东吴法科年刊第二卷.1924[A].苏州大学档案馆,3-I26-001-12.

东吴法科年刊.1923[A].苏州大学档案馆,3-I26-001-11.

民国十八至十九年私立东吴大学法律学院院章 1929-1930[A].苏州大学档案馆,3-永-7.

历届毕业生名录,民国十七年私立东吴大学文理学院一览.1928[A].苏州大学档案馆,3-永-5.

汪原放.亚东图书馆与陈独秀[M].上海:学林出版社,2006.

孙逊.城市史与城市社会学[M].上海:上海三联书店,2013.

赵恒烈、徐锡祺.中国历史资料选(近代部分)[M].石家庄:河北人民出版社,1986.

叶再生.出版史研究·第二辑[M].北京:中国书籍出版社,1994.

陈琳.同文书局的历史兴衰与石印古籍出版[J].成都:成都师范学院学报,2018(6).

高拜石.古春风楼琐记(第 14 集)[M].台北:台湾新生报社出版部,1979.

茅海建.从甲午到戊戌:康有为《我史》鉴注[M].北京:生活·读书·新知三联书店,2018.

上海图书馆.汪康年师友书札(四)[M].上海:上海书店出版社,2017.

范军、何国梅.商务印书馆企业制度研究(1897—1949)[M].武汉:华中师范大出版社,2014.

赵俊迈.典瑞流芳:民国大出版家夏瑞芳[M].北京:商务印书馆,2017.

唐力行.江南社会历史评论(第 9 期)[M].北京:商务印书馆,2016.

上海市地方志办公室.上海六千年·千年之城[M].上海:上海人民出版社,2018.

邹振环.伍蠡甫创办黎明书局[J].民国春秋,2001(4).

蒋传红、杨曙.王韬在墨海书馆的编辑出版活动[J].编辑之友,2014(2).

李明山.中国近代编辑家评传[M].郑州:河南大学出版社,1993.

姚一鸣.中国旧书局[M].北京:金城出版社,2014.

万安伦.中外出版原著选读(中国卷)[M].北京:北京师范大学出版社,2019.

高小勇.经济学视角下的人类社会[M].贵阳:贵州人民出版社,2017.

史拜言.妹丈谢君洪赉行述[J].兴华,1916(41).

赵晓阳.基督徒与早期华人出版事业——以谢洪赉与商务印书馆早期出版为中心[J].青海师范大学学报(哲学社会科学版),2009(3).